왜 교육은 경계를 필요로 하는가

글로벌 학습의 잘못된 약속

왜 교육은 경계를 필요로 하는가

글로벌
학습의
잘못된 약속

초판 1쇄 인쇄 2020년 9월 26일
초판 1쇄 발행 2020년 9월 30일

지은이 알렉스 스탠디시
옮긴이 김다원

펴낸이 김승희
펴낸곳 도서출판 살림터

기획 정광일
편집 조현주
북디자인 꼬리별

인쇄·제본 (주)신화프린팅
종이 월드페이퍼(주)

주소 서울시 양천구 목동동로 293, 22층 2215-1호
전화 02-3141-6553
팩스 02-3141-6555
출판등록 2008년 3월 18일 제313-1990-12호
이메일 gwang80@hanmail.net
블로그 http://blog.naver.com/dkffk1020

ISBN 979-11-5930-159-9 93370

*가격은 뒤표지에 있습니다.
*잘못된 책은 바꾸어 드립니다.

이 도서의 국립중앙도서관 출판예정도서목록(CIP)은 서지정보유통지원시스템 홈페이지(http://seoji.
nl.go.kr)와 국가자료공동목록시스템(http://www.nl.go.kr/kolisnet)에서 이용하실 수 있습니다.
(CIP제어번호: CIP2020040894)

왜 교육은 경계를 필요로 하는가

글로벌
학습의
잘못된 약속

알렉스 스탠디시 지음 | 김다원 옮김

살림터

감사의 말

많은 분들이 프로젝트를 수행할 수 있게 해 주었다. 먼저, 여러 학교와 단체들이 문을 열어 그들이 하는 일과 실천에 도움이 되는 아이디어를 배울 수 있게 된 것에 감사한다. 또한 인터뷰 시간을 흔쾌히 허락해 주고, 가이드 투어를 제공해서 수업을 참관할 수 있게 해 준 모든 분들에게도 감사의 말을 전한다. 방문 기간 동안에 나는 헌신적인 가르침을 실천하는 교사들과 열정적인 아이들을 만날 수 있었다. 선생님들의 노고와 헌신에 박수를 보낸다. 또한 글로벌 교육을 설명하기 위해 여기에 사용된 자료를 사용할 수 있는 권한을 부여해 준 개인과 단체에도 감사를 드린다.

이 책은 학교와 대학에서 이루어지는 글로벌 학습의 최근 동향에 대한 비판을 제공하지만, 나는 연구 과정에서 만난 사람들과 많은 공통된 열망을 공유한다. 여기에는 미국과 영국의 공립(주립) 학교 상태를 개선하려는 욕구, 지역사회 및 국가를 넘어 아이들에게 세계에 관해 가르치는 것이 중요하다는 믿음, 학교가 윤리적 문제에 대한 논의에 학생들을 더 많이 참여시키는 것이 필요하다는 견해, 그리고 어린이들에게 가능한 한 가장 좋은 교육을 제공해야 한다는 것이 포함된다. 이 책에 제공된 분석은 이러한 목표를 염두에 두고 쓰였다. 교육에서 구별 또는 경계의 필요성은 개인, 지역사회, 그리고 기관이 이 일에 책임이 있다는 것뿐 아니라 교육의 의미를 명확히 하기 위해 필요한 것으로 제시된다.

또한 나의 연구에 조언을 해 준 제니 브리스토Jennie Bristow, 프랭크 푸레디Frank Furedi, 토비 마셜Toby Marshall, 엘리자베스 래쉬-퀸Elizabeth Lasch-Quinn에게 고마움을 전한다. 또 연구 지원을 해 준 스티븐 머파티Stephen Muffatti, 원고 출판에 도움을 준 컨티뉴엄Continuum 출판사의 데이비드 바커David Barker에게도 고마움을 전한다. 늘 그렇듯이, 아내의 적극적 지지와 사랑에도 고맙다.

세계 곳곳의 장소, 사람 및 문화를 공부하는 것은 좋은 교육의 필수적인 부분이지만, '글로벌 학습'이라는 용어는 다양하고 때로는 혼란스러운 방식으로 사용되고 있다.

'글로벌'은 단순한 지리적 참조가 아니라 전체적인 것을 의미하며, 따라서 이전의 교육에서 의미를 부여했던 경계들에 대해 도전하는 데 사용되고 있다. 오늘날의 '글로벌화한' 세계에서 경계는 종종 도전을 받고 또한 모호해지고 있다.

좋은 교사라면 알고 있듯이, 교육의 성공은 성인과 어린이 사이의 경계, 교육과 정치 사이의 경계, 과목 지식과 일상/개인 지식 사이의 경계, 교육과 훈련 사이의 경계, 그리고 교육에 대해 책임을 지고 있는 전문 교사들과 학교를 도구적인 방법으로 다루는 교사들 사이의 경계를 유지하는 것에 달려 있다.

우리는 경계를 넘을 때, 그렇게 하는 이유에 대해 판단하기 전에 구분이 갖는 중요성을 이해해야 한다.

이 책의 제목인 'The False Promise of Global Learning'에는 글로벌 교육이 약속하는 것, 즉 글로벌/세계의 감각을 형성하지 못하고 있다는 의미가 담겨 있다. 이러한 의미를 독자들과 공유하고자 이 책을 발간하게 되었다.

무엇보다, 이 책에서 논의된 글로벌 학습에 관한 내용들이 한국 독자들에게 소개되어 기쁘다.

2020년 여름,

알렉스 스탠디시Alex Standish

머리말

새 천년이 시작될 때, 나는 지리학자로서 글로벌 교육global education 또는 국제교육international education을 위한 운동이 확대되는 것에 대해 자연스럽게 호기심을 느꼈다. 초등학교, 중등학교와 대학교에서 지리적 지식의 자리를 넓히는 데 내 삶의 많은 부분을 바쳤다. 빈약한 지리교육과정을 갖고 있는 미국과는 달리 영국의 지리교육과정은 학교교육에서 중요한 입지를 차지하고 있다. 그럼에도 불구하고 영국의 많은 지리교육은 지리학의 기초지식을 습득하는 것으로부터 멀어져 가고 있다. 나는 글로벌/국제교육을 위한 운동이 어린이들과 고등교육을 받는 학생들에게 멀리 떨어진 장소, 사람, 경관 그리고 문화에 관해 교육할 것이라고 상상했다. 그리고 그 교육이 역사, 지리, 예술, 언어, 음악, 생물학, 정치 및 문학에 대한 지식을 풍부하게 해 줄 것을 희망했다. 그러나 동시에, 나는 학술 문헌과 개인 경험을 통해서 영국과 미국의 보통 아동 또는 청소년이 이전 세대보다 일반적인 지식 영역에 대해 잘 알지 못하고, 점점 더 나빠지는 상황에 있음을 알게 되었다.

초등학교, 중등학교와 대학교가 세계에 대한 책임을 성공적으로 교육하는 데 실패했던 시점에, 글로벌/국제교육이 엄청나게 유행할 수 있었던 이유는 무엇인가? 이것이 이 책에서 살펴볼 과제이다. 내가 찾은 답은 오늘날의 글로벌 및 국제교육의 새로운 계획은 세계에 대한 교육과의 관련보다는 교육, 정치활동, 치료와 같은 교육과 비교육적 노력 사이의 경계를 허무는 것과 더 관련이 있다는 것이다. '글로벌' 접근은 의도치 않게 교과 지식의 기초를 약화시키면서 교육의 의미와 목적을 바꾸려고 한다.

알렉스 스탠디시Alex Standish, 2012

세계화는 그 의미가 자명한 것으로 표현되는 용어 중 하나이다. 1980년대 이후로, "세계화의 힘"과 같은 표현은 실제로 인간 경험의 거의 모든 차원을 설명하는 데 사용된다. 사업가, 시민과 학생들은 지속적으로 "지구적으로 생각하기think global"를 권고받고 국가적 경계를 넘어서서 바라볼 필요성에 대한 강의를 듣는다. 세계화의 서사는 끊임없이 변화하는 생각을 끊임없이 전달해 준다. 정책 문서는 세계화 사회가 어떻게든 이전의 인간 사회와 질적으로 다르다는 것을 대중에게 지속적으로 알려 준다. 자세히 살펴보면, 세계화에 대한 다양한 주장들이 보여 주는 것은 과거 유산의 가치에 대한 불확신성, 비영구성, 멀리함의 감정이다.

이 용어가 만들어진 1930년에 처음으로 세계화에 대해 글을 쓴 사람들이 교육가들이었다는 것을 기억할 필요가 있다. 교육은 끊임없는 변화라는 아이디어에 압도당해 왔기 때문에 교육에서 이 개념을 받아들인 것은 그리 놀라운 일이 아니다. 19세기 이래 교육 이론가 집단은 소위 말하는 전통 교육은 끊임없이 변화하는 세상에 나갈 젊은 이들을 준비시킬 수 없다고 주장했다. 세계화라는 용어가 등장하면서 이러한 교육가들은 널리 알려진 관용구를 통해 새로운 것에 대한 집 념을 표현할 수 있었다. 소위 글로벌 교육의 등장은 젊은이들이 끊임 없이 변화하는 국제적으로 연결된 세계의 새로운 현실을 따라가야 한 다면, 학교는 글로벌 교육의 지혜를 채택해야 한다는 근거로 정당화되 었다.

글로벌 교육의 옹호자는 현대 사회가 지닌 문제를 의미 있게 경험 하도록 하는 데서 드러나는 문제를 항상 제시한다. 그러한 현상은 종 종 "교육의 위기"로 표현되곤 하는데, 이는 훨씬 더 광범위한 문제로 보인다. 그것은 현대 사회가 기존의 권위 있는 기성세대 문화의 초석 이라 할 만한 것 자체에 대해 의미 있는 설명을 제공하기 어려운 데서 비롯된 어려움이다. 그러한 환경에서는 교육가들이 고전적인 서양의 교육을 전담하는 데서 비롯된 문제에 맞서기보다는 고전적인 서양 교육을 뒷받침하고 있는 지적인 유산을 비난하는 것이 유혹적이다. 글로벌 교육은 중요성을 지닌 문제를 극복하기 위해 개발된 많은 혁신들 중의 하나이다. 변화하는 세계를 다루는 데 필요한 일련의 기술과 역량의 세트로 교육을 재해석함으로써 글로벌 교육은 학문적, 지적, 그리고 교과 기반 교육과정의 과제를 회피한다.

알렉스 스탠디시가 설명했듯이 글로벌 교육은 교육과 거의 관련이 없다. 그것은 정책 중심이며, 교실에서 발생하는 문제의 외부에 있는 의제에 의해 동기가 부여된다. 그렇다. 우리는 우리 아이들의 삶이 지역적 맥락을 초월하기를 원한다. 그리고 우리는 교육에 의해 젊은이들이 자신감 있고 지적으로 호기심을 유발하는 새로운 경험을 할 수 있도록 준비시켜야 한다. 그러나 변화에 대응할 수 있는 능력은 미래를 발견하려는 탐구에 착수할 수 있는 지적 기초를 갖추기를 요구한다. 그 기초는 인간 성취의 유산이며, 이는 교과 기반 교육을 통해 가장 효과적으로 전달된다. 스탠디시의 글로벌 교육에 대한 강력한 비판은 글로벌 교육 옹호론을 부채질하는 속물적인 동기를 폭로한다. 글로벌 교육을 가리키면서, 교사들, 관심있는 시민들, 무엇보다 부모들은 "임금님은 벌거숭이다"라고 외쳤던 그 소년의 사례를 따라야만 한다.

프랭크 푸레디Frank Furedi

_켄트 대학교 사회학 교수Professor of Sociology University of Kent

차례

도입

미국의 모든 아이들은 21세기 사회에서 능력 있는 시민, 직업인 그리고 지도자로 살아가기 위해서 21세기 사회가 요구하는 지식과 기술skills을 필요로 하고 있다. … 그런데 대부분의 학생들이 학교에서 배우는 지식과 기술, 그리고 21세기 사회와 직장에서 요구하는 지식과 기술 간에는 엄청난 차이가 있다.

_ 21세기 기술을 위한 파트너십PARTNERSHIP FOR 21ST CENTURY SKILLS[1]

이 책은 학교와 대학에서 가르치고 있는 것과 가르쳐야 할 필요가 있는 것 사이에서 점점 더 커져 가는 '간극'에 관한 것이다. 이러한 차이에 대한 인식은 세계가 변했다는 생각에서 비롯된다. 즉, 우리는 더 이상 국경으로 구획된 동질적인 공동체에 살고 있지 않으며, 오히려 개인에게 새로운 요구를 제기한 글로벌 사회에서 살고 있다. 따라서 국가 시민을 양성하기 위해 국가 문화를 교육하는 기관으로 세워졌던

학교는 글로벌 교육을 가르치고 글로벌 시민을 길러 낼 수 있게 변화되어야 한다. 비슷한 논의가 대학college 및 대학교university와 관련해서도 제기되었다.

정치학 교수 에드워드 콜로지예Edward Kolodziej는 "어디에서나 인간에 대한 깊고 보편적인 관심의 근본적인 문제는 로컬, 국가, 지역 그리고 글로벌 수준에서-**일제히 그리고 동시적으로**[저자의 강조]-다루어졌을 때만이 해결되거나 관리될 수 있으며", 또 "이러한 글로벌 문제와 글로벌화하는 문제들은 종species의 진화에서 처음으로 글로벌 사회의 출현을 증명한다"라고 주장한다.[2] 콜로지예는 "모든 수준의 학문에 걸쳐 현재 확산되고 분산된 교육 프로그램과 학문 단위 중심의 조직은 세계화 연구와 세계화로 야기된 힘을 인간 선을 위해 사용하고 배치하는 방법을 발견하는 데, 또는 반대로 그 힘들이 행한 피해를 제한하고 좌절시키는 데 부적당하며, 어떤 경우에는 심각한 장애가 된다"[3]라고 하면서, 학문 간 그리고 전문가 간 연구 프로그램의 공동 수행이 필요하다고 주장한다.

국가 중심 교육에서 글로벌 교육으로의 전환은 단지 인류의 논리적 다음 단계(진화적 부분으로서)로 제시된 것일 뿐 아니라, "세계화는 지구상의 모든 국가들을 공동의 운명체로 끌어들이는 보편적인 힘이 되었기 때문에 우리가 적응해서 살기 위해 필요한 것이기도 하다."[4] 글로벌 시장, 다문화 공동체 그리고 포스트 국가 정치를 포함한 새로운 글로벌 현실이 강조되고 있다. 이러한 글로벌 세계는 변화와 불확실성으로 특징지어지고, 국가의 통제를 넘어서는 사회적·경제적 힘에 의해 발전하며, 따라서 지식과 기술은 매우 빠르게 변화한다. 이러한 유동적인 환경에서 과거의 지식인 교과 기반 학문 중심 교육과정은 다른 사람들과 협력하고 협업을 통해 지식을 획득할 수 있는 기술보다 덜 중요하게 되었다. 그러므로 학생들에게 다른 종류의 교육이 필요하다고 말하는 것이다.

글로벌 학습의 이론적 논리는 기본적으로 경제적이고 도덕적이다. 서구 경제가 흔들리고 동양의 일부 지역 경제가 번창하면서, 교육이 점차 그 해결책으로 여겨지게 되었다. 미국 노동력 기술 위원회New Commission on the Skills of the American Workforce는 "만약 우리가 아주 경쟁적이고, 지식 중심적이며, 기술에 기반을 둔 글로벌 경제에서 성공할 준비가 되어 있지 않으면 우리 노동자들의 소득 감소는 장기간에 걸쳐 계속되고 가속화될 것이 예상된다"라고 주장했다.[5] 이 위원회는 그러한 결과를 피하기 위해서 "우리의 전체 인구는 훨씬 더 잘 교육되어야 하고 아주 다르게 교육되어야 한다"[6]라고 덧붙였다. 염두에 두어야 할 것은 "창의력과 혁신, 아이디어와 추상적인 개념을 사용할 수 있는 자질, 자신의 업무를 관리하고 성공적인 결론을 내릴 수 있는 자기 훈련, 조직과 팀원으로서 기능을 수행할 수 있는 능력 등"이다.[7] 이것은 직장에서 성공하기 위해 꼭 필요한 것들이다. 그리하여 실제로 글로벌 시장에서 요구하는 기술은 글로벌 학습의 주요 부분을 형성한다.

교육이 경제의 서비스로 존재해야 한다는 것은 오늘날 교육의 논의에서 거의 의심의 여지가 없는 정설의 수준에 와 있다. 볼프강 작스Wolfgang Sachs는 글로벌 교육의 시대가 암묵적으로 "글로벌 경제에 참여하기 위한 준비"로 해석된다는 것을 경고했다.[8] 놀랍지 않게도, 정부뿐 아니라 기업들은 글로벌 시장을 위해 글로벌 기술을 가르칠 것을 옹호하는 주요 참여자가 되었다.

글로벌 교육을 위한 도덕적 사례는, 위에서 논의했던 교육을 세계화를 준비하는 도구로 보는 주장과는 다르지만 세계화 이론들과 비슷한 부분이 있다. 한 가지 정의는 글로벌 학습이 "비판적, 창의적 사고력, 자기 인식, 다름에의 개방성, 글로벌 이슈와 권력관계의 이해 그리고 더 나은 세계를 위한 낙관주의와 행동"[9]을 촉진한다고 주장한다. "글로벌 시민성"을 옹호하는 사람들은 하나의 문화나 모국에 묶여 있는 것이 아니라, 다른 문화권과 세계 여러 지역의 사람들과 연결되도록 경계를 넘어 일할 수 있는 어린이들을 길러 내려고 한다. 따라서 교육과정은 국가적 차이와 문화적 예외주의보다는 다양성 존중과 관용 같은 세계시민주의적cosmopolitan 가치를 반영할 필요가 있다는 제안을 받는다. 글로벌 교육을 위한 도덕적 사례는 비영리 단체(특히, 환경 및 개발과 관련된 단체), 학계, 정부 및 정부 간 기구(특히 유네스코), 그리고 소수의 교사들에 의해 제기되었다.

때로 "국제교육"이라고 불리는 글로벌 학습 또는 글로벌 교육 운동은 "여러 문제를 해결하고, 많은 석학들을 배출하며, 다양하지만 때로는 상충되는 가치를 표현한다"라고 월터 파커Walter Parker 교수는 말한다.[10] 그리고 파커 교수는 글로벌 교육이 일관성이 결여되고 부정확한 용어 사용 문제가 있음을 지적한다. 물론 이것은 글로벌 학습을 어렵게 만든다. 그러나 이 책은 위에서 제시한 두 개의 스트랜드(글로벌 교육을 위한 경제적 사례와 도덕적 사례)를 분석함으로써 논의를 더욱더 명확하게 하고자 한다. 두 개의 스트랜드가 공통적으로 가지고 있는 것은 국가적 틀에 대한 거부 그리고 교육을 학문적 지식과 문화로 인도하는 것이라 보는 관점에 대한 거부이다.

데이비드 힉스David Hicks는 글로벌 교육을 연구의 한 영역이자 다양한 교육 이니셔티브와 목적을 포함한 포괄적인 용어로 본다. 힉스는 글로벌 교육이 1960년대 후반과 1970년대에 상호의존, 개발, 환경, 인종차별, 평화 및 미래 주제를 통합하여 하나의 연구 분야로 등장했다고 했다.[11] 1990년대 중반 이후로, 글로벌 교육은 국제교육, 지속가능 발전 교육, 글로벌 시민성 교육, 21세기 기술, 개발교육, 인권교육, 그리고 기타 "큰" 개념들을 아우르면서 더 포용적인 의미로 사용되어 왔다. 본 연구는 글로벌 교육에서 사용하는 용어 가운데 더 일반적인 또는 더 글로벌적인 용어에 관심이 있다. 최근의 "글로벌 교육" 용어의 사용은 세계화 이론, 그리고 우리가 새로운 글로벌 시대에 진입했다는 생각과 관련되어 있다.

본 연구의 목적은 교육의 맥락에서 '글로벌'의 의미를 설명하는 것이다. 오늘날 '글로벌'은 지리적, 정치적, 심지어는 문화적 기준으로 점점 더 많이 사용되고 있다. 그것은 오히려 전체적인 면에서 보면, 경계를 허무는 것을 의미한다. 이것들은 꼭 지리적 경계인 것만은 아니며 오히려 현대에 세워진 경계들이다. 즉, 문화, 국가, 교과 지식, 인류와 자연 간의 경계, 그리고 교육과 사회적 개혁 간의 경계를 명백히 구획하는 경계들이다. 다시 말해, '글로벌'은 보는 사람들의 눈에 인식되는 바와 같이 인류의 글로벌화 상태를 나타낸다.

본 연구는 세계화와 교육에 관한 문헌들과 다른 접근을 취한다. 글로벌 교육을 "세계화의 힘"에 대한 반응으로 설명하기보다는 그 글로벌 전환이 실제로 옹호자들의 의식적인 선택에 의한 것임을 보여 준다. 교육의 글로벌화는 '**교육**'이라는 용어를 본질에서 벗어난 외부적인 도덕적 논리에 개방하는 수단이 되어 왔다. 간단히 말해서, 어떤 것이 세계적일 때는 거의 모든 것, 즉 세계시장을 위한 훈련, 글로벌 시민성, 글로벌 이슈를 해결하기 위한 행동, 다문화 공동체의 통합 또는 자기 인식 등을 포함할 수 있다. 마찬가지로, 교육과 사회 변화 사이에 있는 경계의 침식은 주로 학문적 지식의 가치에 대한 믿음을 떨어뜨린 결과이다. 더 많은 사람들이 학문 지식이 학생들에게 어떤 의미 있는 가치를 지니는지에 대해 의문을 제기하면서, 그들은 대안으로 사회적 관심을 학교교육으로 채우고 있다. 랠프 페브르Ralph Fevre는 이러한 과정을 '탈선화Demoralization'로 묘사하고 있다. 즉, 사회 제도의 도덕적 목적에서 벗어나 이를 다른 사회활동에서 파생된 이론적 근거로 대체하는 것이다.[12]

교육의 글로벌 전환에 비판적으로 접근한다는 것은 국가 교육기관으로서 학교가 제한받지 않는 자유로운 교육의 요새였음을(매우 드문 일이었을지라도) 가정하는 것이 아니다. 학교는 도구적인 사회적 어젠다에서 거의 자유롭지 못해 왔다.[13] 그러나 국가 교육은 국가를 위해 만들어졌을지라도 거기에는 교육의 이론적 근거가 포함되었다. 예를 들어, 1914년 미국 교육국US Bureau of Education 보고서는 "교육의 주요 목표는 선량하고, 지적이며, 충성스럽고, 번영하는 시민주권을 만드는 것"이라고 했다.[14] 자유민주주의 사회에서 시민-주권자가 되려면 개인이 자신의 책임을 수행하고 국가의 경제와 정치에 기여할 수 있으며 후손의 양육을 통해 사회를 재생산할 수 있는 기초적인 수준의 지식과 기술을 획득해야 한다. 이는 국가의 엘리트주의와 계급구조, 충성스러운 시민을 양성한다는 교육의 도구적 목적을 맹목적인 것으로 보는 것이 아니며, 대부분의 공립학교 어린이들이 평범한 교육을 받았다는 사실을 깨닫지 못하는 것도 아닌, 국가 교육의 사회적 역할에는 교과 지식의 획득을 통한 교육의 문화적 확신이 포함되어 있다는 것을 단지 인식하기 위한 것이다. 공립학교는 교육이 집단적 정체성과 열망을 지닌 특정 문화에 기반을 두고 있었기 때문에 일부 어린이들을 교육할 수 있었다. 이는 학교가 과거를 보존하기 위해 똑같은 지식과 문화적 전통을 계속 가르쳐야 한다는 것을 의미하지는 않는다. 지식과 문화 모두는 역동적이며, 그래서 새로운 발견과 문화적 변화를 반영해야 한다. 학교는 또한 학생들에게 다른 문화에 대해 가르침으로써 그들 자신의 문화에 반영할 수 있게 해야 한다.

그럼에도 불구하고, 교육은 지역사회의 신념 체계에 기반을 둘 때 도덕적일 수 있다. 글로벌 교육의 다른 점은 교육에서 도덕적 내용에 전문성을 지닌 전문가와 지역사회 상황을 기반으로 한 교육을 배제하고, 다른 것으로 대체한다는 것이다. 글로벌 교육가들과 정책 입안자들은 사회의 지식과 도덕성을 전수하기보다는 사회 가치를 변화시키거나 경제 침체 문제를 해결하는 유일한 방법으로 교육과정을 사용하고자 한다. 이 책은 글로벌 교육의 옹호자들이 학교교육에 대한 새로운 이론적 근거를 만들었을지는 몰라도, 그것은 교육의 질을 떨어뜨리는 해석이며 궁극적으로 아이들에게 세계에 대해 가르치는 것을 방해한다고 주장한다. 교육의 의미를 확장함으로써, 사회는 교육의 목적/필요성에 대해 시각을 잃어 가고 있다.

이 연구는 글로벌 교육이 증가하고 있는 미국과 영국에 초점을 둔다. 서구 선진 국가인 영국과 미국은 모두 교육의 본질과 목적에 혼란을 가져오면서, 결과적으로 대안적 합리화 근거를 학교에 도입하려고 노력해 왔다. 그러나 두 국가에서 글로벌 교육은 아주 다른 방식으로 합리화 근거를 도입해 왔다. 그럼에도 두 국가에서 글로벌 교육은 아주 다른 방식으로 그렇게 이루어졌다. 이 책은 초등 및 중등교육(유치원에서 12학년까지)에 초점을 두고 있다. 왜냐하면 초등 및 중등교육 기관들은 글로벌 교육의 이니셔티브를 받아들여 왔기 때문이다. 여러 곳에서, 고등교육에서도 글로벌 교육의 필요성에 대해 유사한 논의가 이루어지고 있으며 고등교육을 위한 참고 자료들도 만들어지고 있다. 초등 및 중등교육에 초점을 두는 것은 단지 좁은 범위의 연구를 위해서다. 이 연구에서는 다음의 방법을 활용했다. 교수 자료의 내용, 정책 문서, 지침서, 국제/글로벌 교육 문서, 국제/글로벌 교육에 참여하는 교사와 다른 교육가와의 인터뷰, 비영리 시민단체에서 일하는 관계자 인터뷰, 교실 수업 관찰, 그리고 국제/글로벌 교육을 실행하는 학교 교장과의 인터뷰 등이다. 관찰, 문헌 조사, 미국과 영국의 교수 자료들이 국제/글로벌 교육의 의미와 실행을 설명하기 위해 텍스트 전체에 포함되어 있다.

1장에서는 미국과 영국에서 국제교육 및 글로벌 교육의 기원과 역사를 탐색한다. 특히, 우리는 국제학교international school들이 특정한 커뮤니티를 지원한다는 점에서 글로벌 교육과는 성격상 어떻게 다른지를 살펴보고, 또한 기존의 국제교육 센터와 다른 교육의 목적을 갖고 있는 더 최근의 계획을 구분해 보여 줄 것이다. 2장에서는 영국과 미국 간 글로벌 교육 계획의 주요 차이점들을 언급하면서 지난 20년 간 글로벌 학습의 발달에 대해 자세히 살펴볼 것이다. 3장에서는 글로벌 지식이 소수자와 아동의 목소리를 촉진시키기 위해 전문가 주도의 교과 지식 이상의 지식 세계를 열어 준다는 것을 배운다. 이는 과거와 현재의 지식에 대한 학습보다는 글로벌 이슈와 미래에 대한 가르침이 더 인기를 얻고 있음을 이해하는 데 도움이 된다. 4장은 글로벌 기술에 관한 것이다. 여기에는 글로벌 시장을 위한 기술 그리고 글로벌 시민성을 위한 기술(개인적, 사회적, 감정적 그리고 학습 기술)이 포함된다. 글로벌 윤리는 5장에서 논의하는데, 이러한 윤리는 물론 앞 장에서 논의되는 기술과 지식을 뒷받침하는 것이 분명하다. 글로벌 윤리는 다양성, 관용, 공감, 사회정의, 환경정의, 평화, 참여를 포함한다. 우리는 글로벌 윤리의 자기 참조적 성격self-referential character이 종종 교육이 진행될 수 있는 사회적 근거에 대한 논의를 억제한다고 주장한다. 이는 6장에서 다시 다루는 주제인데, 여기서 우리는 성공적인 교육에 필요한 경계들을 탐색할 것이다.

▶ 참고 자료

1. Partnership for 21st Century Skills (2009) "Mission". Accessed : http://www.p21.org/index.php?option=com_content&task=view&id=888cltem id=110
2. Kolodziej (2005) p. 5.
3. Ibid. p. 6.
4. Wiggan and Hutchinson (2009) p. ix.
5. National Center on Education and the Economy (2007) p. 46.
6. Ibid. p. 46.
7. Ibid. p. xxv.
8. Sachs cited in Wiggan and Hutchinson (2009) p. 2.
9. Development Education Association (2011) About Global Learning. Accessed: http://www.think-global.org.uk/page.asp?p=3857
10 Parker (2009) p. 196.
11. Hicks (2007a) p. 5.
12. Fevre (2000).
13. Marsden (1989).
14. Cited in Nolan (1998) p. 139.

1장

국제교육과 글로벌 교육의 기원

국제교육은 언젠가부터 우리 주변에 등장해 있었다. 국제교육은 여러 가지 형태를 취해 왔으며 이데올로기적, 학문적, 실용적 이유 등으로 교육되었다. 학자들은 교육이 제한된 경험의 한계를 넘어서고 개인적인 편견을 줄여 주는 방법임을 알고 있었다. 500년 전, 로마가톨릭 사제인 에라스뮈스Desiderius Erasmus, 1466~1536는 사람이 하나의 국가 또는 장소에 얽매이는 것을 줄이는 데 있어서 교육의 변혁적 잠재성에 대해 기술했다. 네덜란드의 공동생활의 형제회Brethren of the Common Life와 파리 대학교University of Paris에서 교육을 받은 에라스뮈스의 관심은 유럽에서 신교와 구교 간의 갈등을 해결하는 것이었다. 『크리스천 프린스 교육Education of the Christian Prince』에서 에라스뮈스는 크리스천 프린스Christian prince가 자신의 윤리적 감수성을 개발하고 인간 문제에 대한 지식을 갖추기 위해서는 교양, 신학, 그리고 문학을 공부해야 한다고 주장했다.[1]

근대에 들어서, 미국과 유럽의 초기 공립학교 교육은 성격상 당당하게 민족주의적이었다. 18세기와 19세기, 지배 엘리트들은 대중이 자신들의 생각을 발전시키고, 제멋대로 행동하며, 자본주의 체제를 약화시킬 것이라고 우려했다.[2] 상류 계층은 노동자 계층이 사회적으로 통합되고, 노동할 능력을 갖추고, 국가에 협조적이기를 원했다. 그리하여 영국의 학교들은 대영제국의 이익과 경이로움을 고취한 반면, 미국의 학교들은 공화국의 유지와 이민자들의 미국 사회 통합에 집중했다. 1910년대와 1920년대에 미국 학교의 교육과정은 교육과 충성의 서약Pledge of Allegiance과 같은 새로운 의식을 통해 새로 들어온 이민자들을 "미국인화"하고자 했다.

그런데 모든 사람이 국가 정체성을 가진 아이들로 교육하는 것을 선호하지는 않았다. 민족주의가 강했던 시기조차도 말이다. 두 차례의 세계대전이 끝난 후, 여러 나라의 젊은이들 간 상호 이해 증진을 위해서 국제교육 및 평화교육에 대한 요구가 있었다. 비슷하게, 동종의 영미 문화보다는 다른 문화적 배경을 강조하는 문화 학습이 1920년대에 처음으로 행해졌다. 이때부터 국제교육은 여러 가지 형태로 이뤄졌으며, 글로벌 교육은 그중의 하나로 등장했다.

이 장에서는 국제교육international education, 글로벌 교육global education, 세계 연구world studies 또는 글로벌 연구global studies라는 이름으로 서로 다른 시기에 발생한 교육에 대해 다양하게 접근할 것이다. 우리는 1960년대와 1970년대 문화적 상황에서 생겨난 이질적인 형태의 국제교육과 글로벌 교육을 구분할 수 있도록 국제학교의 간략한 역사로 시작하고자 한다.

국제학교International Schools

국제교육의 시작은 1924년으로, 이때 새로 설립된 국제연맹League of Nations에서 일하는 부모의 자녀들을 위해 제네바 국제학교가 개교했다. 1920~1930년대에 설립된 몇몇 새로운 국제학교들 중 첫 번째 학교인데, 사실 국제학교는 1920년대 이전으로 거슬러 올라간다. 브릭먼Brickman은 1814년에서 1914년 사이에 런던 서부의 스프링 그로브 스쿨Spring Grove School, 1866, 보스턴 국제평화 스쿨International School of Peace, 1910, 파리 근교 샤토Chatou에 있는 국제학교들, 본 근처의 바트 고데스베르그Bad Godesberg 등 30여 개의 공식적인 국제교육 플랜을 인용한다.[3] 이러한 학교들은 자선가인 토머스 헉슬리Thomas Huxley, 존 틴들John Tyndall 같은 지식인 그리고 제네바에 있는 국제 뉴 스쿨 사무국International Bureau of New Schools, 1899, 보스턴의 미국 학교 평화 연맹American School Peace League, 1908, 국제평화를 위한 카네기 기금Carnegie Endowment for International Peace, 1910을 포함한 평화와 국제 협력을 촉진하는 단체들이 운영했다. 그러나 세계대전이 가져온 엄청난 파괴와 수백만 명의 사망자, 수백 개의 황폐화된 도시들은 민족주의의 축소와 국제 협력의 필요성을 증폭시켰다.

이를 위해 국제교육 연구소Institute of International Education가 1919년에 뉴욕시에 설립되었다. 몇 년 후, 국가 교육 협회National Education Association: NEA는 학교에서 "선의 및 상호 이해goodwill and mutual understanding" 증진을 위한 세계교육 콘퍼런스를 샌프란시스코에서 개

최했다.[4] 국제교육의 인기는 십여 년 동안 계속 증가했다. 1932년 세계 교육 연맹World Federation of Education 사무총장인 오거스터스 토머스Augustus Thomas는 애틀랜틱시의 국가 교육 협회NEA에 보낸 연설에서 국가 간 이해와 협력을 위한 전 세계 차원의 교육 계획, 국제교육을 담은 교육과정 그리고 국제적 관점을 지닌 교사교육을 요구했다.[5] 유럽에서도 비슷한 발전이 이뤄졌고, 제네바는 국제교육 촉진을 위한 허브가 되었다. 국제학교 개교 1년 후 장 자크 루소 연구소Jean-Jacques Rousseau Institute는 제네바에 국제교육국International Bureau of Education을 설립했다. 1939년에 설립된 세계 시민성 교육 위원회The Council for Education in World Citizenship는 국제연맹의 교육 업무를 이어받았고 유네스코UNESCO 창설의 발판이 되었다. 국제학교는 수적으로는 적지만, 오늘날에도 영국, 네덜란드, 스위스, 독일, 덴마크, 프랑스 및 미국에서 찾아볼 수 있다. 국제교육은 서방 국가에 한정되지 않았다. 인도 작가인 타고르Rabīndranāth Tagore는 1918년에 인도 캘커타 인근에 국제학교와 세계대학을 설립했다. 일본에서는 1924년에 외국인 자녀들을 위한 요코하마 국제학교를 개설했다.

　제2차 세계대전 후 유엔UN은 국제교육을 주제로 채택했다. 제네바 국제연맹의 경우와 마찬가지로 유엔 직원들을 위해 1947년 뉴욕시에 유엔 국제학교가 설립되었다. 유네스코는 특별히 국제교육 구축의 업무를 맡았다. 그래서 1945년에 설립된 유네스코는 전쟁은 인간의 머리에서 시작된다고 생각하면서 "모든 사람들의 마음에 평화의 씨앗을 심는 것"에 목적을 두고 교육을 전개했다.[6] 케넌 말릭Kenan Malik은 유네스코의 설립은 전후 동맹국 지도자들에 의해 인류에 대한 생물학적 관점과 결합된 인종 차별주의로부터 벗어나고자 취해진 의식적인 결정이었다고 말했다. 유네스코 인류UNESCO Man*는 생물학적 존재가 아닌 문화적 존재였다. 그러나 말릭은 보편적 문화를 증진시키는 대신에, 유네스코의 야만주의와의 전쟁이 인종적 분열을 문화적 다원주의로 대체했음을 발견했다. "인종이 인간 행동의 온갖 측면을 결정했듯이, 이제 문화도 꼭 마찬가지 역할을 한다."[7] 유네스코의 국제교육은 다름을 초월한다기보다는 촉진하면서 다른 문화를 존중하는 것의 가치를 함양하는 데 관심을 두었다.

유네스코 초기 사업들 중 하나는 1949년 파리에서 개최된 국제학교 교장단 회의였는데, 유럽과 미국 전역의 관심 있는 15개 학교 교장들이 참석했다. 이후 수십 년 동안 유네스코는 특히 유럽과 북미에서 국제교육의 촉진, 방향 설정 및 조정에 중요한 역할을 해 왔다. 회의를 조직하고, 국제교육에 관한 주요 문서를 만들고, 국가 차원에서 행해지는 계획을 지원했다.

한편, 모든 국제학교 또는 국제교육 계획을 동일한 것으로 취급해서는 안 된다. 오늘날 세계 도처에 1,000개 이상의 국제학교가 있으며, 이 학교들은 자신들의 국제적 입지를 정의하는 방식에 따라 다양한 형식을 띤다. 이들은 "학생들의 특성과 제공되는 교육과정의 특성, 해당 지역에의 홍보 그리고 지역의 다른 학교와의 경쟁, 학교의 전반적인 정신

---

*옮긴이 주: 인간은 생물학적 차이에 의한 차별적 존재가 아니며 인간으로서 동등한 가치를 가진 문화적 존재임.

및 사명"과 같은 여러 가지 이유로 자신들을 국제적이라고 설명한다.[8]

국제학교의 존재에는 실용성, 경제성, 이데올로기의 세 가지 이론적 근거가 있다. 국제학교는 해당 국가에 임시로 이주한 직원의 요구에 부응하기 위해 해당 국가에 개교하며, 자녀가 비슷한 교육과정을 통해 이주 이전과 같은 언어로 교육받기를 원하는 부모들의 요구에 부응한다. 그러한 학교들은 "전 세계 이주 외국인들에게 자녀의 교육환경이 현지 지역 문화에 한정되지 않도록 문화 환경을" 제공한다.[9] 이 학교들은 주로 영어로 수업을 하며 여러 나라 어린이들을 지원한다. 메리 헤이든Mary Hayden은 영어 수업은 종종 영어를 세계 시장에서 학생을 도울 수 있는 국제어라고 생각하는 학부모들에게 주요한 매력이 되고 있으며, 제2외국어를 배운다는 것은 추가적인 경제적 기술로 여겨지고 있다고 말한다.

헤이든은 또 부모들이 국제 바칼로레아International Baccalaureate: IB 및 중등교육 일반 인증서International GCSEs와 같이 국제적으로 인정된 자격을 소중히 여긴다고 덧붙인다. 국제 바칼로레아 기구International Baccalaureate Organization: IBO는 초국가적으로 이주하는 사람들에게 전 세계 대학 및 고용주가 인정할 수 있는 자격을 제공하기 위해 1968년에 제네바에 설립되었다. 설립 목적은 "세계 각국의 대학이 인정하는 교육과정 및 학위 자격을 학교가 제공함으로써 대학 입학 준비를 하는 학생들의 국제 이동성을 촉진하는 것"이다.[10] UN의 경제사회이사회의 한 부분으로서 국제 바칼로레아 기구는 유엔의 가치와 목표를 반영하고 있다. 그리하여 국제학교는 종종 초국가적으로 이주하는 부모의 희망에 부응해 실용적이고 경제적인 이유로 생겨났다. 그리고 지난 수십 년 동안 초국가적인 다국적 기업의 수가 증가함에 따라 국제학교에 대한 수요는 더 많이 증가했다.

일부 국제학교는 위에서 제시한 바와 같이 국제정신international-mindedness의 동기를 촉진하기도 한다. 이는 역사적으로 국경을 넘어 연대를 촉진함을 의미했으며, 국가 간 경쟁보다는 국제 협력을 통해 사회적·경제적·정치적 진보를 달성할 수 있다는 견해를 의미했다. 예를 들어, 워싱턴Washington DC에 위치한 워싱턴 국제학교Washington International School는 자녀가 국제교육을 받기를 원하는 미국 부모들뿐 아니라 여러 나라에서 워싱턴으로 이주한 부모들에게 교육 서비스를 제공한다. 이것은 광범위한 과목 중심의 교육과정을 통해 하나 이상의 언어를 배우고, IB 자격증을 얻고, 다른 지역의 문화를 배우는 것으로 이뤄졌다. 이러한 국제학교는 공립학교와 유사하지만 국가 가치보다는 문화적 변이cultural variation를 강조하는 공통된 지식 체계의 교육에 중점을 둔다.

헤이든은 때로 부모의 교육적 가치와 국제교육가들의 교육적 가치 사이에 차이가 있다고 말한다. 그녀는 많은 부모들이 서양에서 높은 활용 가치를 지닌 영어로 수업하고 과목별 자격증을 제공하는 국제학교를 소중하게 생각한다고 말한다. 하지만 국제교육 분야에서 일하는 사람들은 이데올로기적 목표를 훨씬 더 강조하는 것 같다. 오늘날 이러한 목표는 교과 내용과 문화 측면에서 서양 중심의 교육과정에서 벗어나려고 하는 글로벌 교육의 목표와 일치하는 듯하다.

국제/글로벌 교육의 스트랜드

'국제적' 또는 '글로벌' 교육에 속하는 많은 접근 방법들이 있다. 아래에 요약한 것처럼 몇몇 접근 방식은 지식 기반이며, 다른 접근 방식들은 기술 또는 가치 기반이다. 국제교육의 더 자세한 배경은 제럴드 구텍Gerald Gutek의 책 『글로벌 사회에서 미국 교육: 교사교육을 국제화한다는 것*American Education in a Global Society: Internationalizing Teacher Education*』을 참조했다.[11]

문화 간 교육Intercultural education

문화 간 교육은 학생들이 제한된 문화적 경험을 극복하는 데 목적을 둔다. 이는 시기에 따라 다른 방식으로 이뤄져 왔으며 국제 여행, 외국어 학습을 포함한다. 만약 교육이 마음과 경험의 확장을 포함한다면, 자신의 문화와 언어를 벗어나게 하는 교육은 필수적이다. 다른 나라 사람들의 언어와 문화에 대한 통찰력을 얻는 것만으로도 우리는 자국의 한계와 문화적 편견을 넘어서 문화적 분열을 메우고, 우리의 공통된 인간성을 이해하는 법을 배울 수 있다. 이러한 목표는 (영국에서처럼) 자유 교육과 종합 교육comprehensive education*뿐 아니라 많은 국제교육 방식들에 포함되어 왔다. 외국 문화와 언어에 대한 학습은 공식 수업을 통해서 편지 쓰기, 외국 학생과 인터넷 통신, 초청 인사

---

* 옮긴이 주: 종합 교육(comprehensive education)은 다른 능력을 가진 아이들이 같은 학교에 다니고 함께 공부하는 영국의 교육 유형들 중 하나이며 종합학교적 특성을 지닌다.

활용 등으로 이뤄질 수 있지만, 학생들이 더 넓은 문화적 경험을 얻기 위해 다른 나라에서 많은 시간을 보내기를 권장하기도 한다. 이것은 해외 유학이나 학생 교환 프로그램을 통해 이뤄진다.

유럽 학교들은 전통적으로 그리스어와 라틴어 등의 외국어 학습을 교육과정에서 부분적으로 행하고 있었으나 후에 대부분의 학교들이 이를 다른 유럽어 학습으로 대체했다. 유럽 대륙에서 영어를 가르치는 것은 아마도 가장 성공적인 일이었는데, 이는 국제어로서 영어의 중요성을 인정한 결과라고 할 수 있다. 한편 미국에서는 유럽 언어가 역시 주도적이었는데, 특별히 스페인어가 초등학교에서 교육되었다. 그럼에도 불구하고 미국에서 문화 간 교육은 미국 내 문화의 다양성에 초점을 두었다. 이는 미국이 이주민들의 국가임을 고려한 것으로 보인다. 문화 간 교육을 개척한 사람은 레이첼 듀보이스Rachel Dubois다. 그는 1920년대 뉴저지 고등학교에 근무했으며, 후에 국제교육사무소 Bureau of International Education로 자리를 옮겼다. 듀보이스는 차별과 불평등에 대해 가르쳤으며, 수업시간에 학생들의 삶과 이야기에 중점을 두었다. 20년 후인 1945년에 전국 사회교과 협회National Council for the Social Studies: NCSS에서는 『민주적 인간관계: 사회과에서 집단 간 그리고 문화 간 교육의 실천을 약속하며』라는 책을 발간했다.[12] 힐다 타바 Hilda Taba와 윌리엄 반 틸William van Til이 편집한 이 소식지는 교육계에서 베스트셀러가 되었다.

1960년대 후반에서 1970년대에 걸쳐, 문화 간 교육(현재의 다문화 교육의 형태)은 미국 학교들의 중심 철학이 되었다. 이러한 발전은 미국 사회에서 소수자의 동등한 참여를 위한 시민권 운동의 요구를 반영했다. 학교는 다른 문화권에서 온 학생들을 미국의 포괄적 정의 inclusive definition of America에 통합시키는 데 중심적 역할을 하도록 요구받았다. 다문화적 접근은 미국 사회 내에서 문화적 차이에 대한 존중과 이해를 강조했다. 유네스코 인류UNESCO Man와 마찬가지로, 다문화주의는 어린이들이 공통의 인간성을 찾는 것보다는 문화적 차이에 초점을 두고 존중하도록 권장했다. 1980년대와 1990년대에 걸쳐, 다문화주의는 특정 국가 중심의 문화 학습을 줄이고 자신감 있는 민족적 정체성을 반영하면서 점차로 유럽 사회와 학교의 지배적인 특징이 되었다.

다문화 교육의 등장으로, 문화 간 교육의 내용이 급격히 변화했는데, 이제는 다른 문화 환경 교육을 줄이고 문화적 정체성을 증진시키는 데 더 관심을 두었다. 예를 들어 세계화에의 대응과 문화 간 커뮤니케이션에 중점을 두고 있음에도 불구하고, 오늘날 미국과 영국에서 외국어를 배우는 학생이 더 적은 것은 괄목할 만한 현상이다. 4장에서 언급하겠지만, 문화적 상호작용의 강조가 학생들에게 세계어와 세계 문화를 가르치겠다는 지속적 노력과 연결되는 것은 아니다.

평화 연구Peace studies

많은 국제교육 옹호자들은 국가 간 평화를 가져오고자 하는 열망으로 동기가 부여되어 있었다. 평화 연구는 제2차 세계대전 이후 북미와 유럽의 연구 센터 및 대학원 과정에서 주요 학문 분야로 발달했고,

이는 "전쟁의 원인과 평화의 조건에 대한 체계적인 학제적 연구" 분야로 정의되었다.[13] 평화 연구는 베트남 전쟁과 시민권 운동과 더불어 1970년대에 더 많은 관심을 이끌었다. 1980년대까지 민간과 주정부의 지원을 받으며, 대학의 학부 교육과정과 일반 학교로까지 확장되었다. 미국 의회는 1984년에 미국 평화 연구소US Institute of Peace를 설립하기도 했다.

평화 연구는 학제 간 연구 분야이며, 그 목표는 전쟁보다는 중재에 의해 갈등을 해결하는 방향으로 정책에 영향을 주는 것이었다. 본질적으로, 국제적 또는 글로벌 문제에 관심이 있으나 이러한 문제들을 세계 시스템 접근을 통해 이해하려고 한다. 일부 평화 연구 옹호자들은 여러 국가의 관심사들 간 상호작용을 이해하고 갈등을 해결하기 위해 평화로운 방법을 찾는 것이 필요하다고 생각한다. 또 다른 옹호자들은 국가와 주권을 "평화 유지와 평화 결정에 필요한 세계적 제도 마련에 주요 장애물"이라고 본다.[14] 더 큰 차이는 평화를 전쟁이 없는 상태(부정적 평화)로 보는 사람과 경제적·사회적 정의(긍정적인 평화)를 가져옴으로써 전쟁의 원인을 해결하기를 원하는 사람들 간에 존재한다.

갈등의 원인은 때로 개인의 마음에서 기원하는 것으로 알려져 있다. 즉, 평화교육의 창시자 중 한 사람인 베티 리어던Betty Reardon은 "폭력, 전쟁, 억압의 근본적 원인은 우리가 생각하는 방식에 있다"라고 설명한다.[15] 이러한 접근에 따라 학생들은 집단에 대한 개인의 심리에서 글로벌 갈등에 이르기까지 전체를 갈등으로 보기를 권장받으며, 교육은 학생들이 생각하는 방식을 바꿈으로써 더 평화로운 세계를 만들어 가는 데 직접적 영향을 줄 수 있는 것으로 여겨진다.

개발교육Development education

개발교육과 개발 연구는 제2차 세계대전 이후, 즉 탈식민주의 시기에 활발하게 이뤄졌다. 개발교육은 서구 국가들이 이전의 식민지들과의 관계를 계속 유지하는 방법으로 제공되었으며, 비영리 단체가 저개발 국가에서 역할을 할 수 있는 여지를 제공했다. 따라서 그것은 유네스코와 같은 정부 간 기구와 국제 비영리 단체의 특권이 되었다.

학교에서는 수업에 댐 건설과 같은 대규모 프로젝트의 예를 포함시켰을 뿐 아니라 식량 원조, 학교 교육 기자재, 그리고 깨끗한 물을 제공할 수 있는 소규모 프로젝트도 포함시켰다. 이러한 방식으로 개발교육은 문제가 많은 제국의 과거와는 대조적으로 식민지 이후 서구의 역할을 긍정적인 것으로 홍보하는 방법이 되었다.

최근 수십 년 동안 비영리 단체는 교사 교육을 제공할 뿐 아니라 학교에 필요한 교수 자료를 제공하는 중요한 곳이 되었다. 영국에는 비영리 단체들의 교육 업무에 협조하는 40개 이상의 개발교육 센터가 있다. 미국에서 비영리 단체의 역할은 공식화되지 않았지만 영향력이 크지 않다. 비영리 단체는 교육을 메시지 전달의 중요한 수단으로 보고 개발 연구를 통해 이 메시지가 쉽게 수용될 수 있는 길을 열었다.

인권교육Human rights education

제2차 세계대전 이후, 유엔UN은 「세계 인권 선언Universal Declaration

of Human Rights」, 「유엔 헌장UN Charter」, 「경제·사회 및 문화적 권리 그리고 정치적·시민적 권리에 대한 국제 규약International Covenants on Economic, Social and Cultural Rights, and Political and Civil Rights」에서 인권을 성문화했다. 1948년 12월 10일 유엔총회에서 서명된 「세계 인권 선언」은 인권에 관한 국제적 문서를 작성하려던 최초의 시도였다. 「세계 인권 선언」은 「대헌장Magna Carta」, 「프랑스 인권 선언French Declaration of the Rights of Man」, 「미국의 독립 선언American Declaration of Independence」, 「미국 권리장전US Bill of Rights」에서 나온 아이디어였다. 「세계 인권 선언」은 공정한 재판, 언론의 자유, 종교 및 집회의 자유, 무죄 추정과 같은 정치적 권리, 그리고 동등한 노동에 대해 동등한 임금을 받을 권리, 사회적 안전의 권리, 실업에 대한 보호와 노동할 권리, 교육받을 권리와 같은 경제적·사회적·문화적 권리를 포함한다.

인권교육은 국제 및 글로벌 교육과 함께 성장했으며, 많은 사람들은 두 개의 교육을 분리할 수 없는 것으로 본다. 최근까지 국제교육에 관한 가장 중요한 문서는 1974년 「유네스코 국제 이해, 협력, 평화를 위한 교육과 인권, 기본적 자유에 관련된 교육에 대한 권고UNESCO Recommendation Concerning Education for International Understanding, Co-operation and Peace and Education Relating to Human Rights and Fundamental Freedoms」였다. 이 문서에는 국제 이해, 협력 및 평화는 "인권 보호를 위한 노력을 기울이지 않으면 달성될 수 없다"라는 내용이 포함되어 있다.[16] 보고서 내용이 실천의 의무 대상은 아니지만, 인권은 미국과 영국 모두에서 학교교육과정에 통합되었다. 일반적으로, 인권교육의 신장과 인권에 대한 교수 자료 생산이 대학, 시민권 관련 단체, 종교 단체, 민간 재단 그리고 국제 엠네스티, 평화와 인권교육 협회를 포함한 비영리 단체 등 많은 기관에 요청되었다.

인권교육은 인권에 관한 사례 그리고 인권을 보장받지 못한 사례, 또 인권 보장에 도움이 되는 태도나 가치에 대한 학습을 포함한다. 수업에서는 종종 인권이 위협받는 사례, 즉 자연재해, 박해, 노예, 난민, 차별 등의 사례를 다룬다. 이런 수많은 인권 침해 문제들이 개도국에서 발견되는데, 이는 인권교육의 주요 대상이 된다.

외교 정책과 영역Foreign policy and area/지역 연구Regional studies

국제교육은 일부 사람들에게는 더 많은 국가적 이익의 수단으로 여겨진다. 국가가 외국 정복이나 갈등관계에 있을 때 특히 그렇다. 19세기 후반에 공립학교 교육이 국가 우선순위가 된 시점부터 영국의 학교교육은 아이들에게 제국에 대해 가르치고 국가의 식민지 소유에 대한 자부심을 심어 주는 데 관심이 있었다. 학교교육과정에서 지리의 입지는 식민지 그리고 다른 먼 지역에 대한 연구에의 적합성과 관련이 있다. 정치지리학의 선구자인 핼퍼드 매킨더Halford Mackinder는 세계를 시각화하고, "제국적으로 생각하기think imperially"를 하고, 세계를 "영국인의 활동을 위한 극장theatre for British activity"으로 보는 것을 배울 수 있기 때문에 지리를 장려했다.[17] 제국의 쇠퇴와 동시에 영국에서 지리는 정체성의 위기에 처했다. 20세기에 와서 지리 교과서의 내용은 덜 국제화되었고 영국에 더 집중하게 되었다.[18] 이에 반해, 미국의 교육과정은 세계의 지역에 대한 지식의 중요성을 강조하여 미국을 글로벌 리더십의 입지에 오를 수 있게 하였다.[19]

여기서, 미국과 영국의 다른 역사적 증거를 찾아볼 수 있다. 구텍 Gutek은 미국이 고립주의, 매니페스트 데스티니Manifest Destiny*, 독선적인 관점을 지지했음을 회상한다.[20] 이러한 이상은 유럽 정착민들이 종교적 편협성과 그들 출신국들의 제국주의적 틀에서 벗어나려 하는 열망을 반영한 것이다. 학교는 공통적으로 로컬 조직과 동화 정책을 통해 이러한 정서를 통일시켰다. 비록 미국이 1898년 스페인-미국 전쟁을 치르고 제1차 세계대전에서 중요한 역할을 했지만, 고립주의가 제2차 세계대전까지 지속되었다고 구텍은 지적했다. 우드로 윌슨 Woodrow Wilson이 1918년 베르사유에서 획득한 국제연맹 협약League of Nations Agreement의 비준을 의회가 거부한 것은 이러한 관점이 드러난 것이었다. 그러나 제2차 세계대전이 끝날 무렵, 미국은 새로운 글로벌 패권국으로 자리매김하면서 고립주의 정책을 과거로 돌렸다. 미국인들의 태도는 달라졌고 교육과정도 바뀌었다. 미국 교육에서 전환점은 1957년, 소련 위성 스푸트니크의 발사였다. 냉전 체제에서 소련에 뒤처질 수 있다는 두려움으로 인해 촉발된 1958년 국가방위교육법

---

* 옮긴이 주: '명백한 운명'이라는 뜻. 1845년 미국의 텍사스 병합 당시 『데모크라틱 리뷰』지(誌)의 주필(主筆)이던 J. L. 오설리번(1813~1895)이 동지(同誌) 7, 8월호에 게재한 논설 중 "아메리카 대륙에 확대해야 할 우리의 명백한 운명은 해마다 증가하는 수백만 인구의 자유로운 발전을 위하여 신(神)이 베풀어 주신 것이다"라고 말한 데서 비롯됨. 1840년대 미국의 영토 확장주의를 정당화한 말. 그 후 미국의 영토 팽창 이념의 표어가 된 이 말은 텍사스 병합에 뒤이은 뉴멕시코·캘리포니아·오리건의 합병 등 미국의 영토 확장주의 정책의 논거고 이용 됨. 출처: [네이버 지식백과] 매니페스트 데스티니(Manifest Destiny).

National Defence Education Act, 즉 타이틀 VI 프로그램Title VI Program을 통해 외국어와 지역학 센터가 국가 전체적으로 대부분의 대학에 설립되어 자금을 지원받았다. 오늘날에는 교육부의 지원을 받는 외국어, 지역 그리고 국제학을 위한 125개의 국가자원 센터National Resource Centers가 있다.

1950년대부터 새로운 세계지리와 세계역사 강좌가 학교에 도입되어 학생들에게 세계의 여러 지역을 가르쳤고, 또한 미국의 이익이 다른 나라들과 관련하여 얼마나 잘 작동하고 있는지도 가르쳤다. 존과 머피Jones & Murphy가 쓴 『지리와 세계 문제Geography and World Affairs』[21]는 지리적 접근을 할 때 널리 사용되는 교과서이며, 세계역사 강좌도 비슷하게 냉전 체제에 초점을 두었다.

글로벌 교육Global education/세계 연구World studies

국제교육과 대조적으로 글로벌 교육(또는 영국에서 처음 명명되었던 세계 연구)은 학생들이 스스로 글로벌 이슈를 다룰 수 있는 글로벌 시민으로 생각하게끔 하면서, 민족과 국가적 관심을 뛰어넘으려 한다. 그리하여 글로벌 교육의 목적은 평화교육, 개발교육, 인권교육의 목적과 부합한다. 케네스 타이Kenneth Tye에 따르면, 글로벌 교육은 다음을 포함한다.

국경을 넘어서 발생하는 문제와 이슈 그리고 생태, 문화,
경제, 정치 및 기술적 체계의 상호 연결성에 관해 학습하는

것이다. 글로벌 교육은 다른 사람들의 눈과 마음을 통해 사물을 보는 관점을 포함한다. 이는 개인과 집단이 다른 삶을 살지만 공통의 필요와 욕구를 가지고 있다는 사실을 깨닫게 하는 것을 의미한다.[22]

따라서 글로벌 교육과 세계 연구는 교육이 교과 중심 교육과정을 통해 어린이들을 지식과 문화로 안내하는 수단이라는 생각에 역행하는 교육이다. 글로벌 교육은 현실의 문제를 학습하고, 문제 해결에 참여하고 또 타인의 관점으로 그 이슈들을 보는 법을 배운다. 잔 터커 Jan Tucker에 의하면, 글로벌 교육은 〈미국 초·중등학교에서 국제교육의 목표와 중점 사항에 대한 조사〉라는 제목의 외교정책 협회Foreign Policy Association 보고서에서 나왔다.[23] 이 보고서는 앤더슨과 베커 Lee Anderson & James Becker가 편집하여 「21세기를 위한 국제교육」이라는 제목으로 사회과 교육 저널인 『사회 교육 저널Journal of Social Education』 특별호에 게재되었다. 이에 따르면 글로벌 접근은 "국가들의 종합적 학습으로서의 국제이해교육 아이디어를 거부하기 때문에 글로벌 접근을 취했다"라고 타이는 밝혔다.[24]

글로벌 교육과 세계 연구는 주로 학생들의 가치와 태도에 관심이 있다. 글로벌 이슈 학습을 통해 학생들은 민족국가에 대한 애국심을 넘어서 도움을 필요로 하는 사람들을 협력적으로 돕기를 희망한다. 문제 연구에 대한 경험적·학제적 접근은 종종 과목 중심 학습을 뛰어넘게 된다. 학생들은 환경 문제, 영양실조, 건강 문제, 자연재해, 기타 개발 문제를 포함한 다양한 국제 이슈들을 탐구한다. 환경교육(후에 지속가능발전 교육)은 글로벌 교육과 세계 연구의 핵심 부분이 되었다. 글로벌 교육과 세계 연구의 첫 물결은 1960년대와 1970년대 반문화 운동과 연결되었는데, 이에 대해서는 다음에서 더 자세히 다룰 것이다. 두 번째 물결은 1990년대에 시작되었고 이는 미국과 영국 학교에 더 깊은 변화를 가져왔다. 이것은 2장에서 논의할 것이다.

환경교육Environment education
/지속가능발전 교육Sustainable development education

환경교육은 환경 운동의 성장과 함께 1970년대 미국 학교의 인기 있는 주제가 되었다. 미국 교육부와 1970년대 환경교육법Environment Education Act의 지원, 환경 비영리 단체의 후원에 의해 여러 프로젝트 형태로 학교에 도입되었다. 여기에는 프로젝트 학습 트리Project Learning Tree, 프로젝트 와일드Project Wild, 프로젝트 웨트Project WET, Water Education for Teachers 및 프로젝트 그린Project Green, Green Rivers Environmental Education Network이 포함되었다. 윌리엄 스탭William Stapp은 환경교육의 목적을 "생물학적 환경과 관련 문제들에 대해 잘 알고 있으며, 해결책을 찾기 위한 방법을 알고 있고, 문제 해결을 위해 동기 부여된 시민"을 양성하는 것이라고 제시했다.[25] 1970년대 이후 환경교육은 미국 학교에서 중요한 교육과정의 일부로 남아 있는데, 종종 여러 교과목에서 다루어진다. 1990년에 두 번째 환경법Environment Act에서는 환경보호기관의 일부로 환경교육청을 포함하여 환경교육과 관련된 조직, 보조금 및 상으로 구성된 광범위한 네트워크를 승인했다. 오늘날에는 기후변화, 자원 소비 같은 다른 이슈들에 초점을 두고 있으며, 종종 개인적 책임의 측면에서 논의되는 경우가 있다.[26] 환경교육은 1970년대와 1980년대에 학교 협의회 프로젝트와 세계 연구에 통합되면서 대서양을 건너 영국으로 건너갔다. 이것은 다시 말하면, 학교에서의 접근 방식은 특정 교사의 관심과 노력에 달려 있다는 것이다. 그러나 1980년대와 1990년대에 지속가능발전은 유럽의 환경 아이디어의 주요 프레임워크가 되었다. 지속가능발전에 대한 아이디어는 트빌리시 선언Tbilisi Declaration, 1977, 세계환경개발위원회World Commission on Environment and Development, 1987, 리우데자네이루의 지구 정상 회담Earthe Summit in Rio de Janeiro, 1992으로 거슬러 올라가는 역사가 있다. 1990년대 후반까지 지속가능발전은 영어 국가교육과정의 교육 목표로 확인되었다.

지속가능발전은 일반적으로 "미래 세대가 자신들의 필요를 충족할 수 있는 기반을 훼손하지 않는 범위 내에서 현세대의 필요를 충족시키는 발전"으로 정의된다.[27] 이는 보통 이야기되는 상식적인 것이다. 그럼에도 불구하고, 여기에는 자연환경과의 조화로운 발전의 필요성과 대규모 개발 프로젝트 및 산업화에 대한 회의주의를 강조하는 것 이상의 의미가 담겨 있다. 지속가능발전에 대한 헌신은 글로벌 교육의 핵심 부분이다. 1970년대 환경교육이 풀뿌리에 의해 주도되었지만, 1990년대부터 지속가능발전은 정부와 정부 간 기구에 의해 하향식으로 추진되었다. 유엔은 2005~2014년을 "UN 지속가능발전 교육을 위한 10년"으로 선포하면서 열렬한 옹호자가 되었다. 최근 몇 년간 일부 주정부에서는 교육과정 표준안에 지속가능성이라는 용어를 포함시켰지만, 지속가능발전은 미국 교육과정에서 두드러지게 실행되지는 않았다.

글로벌 시장을 위한 교육Education for a global market

1980년대부터 비즈니스계와 정치 지도자들은 어린이들에게 더 유연하고 국제 지향적인 경제에 적합한 기술과 태도를 제공하는 수단으로 학교를 주목했다. 다국적 기업의 사업가들은 해외에 기반을 둔 회사 비즈니스에 편리하고, 외국의 시장과 문화에 더 융통성 있게 적응할 수 있는 졸업생을 찾고 있었다. 이제는 일부 주지사, 시장, 정책 입안자 및 정치인 들이 학교에서 국제교육과 글로벌 교육을 옹호하는 사람들과 합류하기 시작했다. 전미 주지사 협회American National Governors Association에서 발표한 영향력 있는 보고서인 『미국의 전환: 국제 프런티어American Transition: International Frontier』(1989)는 "국제교육은 모든 학생의 교육이어야 한다"라고 주장했다.[28] 그리고 더 많은 사람들이 외국어로 대화할 수 있고, 교사는 국제적 이슈에 대해 더 많이 알 수 있고, 비즈니스 커뮤니티는 사람들이 해외 문화, 수출 시장, 무역 규제 등의 정보에 접근할 수 있게 국제교육을 지원할 필요가 있음을 제안했다.

국제 및 글로벌 교육을 위한 글로벌 시장의 논거는 국제교육의 다른 분야에 비해 늦었지만 21세기 학교에서 글로벌 교육의 핵심 부분이 되었다. 이는 교육은 경제에 서비스를 해야 한다는 생각을 강화시켰다. 세계 시장을 위한 글로벌 기술은 4장에서 설명할 것이다.

용어 정의

이 단계에서 용어의 명확성이 글로벌 교육에 대한 논의의 특징이 아님을 독자들에게 분명히 하고자 한다. 사람들이 국제교육, 글로벌 교육, 글로벌 학습, 세계 연구를 혼용하고 시민교육과의 연계를 통해 이러한 용어 중 일부를 상호 교환적으로 사용하는 것은 흔한 일이다. 이러한 용어의 정확성 결여는 다양한 옹호자들과 사회 및 교육 내용에 대한 합의가 없음을 나타낸다고 볼 수 있다. 실제로 국제교육과 글로벌 교육의 개념이 인기를 끌고 있는 것은 오늘날 교육에서 교육 목적의 불명료함으로 인한 광범위한 위기 때문이다.

분명한 것은 국제교육 또는 글로벌 교육의 이름으로 매우 다른 아이디어가 표현되었다는 것이다. 1960년대와 1970년대에 두 가지의 글로벌 사고global thinking가 등장했다. 국경을 넘어 정치적·경제적 힘을 발전시키는 데 글로벌 아이디어를 사용하는 사람들, 그리고 글로벌 사회를 포스트 국가적·포스트모던적 인간 상태로 보는 사람들의 등장이다. 전자는 세계를 국가의 확장으로 묘사한다. 서구 국가들에게 글로벌 냉전 체제는 그들의 정치와 경제 체제, 그들의 삶의 방식을 옹호하는 것이 되었다. 국민적 공감대가 형성되면서, 정치인들에게는 "국내 문제 관리"를 위해 글로벌 경쟁이 더욱 중요해졌다.[29] 그리고 시민들은 많은 것에 대해 의견이 다를 수 있지만, 적어도 그들은 공산주의의 위협Red Menace에 맞서 힘을 합칠 수는 있었다. 마침내 냉전 체제가 닥쳤을 때, 국가 가치에 대한 이러한 부정적 정당화는 약화되었다. 다른 한편으로, 후자의 영역에 속하는 급진적 좌파인 포스트 국가주의자들은 역사, 진보, 자연 그리고 사회에 관한 근대주의적 가정을 부정했다. 두 진영이 공통적으로 가진 것은 교육을 통해 그들의 사업을 발전시키는 것이었다.

글로벌 사고Global thinking

1960년대와 1970년대의 사회적 격변과 정치적 혼란 속에서 많은 사람들은 과거 전통에 기반을 둔 권위에 의문을 제기하기 시작했고, 사회는 새로운 시대로 이동한다는 것을 인식하기 시작했다. 이러한 분위기의 핵심은 과거와의 심각한 분리이다. 글로벌 이론가들은 전례 없는 규모로 국가들 간 협력과 통합의 증가와 같은 새로운 상황에 관심을 집중했다. 제1차 세계대전과 제2차 세계대전 사이에는 국제무역이 위축된 반면, 제2차 세계대전 이후에는 국가 간 무역 거래가 빠르게 성장했다.[30] 글로벌 사고의 성장에 기여한 것으로 간주되는 다른 변화로는 한 국가보다는 인류 전체에 잠재적인 위협을 가할 수 있는 핵전쟁의 가능성, 처음으로 인류가 지구 전체를 멀리서 볼 수 있게 허용한

[그림 1] 아폴로 8: 지구 상승. 달의 지평선은 우주선에서 350마일, 지구는 24만 마일 떨어져 있다(1968년 12월 22일).[31]

우주에서 지구 전체를 찍은 사진이 있다[그림 1].

　미국의 글로벌 교육 초기 연구자 중 한 사람인 리 앤더슨Lee Anderson은 네 가지 조건이 글로벌 시대를 떠올리게 한다고 말한다. 즉, 전례 없는 세계 문제의 국제적 특성, 점점 더 세계화된 인간 삶의 상황, 역사·지리·정치·경제 그리고 인간 사회의 세계화, 세계 체제로의 경향성.[32] 앤더슨은 "세계화된 인간 삶의 상태"에서는 사회의 많은 트렌드들이 기하급수적으로 가속화되어 지속적일 수 없다고 말한다. 그래서 글로벌 시대에 대한 논문에서 앤더슨은 인구, 돈의 순환, 출판 서적, 기대수명, 의사소통 속도, 대기 이산화탄소, 에너지 소비 및 비료 사용을 포함한 인간이 유발한 것들의 기하급수적인 성장을 보여 주기 위해 많은 "J" 곡선들을 설명한다. 앤더슨은 이러한 모든 것은 이전에는 생각지도 못했던 방식으로 국가들이 함께 일하도록 추동해 왔다고 주장했다. 그리하여 인간 삶의 상황은 **글로벌화**되었는데, 이는 시공간 모두에서 우리의 세계가 상호의존적이 되도록 했다.

글로벌 사고는 좌파 자유주의자들에게 매력을 불러일으켰고, 일부 국가 지도자들 또한 환경 문제와 인권과 같은 글로벌 의제에 관심을 가짐으로써 무너져 가는 국가적 합의에 반응했다. 1970년대 정부 관료들은 1972년 로마클럽의 보고서인 『성장의 한계』에서 주의를 끌었던 임박한 환경재난을 경고하고 나섰다. 당시 유엔 사무총장이었던 우 탄트U Thant는 "무기 경쟁을 억제하고 인간 환경을 개선하고 인구 폭발을 분산시키고 개발에 필요한 공급을 추진하기 위한 글로벌 파트너십을 통해 지구를 구하는 데 정확히 10년이 걸렸다"라고 경고했다.[33] 국제교육에 대한 공식적 지원은 유네스코 회의와 그곳에서 채택된 「국제 이해, 협력, 평화를 위한 교육과 인권, 기본적 자유에 관련된 교육에 대한 권고」로 이뤄졌다.[34] 유네스코 회의에서는 "이해, 관용, 국가, 인종, 종교 간 우호적 관계, 그리고 평화 유지를 위한 UN의 더 적극적 활동"을 촉진하기 위해 교육과정의 가능성에 주목했다.[35] 국제교육과 평화 연구에 대한 지원은 결코 만장일치로 이뤄지지는 않았다. 일부 미국과 영국 정부 고문들은 이러한 접근을 의심했으며, 비애국적이고 공산주의적이며 학문적으로는 설득력이 없다고 비난했다.[36]

글로벌 교육의 첫 물결

1960년대와 1970년대 반문화 운동과 시민권 운동 과정에서, 또 그 이후 유럽과 미국의 모두에서 국가 중심, 교과 중심 교육과정에 대한 대안적 교육이 빠르게 성장했다. 여기에는 평화 연구, 환경교육, 세계 연구, 글로벌 연구, 인권교육, 개발교육, 다문화교육 등이 포함된다. 이러한 대안적 교육의 성장은 우연적인 것이 아니었다. 그 당시 국가의 주도적 엘리트 지배계층의 사상은 소수의 권리와 환경주의는 물론이고, 반전과 반핵 캠페인에 의해 여러 면에서 도전을 받았던 시기였다. 두 번의 세계대전, 경제불황, 식민지 압제, 홀로코스트, 원자폭탄의 경험을 거치면서 사람들을 이끌었던 당시 서양의 지도자들은 현대 세계에 대한 긍정적인 방어를 분명히 하기 위해 고군분투했다. 새로운 사회 운동은 대안적인 정치적 서사를 제공했는데, 이는 국가의 정치적 틀과 지적·문화적 전통을 거부하는 시작점이었다. 따라서 새로운 사회 운동의 원인은 민족국가의 운명과 관련성은 없었으며, 오히려 그들은 국경을 넘어서 압제받는 소수자를 통합하고, 환경을 구하며, 또는 국가 간 전쟁을 방지하는 데 목적을 두었다.

시간이 흐르면서 많은 새로운 사회 운동들이 비정부 기구나 비영리 단체의 전문적 영역이 되었고, 주류 사회에 통합되기도 했다. 공식 조직으로 전환함으로써 이러한 조직들은 풀뿌리 기원과의 연계성이 더 떨어지게 되었고, 반체제와도 연계성이 줄었다. 생태 문제, 평화, 제3세계 원조, 인권 및 핵무장 해제 등의 관심사는 옥스팜Oxfam, 그린피스

Greenpeace, 세이브 더 칠드런Save the Children, 국제 앰네스티Amnesty International, 핵무장 해제 캠페인The Campaign for Nuclear Disarmament, 평화 봉사단Peace Corps 및 국경없는의사회Médecins Sans Frontières 같은 단체의 주요 업무가 되었다. 이러한 국제적 조직은 종교 단체, 사회복지에 관심 있는 사람들, 그리고 종종 교사들로부터도 도움을 받았다. 이러한 이슈들의 초당적인 성격은 교사들이 그 이슈들을 교육과정에 통합할 수 있는 기회를 제공했으며, 당시 분열된 문화적 분위기는 급진적인 사고를 번성하게 했다. 비영리 네트워크는 보완 자료 제작과 교사 연수에 기여했으며, 학교(환경, 평화, 인권, 개발 교육 관련 단체를 포함)를 통해 그들의 관심사를 홍보해 나갔다.

글로벌 관점 교육Education for a global perspective

과거와 미래 사이의 관문으로서, 교육은 종종 사회 안정과 변화 논의에 민감함을 보여 주었다. 미래 세대가 성인이 되어 이어받을 세상을 위해 준비하는 것은 교사들과 부모들의 임무이다. 어느 사회든 성인들은 아이들에게 과거와 현재에 대해 교육함으로써 미래를 위해 어린이들을 준비시키려고 노력해 왔다. 이는 다음 세대에게 과거와 현재에 대한 지식과 문화를 전달하는 것을 의미한다. 그러나 사회적 지식과 문화의 권위에 의문이 생기면 어떻게 될까? 교사는 자신이 학생들에게 가르치고 있는 것에 자신감을 가져야 한다. 그렇지 않으면 자신의 일을 효과적으로 수행할 수 없다.

사이먼 피셔Simon Fisher는 세계 연구에서 교사들이 어려운 입장에 처해 있음을 설명한다. 즉, "교사는 젊은이들이 21세기 사회에서 살아갈 수 있게 준비시켜야 할 과업을 갖고 있다. 그러나 어떤 태도와 자질이 요구되는지에 대해 명확한 아이디어가 아직 부족하다"라는 것이다.[37] 물론 우리도 미래가 어떠할지 정확하게 알지 못한다. 한 사회가 그 사회의 기초가 되는 원칙에 대한 합의점을 유지하고, 그것이 어디로 향하고 있는지에 대한 비전과 결합할 때는 어린이들이 미래 사회에서 자신의 역할을 하게끔 준비시키는 것은 문제가 되지 않는다. 기성세대가 무엇을 가르칠 것인지에 대해 확신이 없는 것은 미래를 통제할 자신들의 능력에 대한 확신 부족이나 자신에 대한 불확실성에 직면한 경우이다. 글로벌 교육 옹호자들이 교육의 대안적 의미를 주장할 수 있는 공간을 마련한 것은 바로 이 진공vacuum이다.

매클루언McLuHan이 "지구촌global village"라는 용어를 만든 지 4년이 지난 1968년, 한 작가가 학교교육을 위한 새로운 비전을 제시했다. "젊은이들이 이 마을에서 파괴적인 것이 아니라 창의적으로 그리고 협력적으로 살아갈 수 있게 준비시키는 것은 학교의 주된 책임이다."[38] 1960년대와 1970년대에, 교과 중심의 교육과정이 서구적이고 백인 중심적이며 남성 지배적인 세계관이라고 비판받았으며, 이는 역사와 세계 문제에서 주류가 아닌 사람들을 배제하는 사회적 계층과 압제를 지속하는 데 이용되었다는 것이다.[39] 그러나 세계에 어떤 일이 발생할지는 분명하지 않았다. 앤더슨은 젊은이들이 글로벌 시대에 살아가도록 준비시키기 위해서는 교육의 내용, 방법 그리고 사회적 맥락을 수정해야 한다고 주장했다. 그는 교육과정이 유럽-북미 중심, 집단 중심,

국가 중심, 인류 중심, 과거 중심, 관객 중심의 관점에서 벗어나 '글로벌 관점global perspective'에 기반을 둔 교육과정을 지향해야 한다고 제안했다. 따라서 글로벌 교육은 "프로그램만큼의 관점이나 전망"인 것이다.[40] 글로벌 교육의 본질은 다음과 같다.

1. 지구와 지구의 거주민을 상호 연결된 네트워크의 일부로 이해하는 것.
2. 개별 국가들과 인류가 직면한 문제의 대안이 있을 것이라는 인식과 선택이 미래 세계를 좌우할 것이라는 인식.
3. 다른 사람들은 다르게 인식할 것이며, 다른 선택을 선호할 수 있음을 인식하는 능력.[41]

이러한 면에서 글로벌 관점을 지닌다는 것은 간단하게 하나의 세계관을 다른 세계관으로 대신하는 것이 아니다. 또한 세계를 보는 하나의 방식이 다른 방식보다 더 낫다는 것을 의미하는 것도 아니다. 어린이들이 특정 문화와 세계관에 기반을 둔 교육을 수용한다기보다는 상대주의적 태도를 캡슐화하여 자신의 지식을 구축하고 자신의 가치를 형성하기를 기대하는 것이다.

도덕적이고 지적인 지혜가 사회보다 개인 내에 존재한다는 것을 인식하면서, 글로벌 교육은 하나의 진보적 교육의 형태로서, 교육을 내면의 발전으로 본다.[42] 그리고 이것은 19세기 낭만주의 운동과 장 자크 루소와 같은 개인들의 연구로 거슬러 올라갈 수 있다. 진보 교육의 옹호자들은 교훈적인 가르침을 내적 자아에 대한 강요로 간주하며, 이는 학생의 창의적 정신을 축소시킬 수 있다고 본다.

1960년대와 1970년대 진보 교육의 영향은 글로벌 교육에서 환경 아이디어의 중심성을 설명하는 데 도움이 된다. 이는 문화 간 그리고 가치중립의 배후에는 글로벌 관점 교육에 도움을 주는 인간의 조건에 대한 강력한 가정이 존재함을 밝혀 준다. 여기에는 다른 문화와 아이디어에 대한 단정적 비판을 피함이, 또 환경적 고려가 인간 활동보다 우선해야 한다는 신념이 포함된다.

글로벌 관점을 뒷받침하는 것이 1976년 로버트 한비Robert Hanvey가 쓴 「획득 가능한 글로벌 관점An Attainable Global Perspective」이라는 제목의 획기적인 논문에 명확하게 나타났다. 한비는 교육가들을 위해 5개의 항목을 정리하여 제시했다. 즉, 관점 인식(다른 사람들이 다른 관점을 가지고 있음을 인식), 지구적 상황 인식(기하급수적 성장의 위험성), 문화 간 인식(사상 및 관습의 다양성 인식), 글로벌 역동성의 지식(상호 연계성), 그리고 인간 선택에 대한 인식(대안적 미래). 다른 사상과 문화적 실천을 수용하는 것 외에 한비는 인구 성장과 자원 소비에 관해 자신의 비관론을 아래와 같이 설명했다.

> 머지않아 세계 시스템은 무너질 것이다. 그것은 전체적인 재앙을 의미하지는 않지만 시스템이 끔찍한 충격을 겪을 것이라는 의미이다. 임박한 붕괴의 원인은 인구, 자원 소비 및 오염의 기하급수적 증가이다. 세계 인구가 이미 많기 때문에

재생 불가능한 많은 자원이 거의 다 사용되었고, 환경오염 물질 흡수 능력이 이미 제한되어 있기 때문에 그러한 성장을 무해한 것으로 간주할 수는 없다. 기하급수적인 성장은 엄청 빠르며 몇 세대 안에 지구의 유한한 한계를 가져올 것이므로 인류는 위험 상태에 처하게 될 것이다.[43]

글로벌 관점을 획득한다는 것은 인류가 천연 또는 합성 재료를 사용하는 새롭고 더 나은 방법을 찾아 자원을 지속적으로 활용할 수 있는 인간 능력에 의문을 제기한다는 것이다. 글로벌주의자들이 인간과 자연 간의 상호 연계성을 주장할 때, 그들은 자연의 한계로 본 것을 우리 사회가 중히 여기고 받아들이도록 하기 위해 그렇게 한다.

일부 글로벌주의자들은 1970년대 제임스 러브록James Lovelock이 제시한 가이아 이론Gaian theory을 언급한다. 가이아Gaia는 지구의 그리스 여신이었다. 러브록은 지구는 '살아 있으며', 전체적인 체계holistic system라고 주장했으며, 또한 유기물과 무기물질은 분리된 것이 아니라 상호 연결된 전체의 부분이라고 믿었다. 가이안적 사고에서 인류는 자연의 불가분의 일부이므로 자연자원을 지속할 수 없는 속도로 사용해서는 안 된다. 메리 미글리Mary Midgley는 이렇게 설명한다.

지구는 불활성 자원 덩어리가 아니라 전체whole로서 작용하는 자체 유지 시스템이다. 그래서 지구는 상처를 받을 수 있으며, 취약하거나 아플 수도 있다. 그리고 우리는 지구에

의존하기 때문에 우리도 취약해질 수 있는 것이다.[44]

한비, 앤더슨, 러브록 등은 어린이들이 세계가 존재하는 방식에 대해 비판적으로 생각하고 대안적인 미래를 고려하기를 원했다. 여기에는 인간의 욕구 충족을 위한 자연 개발을 강조하고 있는 경제 발전과 문화적 진보에 관한 근대주의자들의 가정에 의문을 제기하고, 대신에 인간을 자연과 조화를 이루고 상호 공생하는 존재로 보는 접근법에 동의하는 것이 포함되었다. 이러한 관점에서 민족국가의 궤적은 근대화 문제의 일부였으며, 전통적인 교과 지식의 가르침은 서구적 가치의 강요를 나타내는데, 글로벌주의자들은 이를 문제의 일부로 보았다. 이는 국가에 대한 지식과 문화 교육의 바람직한 대안으로서 문제 해결 및 발견 학습이 발달하게 된 맥락이었다. 한비와 앤더슨은 그러한 교육은 추상적 개념과 기존에 형성된 지식을 전달하는 것과는 관련성이 더 적고, 학생들을 적극적으로 참여시키고 개인적 경험과 연계되도록 하는 접근 방식에 더 적합하다고 제안했다. "교육의 핵심은 지식 자체보다는 탐구에 있다"라고 사이먼 피셔는 자신의 세계 연구에 대한 핸드북에서 제시했다.[45]

미국에서 글로벌 교육의 첫 물결

글로벌 교육의 첫 물결에서, 우리는 포스트모더니스트와 진보 교육가들의 서로 다른 의제와 더불어 미국의 글로벌 패권을 지원하기 위한 이야기를 찾으려고 고군분투하는 사람들의 영향을 찾아볼 수 있다. 1966년에 국제교육법이 통과되었는데, 주요 목표는 교육과정에 국제적인 콘텐츠를 추가하는 것이었다. 이 법은 미국의 국제적 역할 증가와 시민들이 국제 문제와 외교 정책에 대해 더 잘 인식할 필요성을 반영했다. 외국어, 지역 및 국제 연구를 위한 국가자원 센터National Resource Centers가 오스틴 텍사스 대학교의 라틴아메리카 연구소와 함께 설립, 운영된 것도 이 시기였다. 이 법의 영향으로 글로벌 교육 프로젝트팀Task Force on Global Education이 운영되었다. 그 팀은 보이어Earnest L. Boyer에 의해 시작되었고, 그 업무는 미국 학교들에서 글로벌 관점의 필요성을 조사하는 것이었다. 그 팀에서는 "글로벌 교육이 세계 맥락에서 근본적인 경쟁력, 교육적 수월성, 그리고 국가의 주요 관심사에 기여할 것"이라고 보고했다.[46] 이는 글로벌 관점에 대한 교육의 확장을 지원하고 글로벌 교육을 기존의 미국 교육 프로그램에 통합하기 위한 새로운 보조금 프로그램 승인을 이끌어 냈다.

한편, 글로벌 연구 관련 강좌들이 일부 학교에서 인기를 얻었으며, 종종 대학이나 연구기관들이 상호 파트너십을 형성하기도 했다. 자주 인용되는 프로젝트 중 하나는 '세계 속의 콜럼버스Columbus in the World'이다. 머숀 센터Mershon Center와 오하이오 주립대학교Ohio State University의 교육대학Education College에서 만들었으며, 대학원생을 참여시켜서 처음으로 지역사회와 다른 주 및 다른 국가를 연결하는 것들을 조사하는 과정이 포함되었다. 지역사회와 다른 주 및 다른 국가를 연결해 주는 것에는 은행, 의료, 종교, 노동력, 부동산, 자원, 교육, 농업, 스포츠, 미디어, 그리고 비즈니스 등이 포함되었다. 이 프로그램은 학생들이 시민으로서 "자신의 지역사회와 자신의 직업이 세계와 상호 연결되어 있는 방식에 대해 더 정보화된 판단을 할 수 있게 하는 데 목적"[47]을 두고 만들어진 『세계로 열린 창Windows on our World』 교과서와 함께 학교에서 이뤄지는 글로벌 교육에 사용되었다. 지역사회 주민들과 학생들에게 자신들의 삶이 직접적으로 경험하는 영역을 넘어 세계와 어떻게 연결되어 있는지를 알게 하는 데 도움을 준 반면, 그 프로젝트는 또한 "본질적으로 말도 안 되는 것"으로서 "국내 및 외국 정책의 전통적인 분기分岐"에 도전하려고 했다.[48]

또한 1970년대에 캘리포니아주의 인간 상호의존성 센터Center for Human Interdependence는 학교에서 글로벌 교육을 촉진하는 데 아주 적극적이었다. '가족의 여가를 통한 글로벌 인식Global Awareness through Family History', '우리 뒷마당에서 세계 발견하기Discovering the World in Our Backyard', '우리는 어떻게 상호의존하고 있는가How Interdependent Are We?'와 같은 프로그램을 통해 글로벌 접근을 실행하려는 15개 정도의 학교를 지원했다. 마이애미의 데이드 카운티Dade County의 사례도 있다. 거기에서 노스 마이애미 비치North Miami Beach, 마이애미 사우스 리지Miami South Ridge라는 2개의 고등학교는 한비의 글로벌 관점 모델을 기반으로 프로그램을 개발, 적용했다. 이 학교들은 고등교육기관과의 파트너십을 활용해, 플로리다 국제대학교의 글로벌 인식 프로그램Global Awareness Program at Florida International University의 지원도 받았다. 이 외의 다른 글로벌 교육을 위한 미국의 이니셔티브로는 미네소타 대학교 사회과 교육과정 센터University of

Minnesota's Social Studies Curriculum Center, UN 프로그램United Nations Program 모델, '평화로운 세계에서 글로벌 상호의존성 교육하기Teaching about Global Interdependence in a Peaceful World'와 같은 UN의 교수 자료 등이 있었다. 웨스트코스트West Coast에는 로젠버그 재단Rosenberg Foundation의 협조를 받아 제작한 베이 에어리어 차이나 프로젝트 Bay Area China Project* 및 디아블로 밸리 교육 프로젝트Diablo Valley Education Project**가 있었다. 이러한 이니셔티브의 성공적 실행은 종종 교사의 열정에 달려 있었다. 당시 프로젝트들의 일부는 유지되었지만, 일부는 조정되었다. 초기 글로벌 교육 운동이 오늘날 글로벌 교육과 다른 점들 중 하나는 주류 교육과정에 스며들지 않은 소수에 의한 운동이었다는 것이다. 1979년 클라인과 타이Klein & Tye는 "글로벌 교육을 교육과정에 도입하려는 시도는 제한적인 성공에 머물렀다"라고 인정했다.[49]

1980년대에 우파의 수사, 냉전, 그리고 지난 수십 년간의 '허용성 permissiveness'에 대한 반발로 미국 교육과정에 더욱 폭넓은 변화가 있었다. 대안적이고 급진적인 의제들은 가장자리로 밀려났다. 수많은 주들이 국제교육 지향의 교육과정 뒤에 줄을 서 있었다. 뉴저지, 캘리포니아, 매사추세츠, 플로리다, 뉴욕, 미주리, 일리노이, 워싱턴은 모두 글로벌 또는 국제교육을 위한 지침을 발표했다. 예로 뉴욕주 교육부는 1983년에 〈글로벌 관점을 위한 교육: 뉴욕주의 계획Education for a

---

*옮긴이 주: 중국의 남부 홍콩과 마카오, 심천 등 만 주변 지역 탐구 프로젝트.
**옮긴이 주: 디아블로 밸리 대학에서 제작한 글로벌 교육 프로젝트.

Global Perspective: A Plan for New York State〉을 발표했고, 일리노이주에서는 1988년에 사회과 교육과정에 초점을 두고 〈사회과 교육을 통한 국제적 그리고 문화 간 비교 증가Increasing International and Intercultural Comparisons through Social Studies〉를 발표했다. 이러한 변화는 교과서를 제공했던 교육 출판사들에 의해 추진되었고 더 많은 학교들이 세계 연구, 글로벌 연구, 세계역사, 세계지리를 교과목으로 가르치는 방향으로 움직였다. 일례로 뉴욕주는 학생들이 9~10학년(14~16세) 2년간 글로벌 연구를 선택하도록 요구받았으며, 오리건주에서는 모든 고등학교 학생들이 졸업 전에 글로벌 연구 교과목을 수강하도록 의무화했다. 이들 주에서는 모든 학생이 여전히 미국 역사를 배웠지만, 미국의 특별함 강조와 국가에 대한 충성심 함양보다는 "사람, 국가, 대륙 간 상호 관련성에 대한 이해"를 함양하는 목표로 대체되었다.[50] 새뮤얼 헌팅턴 Samuel Huntington의 말에 의하면, 미국의 지도자들은 "미국을 세계와 통합"하는 과정을 밟기 시작했다.[51]

영국에서 글로벌 교육의 첫 물결

영국에서 글로벌 또는 대안 교육과정을 위한 초기 프로젝트는 정부 및 비정부 기관의 지원을 받았다. 세계 연구 프로젝트The World Studies Project, 1973~1980는 교육과학부Department of Education and Science, 레버훌름 트러스트Leverhulme Trust, 그리고 해외개발부Ministry of Oversea Development의 재정적 지원으로 받아서 원 월드 트러스트One World Trust에 의해 시작되었다 이 프로젝트의 목적은 "국가적 태도보다는 세계 관점world perspective을 반영하도록 중등학교 수준에서 강의 계획서의 수정을 장려하는 것"이었다.[52] 영국에서 세계 연구는 자발적인 조직, 협회, 기관/단체의 많은 영향을 받았다. 1979년에 교육과학부 카탈로그는 115개의 그러한 단체들을 목록화해서 제시했다.[53] 개발도상국가는 많은 단체들의 일차적 관심 지역이었다. 1966년에는 해외원조개발위원회Voluntary Committee on Overseas Aid and Development가 옥스팜, 크리스천 에이드Christian Aid와 같은 조직/단체의 교육적 활동을 지원하기 위해 설립되었으며, 이후에 세계 개발교육 센터Centre for World Development Education로 대체되었다.

이 프로젝트는 1980년대 학교위원회School's Council와 조셉 로운트리 트러스트Joseph Rowntree Trust가 만든 세계 연구World Studies 8~13로 이어졌다. 이 프로그램은 교육에서 다문화적 접근을 제공했으며, 국제 이해 함양에 목적을 두었다.[54] 세계 연구 수업은 학생들이 글로벌 이슈에 대처하도록 돕고, 학생들이 자신의 가치를 명료화하며, 다른 문화를 학습하고 세계가 어떻게 다를 수 있는지를 생각하게 하는 방향으로 설계되었다. 피셔는 세계 연구에서는 다른 수준들을 반영할 필요가 있었음을 회상한다. "국가에서, 지역사회에서 그리고 나 자신을 위해 세계 전체에 어떤 일들이 있기를 희망하는가?" 일례로, "세계 평화를 향한 길Which Way to World Peace"이라는 제목의 수업에서 학생들은 "전 세계 사람들은 충분히 전쟁을 겪었다는 것을 상상"하고 "평화와 정의가 올 수 있도록 최선을 다할 수 있는 사람들을 가장 잘 선택하는 선거"를 실시할 것을 요청받았다.[55] 이것은 학생들이 후보자 개인의 자질과 직위에 대한 논의를 통해 후보자를 결정하는 가치 명료화 연습에 해당한다. 학습 목표는 학생들이 "평화와 정의에 대한 이미지를 개발하고 명료화하는 것"을 도와주는 것이었다.[56] 다른 세계 연구 수업의 사례로는 인구와 부가 집중되어 있는 곳은 어디인지 찾아보기, 개발도상국에서 너무 많은 또는 부족한 투어리즘에 의해 야기되는 딜레마 검토, 그리고 미래에 어떤 일들이 발생할지에 대해 추측해 보는 활동 등이 포함된다.

1980년대 초, "영국의 교육 당국 가운데 절반 이상의 기관이 세계 연구를 장려하고 있었으며", 많은 교사들이 원조기관과 개발교육 센터에서 만든 교수 자료를 사용하고 있었다.[57] 영국의 요크York에 있는 성공적인 글로벌 교육 센터Centre for Global Education는 심지어 학위 과정에 글로벌 교육을 제공하기도 했다. 여러 학교들에서는 평화 연구, 국제이해, 세계 시민성 교육, 그리고 개발 연구 등을 통합해서 세계 연구 교육으로 실행하였다. 세계 연구에 통합되기 전에는 개별 교육 영역으로 행해졌다. 그러나 데릭 히터Derek Heater가 언급한 바와 같이, 국제이해를 촉진하기 위해서 학교 수업에서는 "인지적 영역의 학습보다는 정의적 영역의 학습"을 더 강조할 필요가 있었다.[58] 1980년대 강좌들에서 "세계 연구"라는 용어는 점차 "다른 선구자적 교육가들의 작업을 포함하고 독립적인 교과보다는 하나의 접근 방식을 의미하는 더 포용적인 용어"인 글로벌 교육으로 대체되었다.[59]

1980년대 신보수주의의 부활은 영국 학교에도 중요한 결과를 가져왔다. 그러나 미국의 경우처럼 글로벌 교육에 영향을 미치지는 않았다. 대처Thatcher 정부는 학부모 선택과 학생 등록률에 따라 재정 지원을 결정하는 재정 개혁의 의제를 통해 시장 합리성을 교육에 도입했다. 4장에서 살펴보겠지만, 학교는 고용 능력을 갖춘 기술을 훈련시키는 데 더 중요한 역할을 하도록 요청받았다. 그럼에도 불구하고 10학년이 끝날 때까지 교육과정은 교사의 손에 달려 있었다. 그리하여 세계 연구 학습과 다른 수업들은 교사에 의해 결정되었으며, 많은 교사들이 학교를 위한 시장의 이론적 근거에 그다지 깊은 영향을 받지 않았다. 영국에서 세계 연구 또는 글로벌 연구는 글로벌 이슈의 국제적 어젠다, 탐구 기반 학습, 대안적인 미래, 참여 학습, 능동적 학습, 평화와 정의를 지속적으로 강조했다.

결론

이 장에서는 1960년대 후반부터 부상한 글로벌 교육뿐 아니라 국제교육의 다른 형태에 대해 설명했다. 분명히, 글로벌 교육의 이름으로 매우 다른 아이디어가 제시되었다. 일부 사람들에게 글로벌 교육은 국가의 해외로의 영향력 확장과 관련되어 있는데, 이는 특별히 미국의 엘리트들이 세계에 대한 자신들의 권한을 주장하는 경우였다. 여기에서 국가적, 국제적 목표는 흐려졌고 글로벌 교육은 다른 지역의 지식을 습득하고 외국어를 학습하는 것을 의미했다. 미국의 지도자들은 지식에서 이러한 간극을 채우려고 했고, 국가의 새로운 국제적 역할을 반영하는 교육과정으로 이동했다.

다른 사람들에게 글로벌로의 방향 전환은 환경 재앙의 위협이 인류에게 합리성, 진보, 진실의 추구와 같은 그러한 계몽주의적 가정에서 벗어나야 한다고 요구하는 새로운 포스트모던 세계로의 전환을 의미했다. 초기 글로벌 이론가들에게 글로벌 교육의 목표는 근대성과 인간 조건에 대한 일반적 태도에 도전하는 것이었다.

글로벌 교육에서 흔히 볼 수 있는 것은 "세계에 대한 어린이 교육의 일부에 변화를 일으키려는 시도"이며,[60] "어린이들의 역량과 수용력, 그리고 능력이 그 사회 내에서 널리 필요하다는 것"이다.[61] 사회적 태도와 정치적 실천에 영향을 미치려고 하기 때문에 글로벌 교육과 세계 연구는 사회적 개혁의 한 형태로 보일 수도 있다. 미국과 영국의 학교는 모두 민주주의, 국가에 대한 충성, 지역사회 참여, 사회복지 등의 가치를 장려하는 등 학교를 통해 어린이를 사회화시키는 데 항상 중요한 역할을 해 왔다. 글로벌 교육의 다른 점은 어린이를 교육함으로써 더 널리 사회의 가치를 '변화'시키는 운동이라는 것이다. 이러한 점을 이 책에서 살펴볼 것이다.

그런데 글로벌 교육의 첫 물결 동안에, 글로벌 아이디어는 미국과 영국 사회에서 주변부에 머물러 있었다. 다음 장에서 우리는 1990년대 초 세계화와 관련하여 글로벌 교육의 2차 물결을 살펴볼 것이다. 우리는 글로벌 사회 연구에 얼마나 많은 장점이 있는지에 대해서도 살펴볼 것이다.

▶ 참고 자료

1. Gutek (1993) p. 20.
2. Heartfield, J. "Where They Teach You How to be Thick," *Spiked-online* March 2nd, 2011. Accessed: http://www.spiked-online.com/index.php/ site/article/10254/
3. Brickman (1950) cited in Sylvester (2007) p. 11.
4. Stoker (1933) cited in Sylvester (2007) p. 17.
5. Sylvester (2007) p. 17.
6. UNESCO "Introducing UNESCO: What We Are," 2009. Accessed: http:// www.unesco.org/new/en/unesco/about-us/who-we-are/introducing- unesco/
7. Malik, K. (2008) p. 158.
8. Hayden (2006) p. 10.
9. Cambridge and Thompson (2004) p. 165.
10. Ibid. p. 162.
11. Gutek (1993).
12. Taba, H. & Van Til, W., *Democratic Human Relations: Promising Practices in Intergroup and Intercultural Education in the Social Studies. Sixteenth Yearbook of the National Council of Social Studies,* 1945.
13. Stephenson (1989) p. 9.
14. Reardon (1989) p. 23.
15. Ibid. p. 24.
16. Buergenthal and Torney (1976) p. 2.
17. Mackinder cited in Mayhew (2000) p. 134.
18. Zhang and Foskett (2003).
19. Standish (2009) p. 53.

20. Gutek (1993) pp. 38-9.
21. Jones and Murphy (1962).
22. Tye (1991) p. 5.
23. Tucker cited in Tye (2009) p. 7.
24. Tye (2009) p. 7.
25. Stapp *et al.* (1969).
26. Standish (2009) p. 55.
27. World Commission on Environment and Development (1987) p. 43.
28. National Governors Association, *America in Transition: The International Frontier.* Report of the Task Force on International Education, 1989.
29. Gourevitch (2007) p. 67.
30. Dicken (2003).
31. "Apollo 8: Earthrise," NASA Science Photo Library, National Space Science Data Center, 1968. Accessed: http://nssdc.gsfc.nasa.gov/photo-gallery/photogallery-earthmoon.html
32. Anderson (1979).
33. Meadows *et al.* (1972).
34. UNESCO (1974).
35. Lidstone and Stoltman (2002).
36. Cox and Bruton (1984).
37. Fisher (1985) p. 5.
38. Nesbitt, cited in Gaudelli (2003) p. 5.
39. Anderson (1979).
40. Haipt (1980) p. 7.
41. King (1976) cited in Haipt (1980) p. 7.
42. Hirsch (2006) p. 5.
43. Hanvey (1976) p. 31.
44. Midgley (2007) p. 8.
45. Fisher (1985) p. 15.
46. Office of Education (1979).

47. Alger cited in Anderson (1991) p. 126.

48. Ibid. p. 126.

49. Klein and Tye (1979) p. 209.

50. Becker (1991) p. 74.

51. Huntington (2004).

52. One World Trust cited in Heater (1982) p. 220.

53. Heater (1982) p. 219.

54. Harwood (1995).

55. Fisher (1985) p. 31.

56. Ibid. p. 87.

57. Holden (2000) p. 74.

58. Heater (1982) p. 221.

59. Holden (2000) p. 76.

60. Anderson (1979) p. 13.

61. Ibid. p. 366.

2장

글로벌 학교 만들기

이 장에서는 1990년대 초반 이후 미국과 영국에서 글로벌 교육 및 국제교육 이니셔티브의 성장에 대해 설명할 것이다. 이는 정부, 비즈니스 단체, 학계, 비영리 단체 및 일부 교육가들이 어떻게 글로벌 사고하기를 학교 또는 고등교육의 교육과정에 통합했는지를 보여 준다. 이러한 교육 실행가들은 학교의 도덕적 목적을 교육 이외의 다른 곳에서 찾았다. 그리고 그들은 글로벌 거버넌스, 영리 추구, 글로벌 옹호에 참여했으며 어린이들을 정치적 이슈에 참여시킬 수 있는 방법을 찾았다. 먼저, 냉전 이후의 정치 지도자와 학자들에 의한 글로벌 옹호로의 전환에 대해 살펴볼 것이다. 이는 학교에 글로벌 사고력을 적용한 맥락을 보여 줄 것이다. 또한 미국 학교에서 교육의 시장원리에 대해 강조했던 방식을 보여 줄 것이며, 영국 학교에서 비영리 단체가 글로벌 교육의 발달에서 주도적 역할을 취해 왔음도 보여 줄 것이다.

글로벌 옹호의 등장

간단히 말하면, 글로벌 옹호는 국가의 지정학적 관심을 증대시키는 것보다는 국제적 수준에서 변화를 옹호하는 것을 의미한다. 일부 논평가들은 점진적 진화의 과정으로 글로벌 성장을 기술하지만, 데이비드 챈들러David Chandler는 1990년대는 국제 관계에서 질적으로 새로운 시대의 시작을 의미한다고 했다.[1] 냉전 이후의 세계에서 서구 지도자들은 인권, 민주주의, 자유, 권리 부여와 같은 보편적 가치의 언어를 통해 국가 자체의 이익과는 반대로, 글로벌 선global good을 위한 세력으로 자신을 투사해 왔다. 이러한 질적인 변화에 대해 여기서 충분히 논의할 수는 없지만, 글로벌 옹호로의 전환은 최근 글로벌 교육과 국제교육 이니셔티브의 성장을 알려 준다.

챈들러는 1990년 이전의 규범적인 국제 인권 의제와 1990년 이후의 인권 제도화 시기를 구분한다. 그는 1948년 유엔 인권협약에서는 인권을 추상적이고 도덕적으로 묘사한 반면, 1990년대 인권은 이전에 없었던 정치적·법적 현실을 성취했다고 언급했다. 이라크(1991), 소말리아(1992), 르완다(1994), 보스니아-헤르체고비나(1995), 코소보(1999), 동티모르(1999)에 대한 서구의 개입은 인도주의적 행위로 정당화되었다. 코소보 사태는 인권이라는 이름으로 시작된 최초의 전쟁이었다. 토니 블레어 영국 총리의 안목에서 볼 때, 이것은 도덕적 가치를 위해 투쟁한 "도덕적 십자군"이었다.[2] 이러한 새로운 접근은 제2차 세계대전 이후 국가 주권의 정치적 그리고 법적인 체계를 혼란스럽게 했다. 새로운 선언과 제도가 글로벌 옹호를 추진하기 위해 만들어졌다. 예를 들어, 1997년에 영국은 외국의 원조가 인도주의 목적과 연계될 것이라고 선언했다. 2001년에는 인권을 위반한 것으로 간주되는 국제 사회를 재판하기 위해 국제 형사 재판소가 설립되었다.

글로벌 시민사회global civil society의 개념은 특히 좌파 학계와 정치 활동가들 사이에서 정치의 세계화를 이론화하는 데 사용되었다.[3] 글로벌 시민사회에서 정치는 모두 글로벌 이슈를 해결하기 위해 협력하는 정부, 비영리 단체 또는 비정부 단체NGO, 종교 단체 및 다국적 기업의 네트워크로 이뤄졌다는 특징을 지닌다. 그런데 글로벌 시민사회는 때때로 국가의 수반을 포함하여 "국제적 커뮤니티"라는 이름으로 알려진 무정형 네트워크이다. 메리 칼도Mary Kaldor는 이 네트워크를 다음과 같이 묘사한다.

글로벌 시민사회는 국가 그리고 종교 단체뿐 아니라 활동가(또는 포스트 마르크스주의자), NGOs 그리고 신자유주의자들이 차지한 플랫폼이며, 여기에서 그들은 글로벌 개발에 관해 논쟁, 홍보, 협상 또는 로비를 한다.[4]

이러한 글로벌 정부의 네트워크를 통해 국가 및 비국가, 민간 및 공공, 군사 기관 및 민간 단체 사이의 경계가 모호해졌다. 결과적으로 글로벌 정부의 책임과 의무의 경계선이 희미해진 특징이 나타났다. 네트워크 그리고 연결 체제는 명확하게 정의된 수평 조직 구조를 대체했다. '정부government'라기보다는 '거버넌스governance'라는 용어의 대중성은 책임과 조직의 확장을 의미한다.

국제무대에서 '제3부문'의 성장은 이러한 변화의 징후들 중 하나이다. 1970년대에는 수백 개의 국제 비영리 단체가 있었지만, 1990년대 중반에는 29,000개가 넘었다.[5] 중요한 것은, 더 많은 비영리 단체들이 세계은행, EU, 정부개발 기관과 같은 서구 금융기관에 의해 직접 자금을 지원받게 되었다는 것이다. 소수의 서구 비영리 단체Western nonprofits가 계속해서 많은 자금을 지원받은 반면, 현재 수천 개의 남반구 지역 비영리 단체Southern nonprofits가 UN을 통해 서구로부터 직접 자금을 지원받을 수 있게 되었다. 비영리 단체가 개발 프로젝트를 실행하기 위해 정부나 다른 공여 기관들donor agencies과 계약을 맺는 것이 관행이 되었다. 이러한 실행은 공여국가들donor countries의 자금 지원을 수혜국으로부터 비영리 단체로 전환시켰다. 마크 듀필드Mark Duffield는 모든 인도주의적 원조의 절반 이상이 현재 비영리 단체 및 다른 조직들을 통해 전달되고 있다고 제시한다.[6]

인도주의적 노력이 점점 더 정치적이고 장기적인 것으로 발전하면서, 국가들에 대한 단기적인 원조는 감소하고 대규모 경제 성장과 관련된 노력에서 벗어나 소규모, 노동 집약적 프로젝트를 추진하는 국가들에도 관심이 줄었다. 실제로 물질적 부 '자체'의 창출은 덜 강조된다고 할 수 있다. 예를 들어, 듀필드는 협력적인 파트너십을 통해 현대의 개발 프로젝트에서는 "전체 사회와 그 안에 있는 사람들의 행동과 태도를 변화시키기 위해" 노력한다고 말한다.[7] 글로벌 변화를 옹호하는 사람들은 그들이 통치하는 방식을 변화시킬 뿐 아니라 개발도상국가들의 "고유 가치와 조직 방식"을 변화시키는 데 목적을 두고 있다.[8]

조직과 거버넌스의 다양한 가치와 방식을 강조하는 것은 오늘날 우리가 글로벌 사고의 중요성을 이해하는 데 도움을 준다. 글로벌 이론가들이 흔히 그렇듯이, 글로벌 전환을 사회 및 문화적 변화를 주도하는 신비로운 "세계화 세력"의 결과로 설명하려고 하기보다는, 글로벌 옹호자들이 사회를 보는 방식의 변화로서 글로벌 사고의 상승이라 보는 것이 더 낫다. 이것이 이 장에서 취해지는 접근 방식이다. 그러므로 글로벌 사회로의 전환은 국가 민주주의를 넘어서서 새로운 포스트모더니즘 가치를 반영하는 제도를 수정하고자 하는 사람들에 의해 반의식적semiconscious으로 선택된 것이다. 국가의 문화적, 경제적 부를 발전시키는 대신에 글로벌주의자들은 환경 파괴, 영양실조, 인권 침해, 자연재해 등의 "글로벌 이슈"에 반응하여 우리의 삶의 방식을 모두 변화시켜야 한다고 주장한다. 1980년대 말 이래로 정치가들, 비즈니스 리더들, 학자들에 의한 글로벌 옹호로의 전환은 사회 변화를 이끄는 핵심 동인이었다.

글로벌 미션을 지닌 미국의 학교 구축

미국에는 글로벌 교육(또는 국제교육)을 위한 새로운 운동을 이끈 세 근원지인 기업, 학계, 비영리 단체가 있다. 우리는 글로벌 교육 촉진을 책임지는 연합체들을 논의하기 전에, 간단히 미국 교육에서 비즈니스 참여의 성장을 설명하는 것으로 시작할 것이다.

미국의 기업Corporate America 학교로 복귀

1990년에, 미국의 기업이 무엇인지, 그리고 미국 노동부 장관인 린 마틴Lynn Martin은 21세기에 필요한 노동기술이 무엇인지, 미국 학교가 학생들에게 이러한 기술을 얼마나 잘 준비시키고 있는지를 평가하기 위해 블루 리본 전문가 위원회를 소집했다. 위원회는 "학교는 성실하게 선의의 노력을 기울였음에도 불구하고, 명확하고 일관된 지침이 부족한 상태에서 거의 100년 전에 비즈니스 요구에 맞게 설계된 시스템에서 계승한 시스템과 방법론을 계속 유지하고 있다"라고 보고했다.[9] 이러한 관점-즉, 어린이들이 학교에서 배우는 것은 오늘날 글로벌 경제의 요구에 더 맞춰져야 할 필요가 있다는 것-은 1980년대 후반부터 더 많은 지지를 받았다.

실험 개혁은 처음에는 표준안 만들기 운동standards movement, 학교 바우처school vouchers 및 차터스쿨charter schools의 형태로 이뤄졌다. 점차적으로 비즈니스 언어는 선택, 성과, 책임, 평가, 경쟁 및 개인화 형태로 공교육에 적용되었다. 학교에 대한 평가 및 책임 의제는 2001년 아동낙오방지법No Child Left Behind Act을 통해 법으로 통과되었다. 지금까지 미국 기업계는 공교육에서 새로운 역할을 하고 있다. 다이앤 래비치Diane Ravitch는 교육 이니셔티브에 대한 재정적 지원이 새로울 것이 없는 반면에, 대기업Big Business에 의해 지원된 새로운 재정적 토대는 "오로지 미국 교육을 변화시키는 것만을 원했다"라고 말한다.[10] 그녀는 『거대한 미국 학교 시스템의 흥망*The Death and Life of the Great American School System*』에서 2000년대를 지배하게 될 새로운 비즈니스 교육 모델을 자세히 기술하고 있다. 래비치는 교육개혁에서 주도적인 역할을 했던 여러 기관들 중 빌 앤드 멜린다 게이츠 재단Bill and Melinda Gates Foundation, 월턴 패밀리 재단Walton Family Foundation, 엘리 앤드 에디스 브로드 재단Eli and Edythe Broad Foundation 등 세 기관을 뽑아 제시했다. 이들 중 게이츠 재단Gates Foundation이 싱크탱크와 옹호 단체에 광범위하고 깊은 자금망을 제공하여 "어느 누구도 그 힘과 점검되지 않은 영향력을 비판할 여지"를 남겨 두지 않았다고 래비치는 주장했다.[11] 예를 들어, 게이츠 재단은 차터스쿨 관리자에게 1억 달러를, 뉴욕시에 200여 개의 새로운 소규모 작은 고등학교를 만드는 데 1억 달러를 제공했다.

특히, 차터스쿨은 비공식적인 방법으로 공교육에 특정 개혁을 도입하는 데 사용되었다. 교사 노조teaching unions 때문에 공교육에서 수용되지 못했던 관행이었던 비노조 노동자, 성과금 지급, 종신재임 등이 차터스쿨에 적용되었다. 차터스쿨과 뉴욕의 소규모 고등학교들의 성공률은 가장 낮았다.[12]

학교 개혁을 주도하는 기업계의 새로운 출현이 결코 우익 신자유주의 의제의 성공으로 여겨져서는 안 된다. 오히려, 정치인들과 교육 지도자들이 "어떤 일이든whatever works" 이행하겠다고 약속하면서, 개혁은 비즈니스 리더들의 자원과 관심을 환영하면서 보다 실용적인 성격을 취했다. 뉴욕시에서 마이클 블룸버그Michael Bloomberg의 "학교 혁명"은 주목받는 사례이다. 2001년 선거로부터, 블룸버그는 이념적 입장에서 벗어나서 뉴욕시 학교들에 하향식의 비즈니스 관리 체제를 도입했다. 그는 신속하게 영향력 있는 교육 위원회를 폐지하고 고문으로 경영 컨설턴트와 비즈니스 리더를 고용했다. 변호사였던 조엘 클라인Joel Klein은 10년 동안 교육감을 역임했다(2010년에 그는 잡지 CEO 캐서린 블랙Catherine Black으로 교체되었는데, 그는 3달 동안 그 자리에 있었음). 블룸버그는 예비 교장 연수에서 리더십 관리 아카데미를 경영 아카데미 교육으로 대신했다. 그렇게 함으로써, 관리 기술은 학교를 이끌어 가는 데 요구되는 연수로서 교육education 및 교수teaching에서 중요시되었다. 블룸버그는 학교와 교사들에게 "증거를 기반으로 한" 문해력과 수학 프로그램을 도입했다. 그러나 이러한 내용을 어떻게 가르쳐야 하는지에 대해서는 거의 선택의 여지가 주어지지 않았다. 여기에는 읽기 그리고 구성주의 수학(어린이들은 자신의 수학적 개념을 형성함)의 두 파닉스가 모두 포함된다. 파닉스를 가르친다는 것은 역사적으로 우파와 연관되어 왔고, 반면에 학생 중심의 구성주의는 좌파에서 등장한 교육이다. 즉, 이러한 상당히 임의적인 방법론의 선택은 행정부의 실용적인 접근 방식을 잘 말해 준다.

블룸버그와 클라인Bloomberg & Klein의 "어떤 일이든Whatever works"에 대한 헌신은 교육의 원칙적 비전에서 나온 것이 아니라 오히려 그 반대에서 등장했다. 임기 후반에, 블룸버그는 일부 학교들에게 학교에서 적합하다고 생각하는 대로 교육할 수 있는 더 많은 자유를 허용했으나 그 대가로 돌아온 것은 시험을 개선해야 한다는 목표를 설정하는 결과였다. 닉 프레인Nick Frayn은 다음과 같은 관찰 결과를 제시한다.

> 교육의 기본 목표에 대한 보다 실질적인 비전이 없이, 블룸버그 행정부는 교육을 관리하는 수단에 고정되어 있었다. 이는 책임의 문제뿐 아니라 교육에서 성공과 실패를 구성하는 요소에 대한 측정 가능한 기준을 찾는 문제를 가져왔다.[13]

교육은 그 목적이 명료하게 이해될 수 있을 때 성공적일 수 있으며, 이는 결국 우리가 사회적 존재로 우리 자신을 인식하는 방법과 연결되어 있다. 블룸버그 행정부가 선택한 실용적 접근은 "가르침을 시험 준비로 축소"시켜 놓았다.[14] 여기서, 교육은 노동 현장에서 사용할 문해력과 수리력을 습득하는 정도가 되었다. 그러나 불행히도, 4장에서 보겠지만, 이러한 "교육" 모델은 젊은이들이 노동에서 요구하는 것을 준비하는 것을 오히려 방해한다.

우리가 뉴욕과 일부 다른 도시에서 봤던 것은 교육에 대한 경제적 근거를 학교의 일상적인 관리 및 실천으로 확장하는 것이다. 더 이상 취업 능력을 위한 기술 의제는 공허한 미사여구가 아니다. 학교는 그 이미지에 있어서 다시 디자인된 상태로, 거의 기업 세계의 확장판이 되고 있다. 빌 게이츠Bill Gates는 미국의 주지사들을 대상으로 한 연설에서 "우리의 고등학교는 다른 시대의 필요를 충족할 수 있게 디자인되어 있다"라고 설명했다.[15] 그의 관점에서 배움은 어린이들의 삶과 삶의 목표에 직접 관련되어야 한다. 게이츠와 다른 사람들이 의미하는 바는 학교는 단지 일상의 삶에서 유용하게 사용될 수 있는 지식과 기술만을 가르치는 것이어야 한다는 것이다. 그들의 마음속에는, 세계에 관하여 어린이들을 교육한다는 것은 관련성이 있든 없든 간에 "또 다른 시대"에 대한 것이다.

연합체 형성하기Coalition Building

글로벌 교육은 많은 비영리 단체와 고등교육기관에 의해 촉진되었다. 기업은 직장에서 노동을 위한 기술에 초점을 두려는 데 반해, 비영리 단체, 대학은 글로벌 시민성과 관련된 사회적 기술과 가치를 더 강조하려는 경향이 있다. 그럼에도 불구하고 이러한 많은 단체들은 글로벌 교육이나 국제교육의 방향 아래서 함께 협력하고, 학교교육의 비전을 촉진할 수 있는 기회를 만들었다.

글로벌 교육 자료를 제작하고, 글로벌 교육 교사 연수를 실행하고, 학교와 협업적인 프로젝트에 참여하려는 많은 대학교와 대학의 센터들이 생겨났다. 예를 들어, 어배너 샘페인Urbana Champaign에 있는 일리노이 대학은 글로벌 연구 센터Center for Global Studies를 운영했고, 거기에서 K-12 교사들을 위한 글로벌 교육 자료와 논문을 발행했다. 그리고 미주리주의 오슈테모에 있는 국제교육/문화 간 교육을 위한 중서부 연구소Midwest Institute for International/Intercultural Education는 그 지역에 있는 2년제 대학들의 자체 기금으로 형성된 협력단으로, 글로벌 교육 관련 교육과정과 전문성 개발을 지원하는 일을 하고 있다. 럿거스 대학교Rutgers University는 지역 학교들과 협력하여 수행하는 '글로벌 시민Global Citizen 2000' 프로젝트를 실행하고 있으며, 뉴욕의 라이스 대학교Rice University는 글로벌 교육에 대한 온라인 교사 교육 프로그램을 제공하고 있으며, 사우스플로리다 대학교University of South Florida는 자체의 글로벌 지속가능성을 위한 학교School for Global Sustainability에서 '글로벌 시민성'이라는 일반 교육 프로그램을 개발하여 제공하고 있다. 후자의 이니셔티브는 '공유된 미래: 글로벌 학습과 사회석 책임Shared Futures: Global Learning and Social Responsibility'이라는 프로젝트를 운영하는 미국 대학 및 대학 협회의 지원을 받았다.

일부 대학교와 대학들은 자체의 연구소들에서 교육의 글로벌 접근을 실행해 주기를 원한다. 뉴저지의 팔레이 디킨슨 대학교Farleigh Dickenson University는 글로벌 교육 전략 계획에 "대학은 학생들에게 아이디어, 상품, 문화의 글로벌 시장에 참여하고 시장을 이끌고, 사업에 성공하는 데 절대적으로 필요한 다학문적, 문화 간 그리고 윤리적 이해를 제공하려고 노력한다"라고 명시한 대로, 글로벌 시민 양성에 목적을 둔다.[16] 다른 고등교육 연구소에서는 글로벌 교육이 잘 진행되는 것으로 언급될 수 있지만, 교육과정 연구의 면에서는 거의 결과를 얻지 못했다. 조지 메이슨 대학교George Mason University와 같은 여러 대학들과 대학교들은 단지 해외 유학 프로그램만을 구성하는 글로벌 교육 센터들을 가지고 있다.

다시 말하면, 글로벌 또는 국제교육으로의 접근 면에서 기관 간 프로그램에 큰 차이가 있다. 세계에 대한 지식과 이해를 촉진하려는 사람들과 다른 교육의 목표를 수용하려는 사람들을 구별할 수 있다. 전자에 해당하는 것으로 외국어, 지역학, 국제학을 위한 기존의 많은 국가 자원 센터들이 있는 반면, 그 이외 기관들의 많은 새로운 이니셔티브들은 글로벌 교육을 다르게 본다. 일례로, 사우스플로리다 대학교의 글로벌 시민성Global Citizenship 프로그램은 "글로벌 문제 해결에 능숙한, 인간의 다양성과 문화적 복잡성에 관심을 갖고 있고, 개인적 그리고 사회적 책임의식으로 충만된 참여적인 글로벌 시민을 양성"하는 데 목적을 둔다.[17] 많은 이러한 새로운 프로그램을 차별화하는 것은 그 프로그램들이 학문적 지식, 지역의 지식 또는 외국어 분야에 토대를 두는 대신에 어떤 기술을 함양하는 데 목적을 두고 있으며 세계에 대한 특정 관점을 촉진하는 데 목적을 둔다는 것이다. 사우스플로리다 대학교의 글로벌 시민성 프로그램은 "사회적, 환경적 지속가능성에 포함된 원리들을 통합하고 있다".[18]

글로벌 교육을 적극적으로 촉진하고 있는 일부 비영리 단체들로는 세계 문제 협의회World Affairs Council, 글로벌 교육 협의회Council for Global Education: CGE, 미국 글로벌 교육 포럼American Forum for Global Education, 롱뷰 재단Longview Foundation, 모델 유엔 프로그램 Model United Nations program, 국제교육 선진화 및 연구 센터Center for the Advancement and Study of International Education, 변화를 위한 글로벌 시민 센터Global Citizens for Change, 뉴욕 글로벌 교육 위원회Global Education Associates in New York, 보스턴 21세기 센터Boston Research

Centre for the 21st Century, 그리고 매사추세츠 글로벌 자문위원회Global Education Advisory Council in Massachusetts 등이 있다. 글로벌 교육 협의회CGE는 그 과업을 다음과 같이 설명한다.

CGE의 목적은 평화, 공존, 모든 형태의 삶에 대한 존중, 책임과 같은 가치가 표준인 세상을 만드는 것이다. 필요한 것은 새롭고 열린enlightened 시대에 적합한 새로운 목적을 지닌 새로운 교육이다. 이러한 목적에 도달하기 위해서 CGE는 보편적 가치Universal Values, 세계이해Global Understanding, 모든 면에서 탁월함Excellence in All Thing 그리고 인류 봉사Service to Humanity에 기초한 글로벌 교육 모델을 개발했다.[19]

이렇듯 비영리 단체들이 글로벌 교육에 적극적으로 기여하고 있는 상황에서, 국가 교육기관, 정책 입안자, 비즈니스 리더 들을 포함하는 국가적 연합체를 이끌었던 것은 아시아 사회Asian Society였다. 아시아 사회는 비영리 교육기관으로 원래의 목적은 아시아 사람들과 미국 사람들 간 유대 관계를 개선하는 데 두었다. 그러나 아시아 사회는 웹사이트를 통해 국제교육에 대한 보다 광범위한 근거를 강조한다.

과학과 문화에서 스포츠와 정치에 이르기까지 아이디어와 자본은 국경을 넘어 전 세계로 확산하고 있다. 비즈니스의 세계화, 기술의 발전, 이주의 가속화는 점차 글로벌 스케일에서 역할을 할 수 있는 능력을 요구한다. 이러한 새로운 연결의 결과로, 우리의 고등학교 졸업자들은 세계 지역과 글로벌 이슈에 대해 훨씬 더 지적일 필요가 있으며, 문화와 언어를 통해 소통할 수 있어야 한다.[20]

이 예시에서, 교육과정을 "국제화internationalize"하려는 사람들의 시작점은 사회적, 정치적, 경제적 또는 환경적 문제에 대한 인식이라는 것이 분명하다. 그들의 교육에 대한 접근 방식은 "교육받은 개인이 되기 위해서 어린이들이 학교에서 배울 필요가 있는 중요한 지식과 기술이 무엇인지"를 질문하기보다는 사회의 문제들을 해결하기 위한 수단으로 보는 것이다.

아시아 사회Asian Society에 의해 조직화된 학교의 아시아 및 국제 연구에 관한 전국 연합National Coalition on Asia and International Studies in Schools은 미국 교사 연맹 대표President of the American Federation of Teachers, 국가 교육 협회 회장President of the National Education Association, 미국 교사교육을 위한 대학 협회 회장President and CEO of the American Association of Colleges for Teacher Edcation, 중등학교 전국 교장 협회 회장Executive Director of the National Association for Secondary School Principals, 그리고 전국 사회과 협의회National Council for Social Studies, 국가 교육 위원회National School Boards Association, 국가 지리학회National Geographic Society, 롱뷰 재단, 빌 앤드 멜린다 게이츠 재단, 골드만삭스 재단Goldman Sachs Foundation 대표 등 약 30여 개의 조직

과 회사를 포함하고 있다. 연합은 국제교육의 중요성을 촉진하고, 변화를 위한 정치적 추진력을 구축하며, 학교가 국제교육을 받아들이도록 장려하는 데 목적을 둔다.[21]

앞 장에서 언급했듯이, 국제교육과 글로벌 교육은 다르게 발달해 왔으며, 교육에 대한 접근 방법도 달랐다. 그러나 최근 몇 년간 많은 교육가들은 이 용어들을 서로 바꿔서 사용하고 있고, 실제로 교육과정을 국제화하려는 오늘날의 이니셔티브들은 내용과 목적 면에서 글로벌 교육과 구분하기 어렵다. 이 두 교육을 특징짓는 것은 교과 중심 지식 학습보다는 개인 간 의사소통, 가치, 직업적 기술, 이슈들을 해결하는 것을 강조한다는 것이다. 오늘날 미국에서 "국제교육"이라는 용어가 더 대중적으로 사용되는 이유는 부분적으로 글로벌 교육이 이전 몇십 년 동안 받았던 비판에 있다.[22] 그럼에도 불구하고, 최근의 국제교육 프로그램의 도입도 아래에서 논의되는 바와 같이 논쟁의 여지가 없는 것은 아니다.

인권교육은 글로벌 교육의 많은 주제를 반영하고 있으며 글로벌 교육에 기여한다. 1995~2004년은 "인권교육을 위한 UN 10년"으로 명명되었고 미국의 교육과정에 포함되기도 했다. 2001년에 실시된 조사에 따르면, 20개 주에서 주정부 수준의 교육과정, 사회과 표준안, 또는 평가 문서에 인권 내용이 포함되어 있었고, 다른 주에서는 그렇게 할 계획을 갖고 있었다.[23] 인권교육은 미네소타 인권부Minnesota Department of Human Rights와 연계하여 인권교육 경험Human Rights Education Experience을 운영해 온 미네소타 대학교의 인권 자원 센터

Human Rights Resource Center의 지원을 받았다. 인권 외에도 "이것은 나의 집This is My Home" 프로젝트를 활용해 학생들에게 사회정의, 민주주의, 책임, 상호의존에 대해 가르친다. 다른 사례로는 뉴저지주 플레밍턴Flemington, New Jersey에 있는 헌터든 중앙 고등학교Hunterdon Central High School가 있다. 이곳에서는 학생들로 하여금 인권을 확립하려는 노력들과 주정부가 지원하는 인권 침해 대책들에 대해 배우도록 하는 글로벌 시민성 교육과정을 제공한다.[24]

주정부 차원의 이니셔티브State-wide initiatives

2001년 이래로 아시아 사회 연합Asian Society's coalition은 주정부 차원에서 국제교육을 교육과정에 통합하도록 권고하고, 교사의 국제교육 전문성 개발을 지원하고, 학교들이 더 국제 지향의 교육 방식을 취하도록 촉진해 왔다. 이러한 국제교육 권고는 주정부가 국제교육을 위한 자체 연합을 구축했을 때 가장 성공적으로 이뤄졌다. 롱뷰 재단, 골드만삭스 기업Goldman Sachs Corporation, 빌 앤드 멜린다 게이츠 재단의 재정적 지원으로 아시아 사회Asian Society는 25개 주정부의 이니셔티브를 지원하고 있다[그림 2]. 일부 주정부에서는 자체 프로그램을 개발하고 있기 때문에(예를 들어, 매사추세츠주) 이 지도가 미국의 국제교육을 보여 주는 완전한 지도는 아니다. 여러 주정부가 공통적으로 보여 준 것은 교육 부서에서 국제교육에 대한 현행 교육과정과 대응 태도를 조사하기 위해 특별히 전담 부서를 설치했다는 것이다. 그 후 K-12 및 고등교육기관의 교육 관계자들, 비즈니스 지도자들, 정책 입안자들, 그리고 주정부 관료들을 끌어들인 주정부 차원의 회의가 뒤따랐다. 그리하여 주정부 전체적으로 국제교육을 촉진하기 위한 전략이 수립되었다. 즉, 국제교육을 포함할 수 있게 주정부 교육 표준안을 수정하고, 로컬 학교들과 국제학교들 간 연계를 구축하고, 국제교육의 장점을 교육적으로 구현할 수 있게 교사를 연수하는 등의 전략이 세워졌다. 많은 주정부들이 과거 십 년 이상 동안 이러한 전략들을 실행해 왔다. 여기서 우리는 위스콘신주, 뉴저지주 그리고 노스캐롤라이나주의 이니셔티브를 살펴보고자 한다. 이들 주정부는 학교교육과정에 글로벌 목적을 통합하는 중요한 개척로를 만들었기 때문이다.

위스콘신주는 국제교육 코디네이터를 처음으로 지정하여 실행했

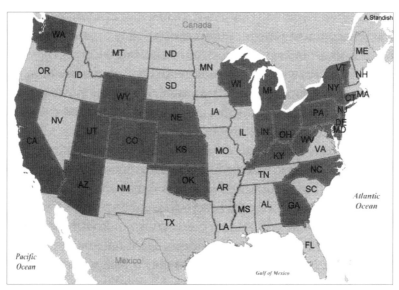

[그림 2] 국제교육을 도입하고 있는 미국 주정부 분포도
출처. Asia Society, http://asiasociety.org/node/20794

으며, 이후 교육과정 계획 안내서인 『국제교육 교육과정 설계*Planning Curriculum in International Education*』를 선도적으로 만들어 냈다. 그 안내서는 교사들과 정책 입안자들을 위한 자산이 되었다. 위스콘신주 교육부는 일련의 워크숍을 조직화하여 모든 11개 교과목 영역에서 글로벌 내용을 삽입할 수 있는 방법에 대해 교사 연수를 했고 프랑스, 독일, 일본 그리고 태국 학교들과 협의체를 구성하여 교사 교류를 실행하기도 했다. 위스콘신주에서 국제교육을 촉진한 목적은 〈위스콘신 학생을 위한 글로벌 리터러시 성취 전략Strategies for Achieving Global Literacy for Wisconsin Student〉이라는 문서에 제시되어 있다. 여기에는 2년마다 개최되는 국제교육 회의를 지원하기 위한 주정부 차원의 국제교육 위원회 5개의 지역 리더십 연합, 교사와 행정가 연수(교사들에게 언어를 배우고 해외 지역과 문화를 가르치고 글로벌 관점을 통합하려는 워크숍에 참석하는 등)를 비롯하여, 학생들에게 해외 문학을 읽고 다른 나라의 미술과 음악 전통을 배우고 초국가적 환경 문제를 논의하고 해외여행을 할 수 있는 기회를 제공하며, 모든 학교에서 해외 학교들과 자매결연을 맺도록 권장하는 정책들이 포함되었다.

뉴저지 주정부에서 이뤄진 첫 국제교육 회의는 2004년 10월 프린스턴 대학교에서 개최되었으며, 여기에는 300명 이상의 교육가, 정책 입안자 그리고 경제계 대표가 참석했다. 이 회의에서는 국제교육을 위한 교사 능력을 강화하고, 어린이들을 위한 실제 경험과 국제교육을 연결하는 등 3개의 교육 목표를 보고서에 담아 표명했다. 마지막 목표는 학교에서 변화를 어떻게 이끌어 낼 것인가이다. 이에 대한 제안은 다음과 같다.

세계 언어 학습, 글로벌 이슈에 초점을 둔 사회과 교육을
특별히 강조하면서 국제적 관점을 모든 핵심 교육과정 내용
표준안 영역에 통합함으로써 학생들이 비판적으로 글로벌
이슈를 이해하고, 연결하고 실천할 수 있게 지원하는 것.[25]

이는 전체 교육과정에 걸친 교수teaching적 접근에 대한 방향을 완
전히 재설정한 것이었다. 교사 연수를 위한 워크숍에서는 영어, 과학,
그리고 수학을 포함한 다른 교과목 영역들을 어떻게 국제적 렌즈를
통해 가르칠 수 있는지를 설명하는 것으로 진행되기도 했다.

2006년에는, 뉴저지주 교육부에서 국제적 관점을 포함하도록 K-12
사회과 교육 표준안을 개정하기도 했다. 국제교육이라는 새로운 영역
은 "국제교육이 학생들로 하여금 미국인으로서 자신의 삶에 영향을
미치는 글로벌 이슈의 이해를 확장할 수 있게 한다"[26]라는 합리적 근
거를 기반으로 시민교과civics 표준안에 부가되었다. 예를 들어, 8학년
에서 학생들은 "글로벌 과제가 어떻게 연결되어 있고 얼마나 복잡하
며 어떻게 변화하고 있는지를 논의하고 로컬 이슈가 어떻게 글로벌 차
원을 지니고 있는지(예, 환경 이슈, 교통 등)"를 논의한다.[27] 12학년에서,
학생들은 "보편적 인권의 개념을 세계의 사건 및 이슈와 연결하기"를
기대한다.[28] 미국은 이 시기에 「세계 인권 선언Universal Declaration on
Human Rights」에 사인하지는 않았지만 표준안을 만든 저자들이 세계

의 보편적 인권이 시민교과 표준안에서 국가적 수준의 권리와 어떻게 충돌할지에 대한 어떠한 고려도 없이 포함했다는 것은 상기할 만한 가치가 있다. 6개 교육과정 내용 영역들의 폭넓은 개정은 2009년에 완성되었다. 여기에는 21세기에 필요한 기능과 주제 내용의 통합, 글로벌 관점, 기술technology, 학문 간 연계 등이 포함되었다.[29]

노스캐롤라이나 대학교의 국제이해 센터The University of North Carolina's Center for International Understanding와 주지사 사무실governor's office에서는 '세계 속의 노스캐롤라이나North Carolina in the World' 프로젝트를 통해 여러 해 동안 국제교육을 실시했다. 2003년에, 이 이니셔티브는 국제교육을 위한 골드만삭스 상을 수상했다. 노스캐롤라이나의 국제교육을 위한 액션 플랜은 5개의 목적을 제시하고 있다. 그 중의 하나는 세계에 대한 교사 지식을 향상시키는 것이다. 예비 교사의 세계 지식을 강화하기 위한 과제와 전략을 수립하기 위해 연구 그룹이 형성되기도 했다. 조교수였던 애덤 프리드먼Adam Friedman이 보고한 그 연구 그룹의 결과들 중 하나는 주목할 만한 가치가 있다. 즉, "이 조사에서 얻은 데이터는 '글로벌 교육과 인식Global Education and Awareness'이 노스캐롤라이나 내 교육대학장들에 의해 학부 예비 교사를 준비시키는 데에서 중요한 주제로 인정을 받았다"라고 했다.[30]

그 연구 그룹의 연구 결과와 제안 사항은 『세계 속의 노스캐롤라이나: 상호 연결된 세계교육을 위한 교사 연수North Carolina in the World: Preparing North Carolina Teachers for an Interconnected World』 보고서로 출간되었다. 그 문서는 노스캐롤라이나 대학 총장인 어스킨 보울스Erskine Bowles가 제기한 질문으로 시작하는데, 그 질문은 "학생들이 노스캐롤라이나 내외의 세계 공동체와 상호작용할 수 있게 준비시킬 수 있는 교사를 양성하기 위해 우리는 어떻게 우리의 예비 교사들에게 글로벌 관점을 심어 줄 수 있을 것인가?"이다.[31] 또한 그 보고서는 예비 교사 교육을 위해서 다음의 사항들, 즉 해외 연구를 포함하여 국제적 경험에 더 많은 참여, 국제 대학 및 K-12 학생들과 더 적극적인 상호작용과 공동체 내 문화적 경험, 언어교육을 포함한 더 국제적인 면에 초점을 맞춘 코스워크 수료, 그리고 해외 대학 학생들과의 협업 등. 교사 교육 관계자들에게 그 보고서는 해외여행, 국제 연구 및 국제 프로그램을 운영하는 동료들과의 파트너십, 그리고 공동교육 coteaching을 포함하여 국제 동료들과의 협업적 프로젝트 수행을 통한 교수 자료 개발 활동을 추천한다.

물론 국제 관계를 구축하고 다른 문화를 연구함으로써 얻을 수 있는 아주 가치 있는 지식과 통찰력은 많이 있다. 교사가 국제적 또는 글로벌 접근을 실행하는 수업에서 학생들은 종종 다른 국가, 민족, 그들의 역사 그리고 사람들이 직면한 과제에 대한 학습에 참여한다. 이는 부분적으로 글로벌 교육을 위한 옹호자들의 높은 열망, 그리고 교실에서 학습 내용에 학생들을 참여시켜야 할 필요성이라는 현실 사이에 나타나는 차이 때문에 발생한다. 그러나 이러한 사실은 글로벌 또는 국제교육의 오늘날 흐름이 교과 중심 교육을 글로벌 이슈의 "인식", 의사소통 "기술", 그리고 대안적 "관점"의 인지를 포함한 다른 교육으로 대체하려 한다는 현실을 바꾸지는 않는다. 그리고 그 결과는 지식에 대한 피상적인 학습으로 이어진다.

국가의 이니셔티브national initiatives

교육과정의 국제 또는 글로벌 차원은 미국의 많은 국가 조직에서 찾아볼 수 있다. 일례로, 전국 사회교과 협회NCSS는 사회과 교육을 위한 10주제들 중 하나로 글로벌 연결Global Connections을 포함한다. 왜냐하면 "학생들은 건강관리, 환경, 인권, 경제적 경쟁 그리고 상호의존, 오래된 민족적 적대감age-old ethnic enmities, 정치적-군사적 동맹과 같은 그러한 국제적 이슈들"을 다룰 수 있어야 하기 때문이다.[32] 마찬가지로, 국가 교원교육 인증 위원회National Council for the Accreditation of Teacher Education는 전문 개발 학교 표준안Standards for Professional Development Schools의 표준 IVStandard IV에 "다문화적 그리고 글로벌 관점"으로 가르칠 수 있는 능력을 포함한다.[33]

과거 몇 년간 21세기 기술21st Century Skills: P21을 위한 파트너십 지원 구축이 이뤄져 왔다. 이러한 공공-민간의 연합이 2002년에 설립되었으며 "21세기 기술"을 모든 주정부의 교육과정에 통합함으로써 교육을 "현대화modernize"하는 것을 목표로 한다.[34] 35개 정도의 파트너십 회원들이 있는데 다음과 같다. 어도비 시스템Adobe Systems, 미국 학교도서관 협회American Association of School Libraries, 애플Apple, 블랙보드사Blackboard Inc., 시스코 시스템Cisco Systems, 델사Dell Inc., 미국 교육네트워크The Education Network of America, 교육 시험 서비스Education Testing Service, 휴렛 팩커드Hewlett Packard, 인텔 재단Intel Foundation,

지식 재단Knowledge Works Foundation, 레노버Lenovo, 맥그로 힐McGraw-Hill, 마이크로소프트 기업Microsoft Corporation, 국가 교육 협회National Education Association, 스콜라스틱 교육Scholastic Education, 버라이즌Verizon, 그리고 월트 디즈니사Walt Disney Company. 국가 교육 협회가 교육과정 개혁에 주도적 역할을 해 주기를 기대할 수도 있지만, 이러한 목록을 보고 놀라운 것은 이러한 조직의 대부분이 학교 서비스 제공과 관련된 반면, 다른 일부 기관은 학교와 전혀 관련이 없다는 것이다. 이는 출판사, 기술 지원, 시험 서비스, 그리고 기타 자료 제공업체 관계자들이 교사의 요구에 부응하는 대신 스스로 교육과정 개혁을 추진하려는 움직임을 보이고 있음을 의미한다.

2010년 말까지, P21은 19개 주정부의 표준안에 채택되어 통합되었다. 이 계획이 글로벌 교육과 직접 관련은 없지만 교육에 대한 몇 가지 일반적인 가정(특히, 교과목 지식을 기술 기반 교육과정으로 대체하려는 열망 포함)을 공유하고 있다. 그 기술들 중에서 파트너십이 오늘날 어린이들을 위해 더 "적절한" 것으로 제안하고 있는 것은 비판적 사고, 글로벌 인식, 시민적 리터러시, 의사소통 기술 그리고 리더십이다. 이러한 "글로벌 기술"은 4장의 주제로, 거기서 더 자세히 탐색될 것이다.

2010년 6월에, 전국 주지사 협회National Governors Association: NGA와 주립 대학장 협의회Council of Chief State School Officers: CCSSO는 공동으로 〈영어, 예술, 수학에 대한 공통의 핵심 국가 표준안Common Core State Standards for English Language Arts and Mathematics〉을 발표했는데, 그 목적은 어린이들이 "글로벌 경제와 사회"를 준비하게 하는 것이었

다.[35] 연방 정부의 개입이 없음을 강조하면서, 교사, 학교 행정가 그리고 "전문가"와의 협의를 통해 그 표준안들을 만들었다. 지금까지 〈공통 핵심 주 표준안Common Core State Standards〉은 넓은 지지를 받았으며, 45개 주정부에 의해 수용되었다. P21이 교과목들을 무시했다는 비판을 받은 반면, 〈공통 핵심 주 표준안〉은 교과목을 기술 세트skills sets로 분류했다. 또한 이러한 두 이니셔티브들 간에는 협업이 있어 왔다. 마이크로소프트는 P21의 개발 구성원 중 하나였으며, NGA 그리고 CCSSO 모두는 빌 앤드 멜린다 게이츠 재단으로부터 표준안 작성을 위해 수백만 달러의 상당한 후원을 받았다.[36] 빌 앤드 멜린다 게이츠 재단은 두 개의 비영리 단체에 자금을 지원했다. 즉, 〈공통 핵심 주 표준안〉에 부합하는 시험을 위한 어치브 주식회사Achieve Inc. 그리고 표준안에 대한 "지원을 확대"하기 위한 우수 교육 연합체Alliance for Excellent Education.[37]

일부 학교들이 교육과정에 국제적 차원을 추가하는 다른 방식은 국제 바칼로레아IB: International Baccalaureate이다. 미국에서 첫 국제 바칼로레아 학위 과정IB Diploma Program은 1971년 뉴욕주에 있었던 사립학교인 유엔 국제학교United Nations International School에서 승인되었다. 1998년에 첫 국제 바칼로레아 초등 프로그램IB Primary Years Program이 드와이트 학교Dwight School에 제공되었다. 이 학교도 뉴욕주에 있었던 사립학교였다. 1999년까지 300여 개의 학교들이 초등 프로그램Primary Years Program, 중등 프로그램Middle Years Program 또는 고등 프로그램Diploma Program 중의 하나를 제공하고 있었다.[38] 2011년에는 뉴욕주 전체 학교의 약 90%인 1,300여 개 학교에서 관련 프로그램이 제공되었다. 이러한 학교들의 대다수는 Advanced Placement: AP 과정과 함께 또는 이를 대신해서 Diploma Program을 제공했다. AP처럼 국제 바칼로레아 학위 과정IB Diploma은 800여 개의 미국 대학교들에 의해 대학 수준college-level의 인정을 받고 있다.[39] 교육에 대해 국제적 또는 글로벌 접근을 취하고 있는 학교들은 그러한 교육의 이상에 의해 동기화된 교사들이 있는 곳이었다. 예를 들어 코네티컷주의 International Magnet School for Global Citizenship, 캘리포니아주의 Mariposa Elementary School of Global Education 등이 있다.

고등교육에서 국제 바칼로레아 학위 과정의 도입 증가는 부분적으로는 적극적인 학문 중심 교육의 실행을 반영하기도 하지만,[40] 국제 바칼로레아 학위 과정이 갖고 있는 국제적 관점과도 관련이 있다. 미국에서 국제 바칼로레아 세계학교IB World School의 증가가 논쟁 없이 이루어진 것은 아니다. 유타, 미시간, 아이다호, 펜실베이니아 그리고 뉴햄프셔 등의 주정부에서는 IB에 항의했다. 왜냐하면 IB를 비미국인, 반기독교인, 사회주의자, 유엔의 가치(환경주의, 인권, 갈등 해결 등)를 장려하는 것으로 보았기 때문이다.[41] 문제는 IB의 학문적 질에 있는 것이 아니라 미국인들의 세계관Worldview을 반영하지 않기 때문에 오히려 미국 공동체의 가치와 충돌하는 것으로 인식된 점이었다. 분노한 한 학부모는 "그들은 당신 아이의 마음에 우리의 역사, 유산, 그리고 우리가 믿는 어떤 것을 왜 믿는지에 대한 정보를 주는 것이 아니라, 당신의 아이가 생각하는 방식을 바꾸기를 원한다"라고 설명했다.[42] 국제 바칼로레아 기구International Baccalaureate Organization는 유엔의 경제사회 이사회의 한 부분이다. 그리고 IB 프로그램은 원래 유엔 또는 해외에서 일하는 가족들을 위해 만들어진 프로그램이었다. 그래서 IB 프로그램이 UN의 가치를 반영하는 것은 당연한 일이다. 또한 이러한 가치가 일부 미국 공동체의 가치와 충돌할 수 있다는 것도 놀라운 일이 아니다. 이러한 공동체는 UN이 만들 공동체는 물론 아니며 IB 코스는 그러한 공동체를 염두에 두고 설계된 것도 아니다.

글로벌 교육 그리고 국제교육의 방향 아래서 미국 학교들을 위해 실행되고 있는 다양한 교육적 이니셔티브들이 있다. 더 새로운 이니셔티브들이 직업 기술, 학문적 기술, 개인적 기술을 강조하고 '글로벌' 가치를 강조하는 것과는 달리, 더 잘 구축된 국제교육 프로그램(National Research Centers, International schools에서와 같이)에서는 일반적으로 더 많이 교과목 지식을 가르치는 것으로 보인다. 전자 교육에서 공통적으로 지니고 있는 것은 교육을 교과 지식과 미국의 전통 교육에서 벗어나 새로운 글로벌 비전의 교육으로 향하게 하려는 열망이다.

영국에서 글로벌 교육

영국 학교의 교육과정은 미국과 다소 다르다. 영국에서는 개발교육과 환경교육이 지난 30년 이상에 걸쳐 비영리 단체들에 의해 촉진되었다. 그리하여 학교에서 글로벌 교육의 형성에 가장 큰 영향력을 보인 것은 이러한 단체들이다.[43] 그러나 새로운 밀레니엄이 시작되는 때까지, 개발교육의 입지는 교사들이 지원한 학교에 한정되었으며 국가교육과정에서의 입지도 주변적이었다. 그럼에도 불구하고, 변화는 시작되었다. 한 실행가의 언급에 의하면, "개발교육은 갑자기 주변부에서 주류가 되었다".[44] 이제 이러한 전환이 어떻게 일어나게 되었는지를 살펴볼 것이다.

미국과 마찬가지로 영국에서도 냉전 체제의 해동은 정치적 우파의 계획을 망쳤다. 정치 지도자들은 소련과의 경쟁 부재 상태에서 국가 문화와 이상에 대한 일관된 관점을 제공하고자 했다. 이러한 맥락에서 글로벌 옹호는 권위에 대한 잠재적인 새로운 원천으로 출현하게 되었다. 국가정치의 폭이 좁아지면서, 교육은 어린이들의 개인적 "관련성" 영역, 즉 개인적 교육, 사회적 교육, 건강 교육, 그리고 직업 교육에 초점을 두게 되었다. 이는 글로벌 교육이 번성하게 된 정치적 맥락이다. 즉, 학교는 글로벌 교육을 통해 어린이들이 글로벌 이슈 및 글로벌 시장과 관련하여 정체감을 함양할 수 있게 장려하기 시작했다.

1990년대는 영국 교육에서 전환의 시기였다. 존 메이저John Major, 1990~1997년 집권 수상 중심의 보수당 정부에 의해 교과 중심 국가교육과정을 시작한 이후 토니 블레어Tony Blair, 1997~2007년 집권 수상 중심의 신노동당 정부에 의해 세계 시민성 교육뿐 아니라 개인적, 사회적 그리고 건강 교육PSH이 도입되었다. 그러나 초기의 모순적인 현상이 나타났음에도 불구하고, 메이저 정부에서 블레어 정부에 이르기까지의 전환기에서도 중요한 연속성이 있었다. 시민성 문제는 하원 교육 위원회House of Commons Speaker's Commission on Education(1990), 국가 교육과정 위원회National Curriculum Council(1990), 사회정의 위원회Commission on Social Justice(1994), 시민성 재단Citizenship Foundation(1995)에 의해 조사되었다. 1997년 백서White Paper 『학교의 우수성Excellence in Schools』에 이어서, 시민성에 대한 자문 그룹Advisory Group on Citizenship이 시민성 교육과정 도입을 위한 권고안을 만들기 위해 구성되었다. 버나드 크릭Bernard Crick의 주도하에, 그 보고서는 시민성은 로컬에서 국가 그리고 글로벌로 이어지는 연속체라는 점에서 초등과 중등에서 시민성 교육과정이 필수로 지정되어야 한다고 했다. 이는 시민교과와 국가 역사 수업에서 제공했던 전통적인 시민성 교육과정이 아니었다. 즉, 영국의 정치 체제와 문화가 포함된 반면에 내용의 많은 부분은 개인의 가치, 정체성, 그리고 행동을 탐색하도록 구성되었고, 지리에서부터 영어, 체육에 이르기까지 모든 교과에서 가르쳤다.[45]

세계화와 글로벌 시민사회에 대한 논의는 비영리/비정부 조직을 변화시켰다. 1990년대는 비영리 단체들의 더 큰 조정과 글로벌 교육의 선도 아래 개발교육 전통들의 통합이 있었다.[46] 그리하여 인권교육, 환경교육, 지속가능발전 교육, 반인종차별 교육, 세계 연구, 그리고 개발교육의 옹호자들은 "글로벌 교육" 또는 때때로 "글로벌 시민교육"이라는 개념에서 공통점을 찾았다.

글로벌 교육을 촉진하는 더 영향력 있는 비영리 단체들 중 하나로 옥스팜Oxfam이 있었다. 1997년에 옥스팜은 〈글로벌 시민성을 위한 교육과정〉에 착수하여 글로벌 시민에 대해 이렇게 제시했다.

> 더 넓은 세계를 인식하고 세계시민으로서 자신의 역할을 알며, 다양성을 존중하고 가치 있게 여기며, 세계가 경제적으로, 정치적으로, 사회적으로, 문화적으로, 기술적으로, 그리고 환경적으로 어떻게 작동하는지를 이해하며, 사회의 부정의에 분노하고 로컬에서 글로벌에 이르기까지 여러 수준에서 공동체에 참여하고 기여하며, 세계가 더 지속가능한 장소가 되도록 행동할 것이며, 자신의 행위에 대해 책임감을 지닌 사람이다.[47]

2002년에 업데이트된 옥스팜의 교육과정은 미국을 포함한 여러 곳의 교육가들에 의해 사용되고 인용되어 왔다. 교육 주제들은 종종 글로벌 시민성에 대한 정책문서에 사용되었다. 글로벌 교육 교수 자료를 바쁘게 생산하는 다른 영향력 있는 비영리 단체들로는 액션 에이드Action Aid, 영국 문화원British Council, 해외 개발을 위한 가톨릭 기관Catholic Agency for Overseas Development: CAFOD, 크리스천 행동 연구 및 교육Christian Action Research and Education: CARE, 국제교육 및 연수를 위한 중앙 사무국Central Bureau for International Education and Training, 크리스천 에이드Christian Aid, 영연방 연구소The Commonwealth Institute, TCI, 환경교육 위원회Council for Environmental Education, 세계

시민성 교육 위원회Council for Education in World Citizenship, 개발교육 협회Development Education Association, 너필드 재단Nuffield Foundation, 프랙티컬 액션Practical Action, 해외 봉사 서비스Voluntary Services Overseas: VSO, 세계 야생 동물 기금World Wildlife Fund: WWF 등이 포함되어 있다. 전체적으로 영국 학교의 글로벌 교육에 기여하는 비영리 단체들은 50개 이상이 있으며, 40여 개 개발교육 센터들도 같은 일을 하고 있다.

본과 헌트Douglas Bourn & Frances Hunt는 〈중등학교에서 글로벌 차원Global Dimension in Secondary Schools〉이라는 보고서에서 비영리 단체들이 "개발이나 글로벌 이슈를 학교로 가져온 첫 접촉처이다"라고 언급했다.[48] 정부는 문서를 발간한 반면, 비영리 단체들은 교실 수업 자료와 교사 연수를 교사들에게 제공했다. 옥스팜은 자체 기관에서 직접적으로 약 3,000여 개의 초등 및 중등학교와 함께 교육을 실행하고 있으며, 프랙티컬 액션은 2,500여 개 학교와 직접적인 연계를 형성하여 하고 있다.[49]

위에서 언급한 대로, 비영리 단체의 입지와 영향력은 정부의 개발 목표 및 계획의 도입을 통해 크게 높아졌다. 외교정책과 마찬가지로 교육에서도 법정 기관들과 자발적 부문 기관들 사이의 연합에 의해 관련 업무가 추진되었다. 21세기 초, 여러 학교를 위한 새로운 글로벌 교육 촉진 문서들이 정부기관과 비영리 단체 간 연합에 의해 만들어졌다. 『학교교육과정에서 글로벌 차원을 개발한다는 것Developing the Global Dimension in the School Curriculum』이 교장, 정부 관료, 로컬 교육청 관계자, 교사, 초기 실무자를 대상으로 만들어졌다. 2000년에 처음 발간된 이 보고서는 글로벌 차원에서 로컬 이슈와 글로벌 이슈 사이에 연계를 만들어 젊은이들이 다음과 같은 일을 할 수 있게 기회를 제공해야 한다고 강조했다.

> 비판적으로 자신의 가치와 태도를 점검하고 모든 지역 사람들 간 유사점과 차이점을 이해하며, 다양성을 가치화하고, 글로벌 맥락에서 자신의 로컬 마을을 이해하고 부정의, 편견, 그리고 차별에 대항할 수 있게 관련 기술을 발달시킨다. 그러한 지식, 기술 그리고 이해는 젊은이들이 글로벌 공동체에서 적극적 역할을 실행할 수 있게 정보화된 의사결정 능력을 형성할 수 있게 한다.[50]

이러한 문서의 내용 작성에 기여한 곳은 옥스팜, 글로벌 교육 센터, 크리스천 에이드, 세계 시민성 교육 위원회, 관광 업계, 많은 지역 개발 교육 센터, 여러 학교 등이다. 간행물에서는 "글로벌 이슈에 관한 학습의 핵심"으로서 다음의 핵심 개념들에 초점을 두었다. 즉, 시민성, 지속가능발전, 사회정의, 가치와 인식, 다양성, 상호의존성, 갈등 해결, 인권 등으로 모두 옥스팜의 글로벌 시민성 교육과정에서 가져왔다.

『학교교육과정에서 글로벌 차원을 개발한다는 것』은 다음의 두 문서 다음에 만들어졌다. 즉, 국제교육 및 연수를 위한 중앙 사무국 The Central Bureau for International Education and Training과 개발교육 협회Development Education Association: DEA에 의해 생산된 〈영국 학교들의 국제적 차원을 위한 틀A Framework for the International Dimension for Schools in England〉과 〈시민성 교육: 글로벌 차원Citizenship Education: The Global Dimension〉이다. 전자는 "현대의 실제를 반영"하기 위해 "지속가능성, 환경, 글로벌 상호의존, 문화 다양성, 어른으로서의 삶을 위한 준비, 시민성 교육"을 개정 교육과정에 통합하기 위한 안내서로 제공되었다.[51] 후자는 새로운 시민성 교육과정이 2002년에 효과적으로 실행되도록 중등학교를 지원하기 위해 만들어졌다. 즉, 개발교육 협회 DEA가 발간했고, 국제교육 및 연수를 위한 중앙 사무국, 영연방 연구소, 환경교육 위원회, 세계 시민성 교육 위원회, 그리고 옥스팜을 구성하는 연합체에서 교육 및 고용 개발Development for Education and Employment과 국제개발부Department for International Development: DfID 의 지원으로 작성되었다.[52]

DEA는 1980년대 국가 네트워크로 시작되었다. 1997년에, 그 조직은 새롭게 형성된 DfID로부터 제공되는 재정 지원으로 영향력을 확장하게 되었다. DEA는 이후 글로벌 교육의 촉진과 적용에서 주도적역할을 했으며 2011년에는 새로운 타이틀과 정체성으로 "글로벌하게 생각하기Think Global"를 취했다. "글로벌 차원Global Dimensions" 웹 사이트를 호스팅하며 위에서 제시한 정부 지원 글로벌 교육 문서, 글로벌 교육을 국가교육과정으로 통합하는 방법에 대한 정보, 글로벌 교육 교과별 자원, 글로벌 교육 교사 연수 정보, 그리고 영국의 개발교육 센터들과의 세부적인 연락 체계 등을 포함했다. 또한 DEA는 각교과목이 글로벌 교육에 어떻게 기여할 수 있는지에 대한 가이드라인을 만들기 위해 교과 협회들과 함께 작업했다. 일례로, 〈지리학: 글로벌 차원Geography: The Global Dimensions〉은 지리학회Geographical Association와 공동으로 만든 결과물이다.[53] 가이드라인에서는 옥스팜의 8개 핵심 글로벌 교육 개념을 취하며 각각의 개념들이 어떻게 지리수업에서 다뤄질 수 있는지를 보여 준다. 대부분의 교과목들과 달리, 지리교과는 세계지리 학습 영역에서 세계지리에 대해 가르치는 대신 글로벌 교육/시민성과 지속가능발전 교육의 주제에 관한 내용들을 포함했다.

DfID는 정부와 비영리 단체 간 주된 연결 통로가 되었고 주요 재정 제공처가 되었다. 2000년에 시작한 파트너십 프로그램Partnership Program Arrangement은 영국에 기반을 둔 큰 단체들을 지원하는 데 매년 9,000만 파운드(대략 1억 4,000만 달러)를 제공했다.[54] 과거 10여 년 이상 동안 많은 비영리 단체들은 액션 에이드, 해외 개발을 위한 가톨릭 기관CAFOD, 크리스천 행동 연구 및 교육CARE, 크리스천 에이드, 옥스팜, 국제 HIV/에이즈 연합International HIV/AIDS Alliance, 원 월드 액션One World Action, 국제 환경 및 개발 연구소International Institute for Environment and Development, 해외 봉사 서비스VSO, 세계 야생 동물 기금WWF 등으로부터 자본 지원을 받았다. DfID는 2000년에 시작된 자체 프로그램인 효과적인 지원 강화를 통해 학교교육과정에 글로벌 이슈를 포함하기 위한 노력을 기울여 왔다. DEA와 연합하여 작업하면서 21개 지역 네트워크를 형성했고, 각각의 지역 네트워크는 교사들에게 글로벌 이슈를 가르칠 수 있는 도구와 기술을 제공해 왔다.

지역 개발교육 센터는 이 네트워크의 핵심 부분이었다. 일례로, 버크셔주에서는 레딩 국제연대 센터Reading International Solidarity Centre: RISC가 1981년에 세계교육 버크셔로 첫걸음을 내디뎠다. 1994년에, 도심의 런던 스트리트에 있는 3층 건물로 옮겼다. 오늘날 그곳에는 상점, 7,000여 개 이상의 이름을 가진 개발교육 자원 도서관, 사무실, 카페, 루프 탑 정원 등이 있다. 그곳은 상점, 회원, 기부, 그리고 옥스팜, 크리스천 에이드, 레딩 자치 위원회Reading Borough Council, 유럽연합European Union, 국제개발부DfID, 내셔널 로터리National Lottery로부터 자본을 지원받고 있다. RISC는 자체 개발한 교육과정 자료, 워크숍, 자원, 지침서를 제공해 주는 6개의 "글로벌 학교" 네트워크를 가지고 있다. 그리고 교사 연수, 워크숍, 간행물을 통해 수백 명 이상의 교사들과 접촉하고 있다. RISC의 글로벌 학교들은 학교 교육 이념whole-school ethos에 글로벌 차원을 포함하며, 학생들이 교육과정에 내재된 다른 문화 이해, 글로벌 이슈에 대한 책임감 인식을 통해 자신들을 글로벌 시민으로 생각하도록 장려한다. 학교들은 학생들이 다른 전통, 언어, 축제에 대해 배우게 하기 위해 학습자 자신들의 공동체에서 문화 다양성을 실천하도록 권장한다.

글로벌 학교 파트너십은 영국 문화원, 케임브리지 교육 재단 Cambridge Education Foundation, 영국 원 월드 연계 협회UK One World Linking Association, 해외 봉사 서비스VSO의 후원을 받아 DfID에서 운영하는 다른 프로그램이다. 개도국 학교들과 연계를 형성하도록 학교들에 지원과 자본을 제공하여 국내외 학교들 간 글로벌 주제와 이슈에 대해 공동 작업 계획을 짜거나 서로 소통하고 배울 수 있게 지원하고 있다. DfID는 2012년까지 5,000개의 영국 학교들이 참여하는 목표를 세웠다.[55] 매년 글로벌 학생 포럼을 운영하여 개발교육 및 글로벌 교육에 대한 자원봉사와 위원회를 조직한다.

다른 개발교육 센터들은 학교들이 글로벌 학교화를 추구하도록 프로그램을 개발, 지원해 왔다. 시민성 개발 프로젝트(2002~2005)는 옥스팜, 세이브 더 칠드런, 영국 유니세프, 체셔 개발교육 센터Cheshire Development Education Center, 맨체스터 개발교육 프로젝트, 노퍽 개발교육 및 활동Norfolk Education and Action for Development 그리고 5개의 교육기관들에 의해 연합적으로 운영되었다. 이 프로젝트는 "글로벌 차원이 어떻게 중등학교에 부가되어 글로벌 시민성을 발달시키기 위한 학교 전체적 접근(즉, 학교교육과정, 학교 정신, 적극적 시민성 면)으로 이끌어지는지를 살펴보는 데 목적을 두었다".[56] 글로벌 스쿨 프로젝트(2005~2008)는 리즈 개발교육 센터Leeds Development Education Center, 글로벌 및 개발교육 센터, 노퍽 개발교육 및 활동에 의해 운영되었다. 그 프로젝트는 30여 개의 중등학교를 지원했고, 개발교육 이슈, 방법론, 글로벌 차원을 기존의 업무에 통합하는 데 참여하고 있는 교사와 '글로벌 차원Global Dimension 코디네이터'*를 연수했다. 리즈 개발교육 센터에는 또한 "자격 부여 및 강화Entitlement and Enrichment"라는 초등학교에서의 글로벌 인지도 제고를 위한 프로젝트가 있다. 리버풀 월

---

* 옮긴이 주. 글로벌 자원의 교육 진행자.

드 센터Liverpool World Center는 공정무역 학교 프로젝트와 기후 의식 학교 프로젝트를 결합하여 "글로벌 의식을 지닌 시민Global Conscious Citizens"이라는 제목으로 결합했다. 프로젝트 목표 중 하나는 학교가 어떻게 글로벌 이슈를 해결할 것인지를 결정하는 데 어린이들을 포함시키는 것이며, 이는 학교 협의회를 통해 이뤄진다. 런던의 타워 햄리츠Tower Hamlets에 기반을 둔 인문학 교육센터Humanities Education Centre는 웹 사이트를 통해 여러 개의 프로젝트를 운영하고 있다. 여기에는 지속가능한 미래로의 단계들Steps to a Sustainable Future, 로컬 방글라데시 사람들을 방글라데시 사람들과 연결하는 방글라방글라 BanglaBangla, 그리고 어린이들이 개도국의 많은 사람이 살고 있는 원시적인 거주지에 대해 배우는 스토리 텐트Story Tents가 포함된다.[57]

글로벌 인식을 가진 학교를 참여시키는 또 다른 확실한 방법으로 글로벌 차원을 기존 교육에 통합하는 데 앞장서는 학교들에게 상을 수여하거나 벤치마킹하는 것이다. 영국 문화원British Council이 주관하는 인터내셔널 스쿨 어워드International Schools Award는 학교 차원의 국제적 정신을 일으키고, 자매 학교 및 공동체와 공동 작업을 전개하며, 국제적 작업에 학생들을 참여시키면서 1999년 이래로 매년 1만여 개 이상의 학교가 국제 활동에 참여하도록 지원해 왔다(British Council 2011). 또한 공정무역 재단Fairtrade Foundation에 의한 '공정무역 학교' 후원, 환경교육 재단Foundation for Environmental Education에 의한 '에코 학교' 후원, 아동 학교 가족부Department for Children School and Families에 의한 '지속가능한 학교' 후원, 유니세프UNICEF에 의한 '권리 존중

학교' 후원, RISC와 요크셔 및 험버 글로벌 학교 협회RISC & Yorkshire and Humber Global Schools Association에 의한 '글로벌 학교' 후원, 옥스팜에 의한 '글로벌 시민성 평가' 후원 등이 있다. 학교들은 주로 교과 수업, 회의, 특별 행사일 및 주간, 국제적 연계, 교육과정 프로젝트, 직접적인 캠페인에의 참여, 방과 후 활동, 수상 계획을 통해 글로벌 차원을 학교교육에 통합하고 있다.[58]

경우에 따라서, 개발교육 센터들은 교사 연수를 제공하는 대학들과 협력하여 예비 교사 및 교사를 연수하여 글로벌 교육 교수 역량을 갖출 수 있는 일을 진행한다. 2004년에 글로벌 시민성 교사 연수 계획이 DfID의 지원으로 런던과 남동부 지역의 글로벌 차원London and the South East Region's Global Dimension: LaSER과 런던 사우스 뱅크 대학교에 있는 교육과정 구상 센터Center for Cross Curricular Initiatives에 의해 만들어졌다. 그 계획은 글로벌 시민성 교육을 교사 연수의 교육과정 내용에 통합하는 데 목적을 두었다.[59] 세 기관(St. Mary's University College, University of Reading, Institute of Education at University of London)이 그 프로젝트를 위해 협력했다. 첫 번째로, 로컬 개발교육 센터의 교육 코디네이터들은 참여하고 있는 대학/대학교에서 예비 교사와 교사들을 위한 일련의 워크숍을 진행했다. 각 기관은 지속가능성, 갈등 해결, 상호의존성, 또는 다양성 존중과 같은 글로벌 시민성 관련 주제 또는 개념을 기반으로 로컬 학교에서 교육과정 프로젝트를 수행했다. 첫해의 마지막에 하루를 잡아서 각 그룹별로 학생, 교사 그리고 강사 중심의 팀을 조직하여 그들의 작업 결과를 보여 주도록 하였고, 그 프로젝트의 2년 차에는 후속 활동이 설계, 진행되었다.

여기서, 우리는 로컬 학교들의 철학과 교육의 변화에 영향을 주기 위해 교육기관들과 개발교육 센터가 협력하는 것을 볼 수 있었다. 그리하여 버크셔주의 글로벌 학교 네트워크의 사례로, RISC와 레딩 대학교University of Reading는 이러한 학교들에서 글로벌 교육을 촉진하는 데 함께 작업했다.

RISC는 또한 옥스퍼드 브룩스 대학교Oxford Brooks University에서 웨스트민스터 교육원Westminster Institute of Education과 작업해 왔다. 여기서, RISC는 4년제 예비 교사 및 대학원 예비 교사들에게 글로벌 시민성과 글로벌 차원에 대한 세미나를 제공해 왔다. RISC는 옥스퍼드 브룩스 대학교의 일부 교수들과 함께 현대의 가나 예술가인 오우수 안코마Owusu Ankomah에 대한 RISC 컬렉션에서 영감을 얻은 예술 프로젝트와 같은 그러한 글로벌 지향의 프로젝트를 예비 교사들이 설계하는 데 도움을 주었다.[60] 켄트Kent에서, 켄터베리 크라이스트 처치 대학Canterbury Christ Church University College은 교사교육 프로그램에 글로벌 교육을 통합하기 위해서 로컬에 있는 세계교육 개발팀World Education Development Group: WEDG과 함께 일해 왔다. WEDG는 예비 교사와 강사들을 위한 워크숍과 관련 자료, 글로벌 차원의 교육과정, 그리고 종교교육을 위한 학교 기금 모금의 역할을 했으며, 학부 3학년 학생들을 위한 새로운 필수 교과목인 "글로벌 맥락에서의 학습Learning in the Global Context"을 위한 14주 수업 모듈 개발을 지원했다.

이 모듈은 지구행성을 보호하는 것을 포함하여 일련의 글로벌 이슈들을 포괄하면서 글로벌 연계 관련 주제에 초점을 두고 있다. 본머스 대학교Bournemouth University의 글로벌 관점 센터Center for Global Perspective는 학교와 대학 자체에서 글로벌 교육 관련 연구와 교육에 기여한 또 다른 곳이었다. 이 센터에서는 세 가지의 활동, 즉 장학금(글로벌 교육 취업과 연구 촉진을 위한 교육과정 개발 및 학생 경험), 허브 창출(본머스 대학교 내외 관계 형성), 비즈니스 참여에 초점을 두었다.[61]

런던 사우스 뱅크 대학교London South Bank University의 교육과정 이니셔티브 센터Centre for Cross Curricular Initiatives는 2007년 7월에 교사 준비 과정에서 글로벌 교육 실행을 위해 "지속가능발전/글로벌 시민성을 위한 초기 교사교육 네트워크"를 시작했다. 그 네트워크는 자료 공유를 위한 웹 사이트를 주관하였으며, 글로벌 교육가들을 위한 연례 콘퍼런스를 주최했다. 그들은 에스칼레이트ESCalate, 세계자연기금WWF, 옥스팜, 학교 교육 및 개발 기관Training and Development Agency for Schools 등에 의해 지원을 받고 있다. 그리고 그 네트워크는 유네스코 국제 교사교육 네트워크UNESCO International Teacher Education Network와도 연계되어 있다.

시험위원회와 출판사들은 계획서와 교과서에 글로벌 이슈, 글로벌 개념, 글로벌 시민성을 포함함으로써, 글로벌 교육에 대해 증가하는 수요에 대응하고 있다. 일례로, 호더 교육기관Hodder Education은 다른 시험위원회들과 연합하여 『Local and Global Citizenship for CCEA

GCSE-Learning for Life and Work』,[62] 『*Key Stage 3 Workbook: Media and the Global Dimension*』,[63] 『*A2 Geography Edexcel(B): Unit 4: Global Challenge(Population and the Economy)*』[64]를 출간했다. 미국에서처럼, IB 프로그램과 시험은 더 인기를 얻고 있었다. 최근까지 IB는 대부분 사립학교에 한정되어 있었다. 2006년에 정부는 어떤 학생들도 IB Diploma를 취할 수 있도록 자금 지원이 가능함을 밝혔다.[65] 2011년에는 IB 학교들과 대학 협회에서 잉글랜드와 웨일스에 있는 146개 IB 학교들과 대학들을 등재했다.[66] IB의 인기 상승은 어드밴스트 레벨Advanced Level 시험(A Level)에 대한 신뢰도 하락의 결과일 수도 있는데, 등급 인플레이션은 "gold standard"로서 어드밴스트 레벨 시험(A Level)의 명성을 떨어뜨렸다.

앞에서는 개발교육 전통을 중시하는 사람들이 끼친 영향에 중점을 두었지만, 영국의 글로벌 교육에 비즈니스 공동체가 투입된 것을 인식하는 것도 중요하다. 미국에서처럼, 국제적 경제 통합과 세계화는 영국 PLC(England PLC)*의 초석이 되었다. 대부분의 비즈니스 리더들은 국내 사람보다는 유럽과 글로벌 시장에 일할 수 있는 젊은이들을 고용하고 싶어 했다. 그리하여 영향력 있는 정보 보고서 〈월드 클래스 교육에 세계 투입하기Putting the World into World-Class Education〉에서 신노동당의 교육부 장관인 찰스 클라크Charles Clarke는 "매우 중요하고 실질적인 학습 경험으로 이뤄지는 국제적 차원의 교육이 없이는 이

---

* 옮긴이 주: PLC는 영국의 공적 유한 회사 유형.

나라의 젊은이들을 진정으로 교육할 수 없다"라고 주장했다.[67] 글로벌 차원 또는 글로벌 시민성에 초점을 둔 보고서와는 달리, 이 문서는 글로벌 교육이 국가의 경제적 부에 기여하는 것으로 보았다. 그래서 그 세 가지 기본적인 목적을 다음과 같이 제시했다.[68]

1. 우리의 어린이들, 젊은이들, 그리고 어른들을 글로벌 사회에서 생활하고 글로벌 경제에서 노동할 수 있게 준비시키는 것.
2. 우리의 국제적 파트너들이 그들의 목적과 우리의 목적을 성취할 수 있게 협력하는 것.
3. 해외 무역 및 내부 투자를 위해 교육, 연수, 대학에서의 연구를 극대화하는 것.

여기에는 무역·기업부Department for Trade and Enterprise, 영국 무역 투자청UK Trade and Investment, 노동·연금부Department for Work and Pensions, 영국 외무·영연방부the Foreign and Commonwealth Office, 영국 문화원British Council, 영국 국제개발부DfID, 문화·미디어·스포츠부Department for Culture, Media and Sport 등의 조직이 참여했다. 글로벌 교육의 범주가 아주 넓기 때문에, 이러한 조직들은 글로벌 교육의 우산 아래에서 자신들의 영역을 개척하는 것이 가능했다.

영국에서 "기술 차이skills gap"에 대한 논의와 교육을 통한 노동력 확보의 필요성은 1970년대로 거슬러 올라간다. 직업을 위한 교육개혁과 관련한 상세한 내용은 4장에서 설명할 것이다. 여기서는 1990년대 초 이래로 이 논쟁의 핵심은 젊은이들이 글로벌 시장에서 경쟁적으로 살아남기 위해서 필요한 기술을 다루는 것이라는 점에 주목하는 것이 중요하다. 그리하여 학교에서 글로벌 교육의 프레임은 개발교육 고유의 윤리적 차원뿐 아니라 경제적 논의를 토대로 결정되었다. 그러나 미국에서와는 대조적으로 영국에서 이러한 두 영역 간 통합은 지극히 미약했다. 산업 영역의 대표들과 개발 조직들의 대표들은 간헐적으로 교육에 영향을 미치기 위해 자체 계획을 수행해 왔다. 가장 중요한 최근의 변화는 글로벌 시민성 교육과 결합된 개인의 윤리에 대한 정부의 수용이다.

보고서 〈중등학교에서 글로벌 차원Global Dimension in Secondary Schools〉에서 본과 헌트Bourn & Hunt는 "'글로벌 차원'이라는 용어가 인식되고 표현되는 방식에서 상당한 차이가 있음"과 "학교들은 자신들의 해석을 개인화하려고 하며 직접적으로 국가적 가이드라인을 따르지 않음"을 발견했다.[69] 일부 교사들이 기술적 요소들을 강조하고 가치에 기반을 둔 접근을 취한 반면, 다른 교사들은 글로벌 교육을 지식 기반의 교육으로 본다. 그러나 교사들은 글로벌 차원을 어떻게 보는지에 대해 질문을 받으면, 그들은 글로벌 사회에서 책임성, 세계 시민성, 글로벌 상호 연계성, 글로벌 이슈에 대한 교육, 우리 행동의 영향 이해, 더 큰 그림과 글로벌 안에서 자신들의 장소를 이해하는 것, 국제적 연결을 지속하는 것, 그리고 학생들이 자신들의 복잡한 그리고 다양한 정체성들을 연결하도록 돕는 것 등의 내용으로 응답한다.[70]

분명히 글로벌 교육에서 "영국의 많은 학교들은 더 도덕적이고 정서적인 영역에 일차적인 초점을 두게 되었다".[71]

2010년 5월에 실시했던 국가 선거에서, 신노동당 정부가 들어섰고 새로운 연합 정부가 보수당과 자유민주당 사이에 구성되었다. 특히, 보수 진영은 국가교육과정의 재검토를 약속하였고, 핵심 교과 지식 중심 교육으로의 전환을 약속했다. 성부 백서인 『교육의 중요성*The Importance of Teaching*』(2010)에서 그 재검토의 핵심 목표는 "처방을 줄이고 학교가 교수법을 자율적으로 결정하도록 하면서, 모든 어린이와 청소년이 각각의 주요 교과 지식에 다시 초점을 두는 것"이었다.[72] 그러므로 현재의 정부는 다른 방향의 교육을 취하기를 원하는 것으로 보인다. 백서에서 '글로벌'에 대한 유일한 언급은 지식경제를 위한 교육의 중요성과 경쟁력 제고 및 번영을 유지하기 위해 교육이 중요함을 담은 안 던컨Arne Duncan의 저작에서 따온 두 인용문에 불과하다. 그러나 정부가 적어도 단기적으로는 영국 학교의 글로벌 전환을 뒤집을 수 있는 권한을 가지고 있을 것 같지는 않다. 학교 내에서 비영리 단체의 영향은 특히, "큰 사회Big Society" 의제의 일부로서 국가가 공식적으로 조직한 활동에 시민사회 기관을 참여시키는 것에 대한 연합의 강조를 고려할 때, 상당히 그대로 남아 있을 것으로 보인다. 이러한 시점에, 새로운 국가교육과정의 형태와 그것이 2012~2013년에 발표될 때 학교에의 파급력은 장담할 수 없다.

결론

이 장에서는 글로벌 변화의 수사를 통해 자발적 참여 단체와 기업이 정규 교육기관에 어떻게 통합되었는지를 설명했다. 결과는 비영리 단체와 기업 리더들이 학교에서 무엇을 가르칠 것인가와 어떻게 가르칠 것인가를 결정하는 데에서 주요한 역할을 담당하고 있다는 것이다. 정책 입안자들과 더불어서 그들은 주요 정책 문서를 작성했고, 교육과정 관련 자료, 교사 지침서 등을 만들었으며, 교사 및 관리자 연수를 제공하고, 교과서 내용과 시험 내용 결정에 기여했으며 부분적으로 교사 준비에도 영향을 주었다.

교육학자인 엘리자베스 헤일먼Elizabeth Heilman에 따르면, 글로벌 교육은 대부분 "백인 자유주의 엘리트 그룹"에 의해 옹호되어 왔으며, 이들은 자신들의 글로벌 의제와 서구적인 "글로벌 기관"의 성장을 촉진하고자 한다.[73] 글로벌 차원을 포함하는 학교들은 이러한 백인 자유주의 엘리트의 세계관과 가치를 포함하는 학교들이다. 헤일먼은 "코즈모폴리턴 글로벌 시민성은 분명한 민주주의 헌법 틀에 얽매이지 않은 국제 조직과 국가의 하위 정치적 행위자들의 느슨한 네트워크인 로컬과 국가 공동체로부터 세계 공동체로 권한을 옮기려 한다는 것"을 밝혔다.[74] 비영리 단체와 기업이 교육에 대해 어떤 것을 알고 있다고 그리고 어린이들이 학교에서 교육받을 내용과 방법을 결정할 도덕적 권리를 가지고 있다고 누가 결정했는지를 물어보는 것은 가치가 있다. 글로벌 학습의 옹호자들이 사용한 가치와 책임감의 수사에 대해, 교육의 발전에 대한 제3부문 조직들의 영향을 검토해 볼 때, 윤리와 민주주의 수준에서 답을 해야 할 큰 질문들이 있다. 이러한 조직들의 가치가 공동체의 가치들과 충돌할 뿐 아니라 학교를 위한 의제들이 교육적이지 않은 경우도 있다. 좋은 의도에는 좋은 의미가 있을지라도, 비즈니스 리더들은 노동 현장에서 유용할 수 있는 기술을 연마시키는 데 관심이 있으며, 비영리 단체에서는 학생들이 그들의 정치적 문제들에 참여하기를 원하고 그들의 세계관을 포용하기를 원한다. 이는 어린이 교육에 임하는 교사들을 혼란스럽게 만들었다.

미국과 영국의 학교들에서 기업과 자발적 봉사 단체의 영향력 증대 뒤에는 직접 과제 수행에 필요한 것들을 연수받은 전문가로서의 교사의 중요성 감소가 있다. 글로벌 또는 국제교육이라는 이름으로 훼손되고 있는 것은 교육가들의 권위이다.

▶ 참고 자료

1. Chandler (2002) p. 21.
2. Ibid. p. 68.
3. Sassens (2002); Kaldor (2005).
4. Kaldor (2005) p. 110.
5. Duffield (2001) p. 53.
6. Ibid. p. 53.
7. Ibid. p. 42.
8. Ibid. p. 42.
9. Kane *et al.* (1990).
10. Ravitch (2010a) p. 199.
11. Ibid, p. 211.
12. CREDO (2009); Ravitch (2010a).
13. Frayn (2010).
14. Ibid.
15. Gates, B., "Prepared Remarks," National Governors Association/Archive Summit, 2005. Accessed: http://www.nga.org/cda/files/es05gates.pdf
16. Internationalization Strategic Planning Group, *Global Education Strategic Plan,* Fairleigh Dickinson University. Accessed: http://view.fdu.edu/files/globedstratplan051107.pdf
17. Davis-Salazar, K. and Wells, E., "Citizenship and Sustainability: Towards Global-Reach Curricula," Anthropology News, April 2011, p. 13.
18. Ibid.
19. Council for Global Education "Mission Statement." 2009. Accessed : http://www.globaleducation.Org/2.htm
20. Asia Society "Why International Knowledge and Skills?" 2011.

Accessed: http://asiasociety.org/education-learning/partnership-global-learning/making-case/partnership-global-learning

21. Asia Society "International Education: What are the Goals?" 2007. Accessed: http://www/internationaled.org/goals.htm

22. Schukar (1993).

23. Banks (2002).

24. Gaudelli and Fernekes (2004) pp. 16-26.

25. Librera *et al.* (2005) p. 6.

26. New Jersey Department of Education (2006) *New Jersey Core Curriculum Content Standards for Social Studies,* p. 8.

27. New Jersey Department of Education (2006) p. 12.

28. Ibid. p. 15.

29. New Jersey Department of Education (2009) *Revised Core Curriculum Content Standards Posted for Review.* Accessed at: http://www.state.nj.us/education/news/2009/0206cccs.htm

30. Center for International Understanding (2006).

31. Ibid.

32. National Council for Social Studies (2003) *Expectations of Excellence: Curriculum Standards for Social Studies,* Accessed: http://www.socialstudies.org/standards/strands/

33. NCATE (2001) *Standards for Professional Development Schools: Standard IV Diversity and Equity.* Accessed: http://www.ncate.org/LinkClick.aspx?fileticket=P2KEH2wR4Xs%3d&tabid =107

34. Partnership for 21st Century Skills (2003).

35. Council of Chief State School Officers & the National Governors Association (2010) *Common Core State Standards for English Language Arts & Literacy in History/Social Studies, Science, and Technical Subjects.* Accessed: http://www.corestandards.org/assets/CCSSI_ELA%20Standards.pdf

36. Dillon, S., "Behind Grass-Roots School Advocacy, Bill Gates," *New York Times,* 22 May 2011.

37. Ibid.

38. International Baccalaureate Organization, "United State Country Profile," 2010. Accessed: http://www.ibo.org/iba/countryprofiles/documents/US_CountryProfile.pdf

39. Ibid.

40. Byrd *et al.* (2007).

41. Education News "Protestors Call IB Program un-American. Is it?" 2010. Accessed at: http://www.educationnews.org/ednews_today/91338.html

42. Ibid.

43. Hicks (2003).

44. Critchley and Unwin (2008) p. 4.

45. Advisory Group on Citizenship (1998).

46. Marshall (2005).

47. Oxfam (1997).

48. Bourn and Hunt (2011) p. 35.

49. Ibid. p. 35.

50. Department for Education and Skills/Department for International Development (2005) p. 2.

51. Central Bureau/Development Education Association (2000).

52. Development Education Association, *Citizenship Education: The Global Dimension,* 2001. Accessed: http://www.globaldimension.org.uk/resourcesearch/details.aspx?id=959

53. Development Education Association, *Geography: The Global Dimension: Key Stage* 3, 2004.

54. Department for International Development, "Partnership Programme Arrangements," 2010. Accessed: www.dfid.gov

55. Department for International Development, "Global Schools Partnerships," 2011. Accessed: http://www.dfid.gov.uk/get-involved/for-schools/global-school-partnerships/

56. Critchley and Unwin (2008) p. 9.

57. Humanities Education Centre. Accessed: http://www.globalfootprints.

org/

58. Bourn and Hunt (2011).

59. Baughen *et al.* (2006).

60. Local4global, "London and the South East Regions," Accessed: http://www.local4global.org.uk/

61. Center for Global Perspectives, "About the University," Bournemouth University. Accessed: http://www.bournemouth.ac.uk/about/the_global_dimension/centre_for__global_perspectives/centre_for_global_perspectives.html

62. Gallagher, S. and O'Hara, G., *Local and Global Citizenship for CCEA GCSE-Learning for Life and Work.* Hodder Education, 2004.

63. Algarra, B., *Key Stage 3 Workbook: Media and the Global Dimension.* Philip Allen, 2007.

64. Burtenshaw, D., *A2 Geography Edexcel (B) Unit 4: Global Challenge (Population and the Economy).* Philip Allen, 2000.

65. Bunnell (2008).

66. International Baccalaureate Schools and Colleges Association, 2011. Accessed: http://www.ibsca.org.uk/

67. Department for Education and Skills (2004) p. 1.

68. Ibid. p. 3.

69. Bourn and Hunt (2011) p. 5.

70. Ibid. p. 15.

71. Ibid. p. 34.

72. Department for Education (2010) p. 10.

73. Heilman (2009) p. 32.

74. Ibid. p. 33.

3장

글로벌 지식

이 장에서는 글로벌 지식의 사례를 조사할 것이다. 이는 그것이 무엇인지, 왜 필요한 것으로 여겨지는지, 어떻게 가르쳐야 하는지, 교과 기반 지식과 어떻게 다른지, 더 잘 교육받고 더 잘 준비된 젊은이로 성장할 수 있게 하는 교육인지 등이 될 것이다.

대서양 양쪽의 미국과 유럽에서는 교과 중심의 교육과정이 오늘날 어린이들에게 필요한 것을 충족시켜 줄 것인지에 대해 회의론이 커지고 있다. 교과 중심 교육과정이 어린이들을 국가 중심 민주주의, 국가 문화, 국가 경제로 통합하는 방향으로 만들어진 데 반해, 오늘날의 글로벌 세계는 지식과 기술이 지속적으로 업데이트될 필요가 있어서 빠른 변화와 유동성을 특징으로 한다.[1] 따라서 젊은이들은 융통성 있고 적응력이 뛰어나며, 기꺼이 이주하여 다른 문화권 사람들과 협력해 새로운 정보와 기술 변화에 적응하기 위해 정기적으로 지식과 기술을 업데이트할 수 있어야 한다. 아시아 사회 책임자Asia Society Director인 미이클 레빈Michael Levine은 "젊은이들이 글로벌 경제의 문회 긴 긴계의 역동성을 이해해야 세계 역사, 언어, 글로벌 보건 및 국제 문제에 대한 지식에서 비롯된 좋은 직업을 구하는 데 특별한 이점을 가질 수 있을 것"이라고 했다.[2] 그러한 접근은 전형적으로 교육을 경제의 서비스로 위치 짓는 것이다.

글로벌 지식을 위한 교육 사례는 비즈니스 세계 기여를 주장하는 옹호자들뿐 아니라 글로벌 시민성 교육을 옹호하는 사람들에 의해 이뤄졌다. 학문적 교육과정은 너무 추상적이고 학습자의 삶과 동떨어진 것으로 간주되고 있으며, 비서구적, 비엘리트적 관점을 배제한다. 반대로, "글로벌 교육은 현대 세계에 대한 모든 이해는 학습자의 참여적이고 경험적인 학습에 기초해야 한다는 것을 오랫동안 인식해 왔다. 그래서 글로벌 교육에서는 인지적·정의적 영역의 교육 그리고 개인적·정치적 교육(가치 명료화와 정치적 리터러시)을 포함할 필요성이 있었다".[3] 글로벌 교육은 전문가가 개발한 완성된 지식(이론적 지식)보다는 학습자 자신이 지식을 구성하는 탐구와 참여에 강조점이 두어졌다. 글로벌 지식은 미래지향적이며, 이슈 기반이고, 포용적이며, 학습자 중심이고, 다른 문화에 대해 관대하며, 다언어적, 통합적 그리고 다관점적인 것으로 제시되었다. 여기서 이러한 주장들에 대한 리뷰를 살피는 것은 의미 있는 일이며, 그 주장들이 명백히 긍정적인 것인지를 따져 보는 것이 필요하다.

미래 지향

교과 중심 교육은 과거와 현재(누적된 지식)를 교육하는 데 관심이 있는 반면에, 글로벌 교육은 학생들에게 미래를 준비시키는 데 목적이 있다고 주장된다. 일부 사람들에게 교과 지식은 빅토리아 시대의 "과거 유물"로 보인다.[4] 교과 지식은 아래에서 논의되겠지만, 국가 엘리트의 통치와 연관되어 있기 때문에 좌파 진영 사람들은 싫어하는 교육이다. 미국과 영국에서 학교교육은 역사적으로 다방면에서, 즉 경제, 사회, 정치 그리고 복지 기능을 제공해 왔지만, 학교는 사회의 지적·문화적인 전통을 추구함으로써 어린이들을 사회에 통합시키려고 노력했다.[5] 이는 교사가 변화에 무지하지 않게 할 뿐 아니라 어린이들이 대안적인 미래를 그려 갈 수 있는 기회를 빼앗지도 않는 일이었다. 오히려, 젊은이들이 이전 세계에 대해 통찰력을 갖추고 있을 때 그들은 사회를 향상시켜 갈 수 있게 된다. 우리는 글로벌 교육이 사회의 문화에 관심을 두는 것은 국가에서 취하고 있는 지적이고 문화적인 유산에 대한 불만 때문이라고 본다.

경계가 있는 학문 영역 중심의 지식과 달리 글로벌 지식은 모든 학문의 지식을 다룰 수 있다. 사회가 결정한 것이 무엇이든 간에 어린이들은 21세기 사회에서 성장해야 한다. 지식을 구체적인 교과 영역으로 제한하는 대신에, 글로벌 접근 방식을 통해 교사는 교과 간 통합적 주제, 이슈, 핵심 개념 또는 기술을 추구하여 학생들의 요구에 보다 적합한 것으로 제시한다.

글로벌 지식을 발달시키기 위해 학생들은 사회가 같은 방식으로 지속하는 대신에, 대안적인 미래를 건설하기 위해 다른 대안을 어떻게 만들 것인지, 다른 대안을 실행하기 위해 어떻게 다르게 행동할 수 있는지 생각해 보도록 요청을 받는다. 예를 들어, 지속가능한 미래를 위한 지리 수업에서 알런 모건Alun Morgan은 미래를 위한 계획을 세울 때 한 개념으로서 지속가능성의 중요성(글로벌 교육의 핵심 주제)을 강조한다.

> 지속가능발전은 미래 세대가 의존하는 시스템을 파괴하지 않으면서 경제적 안정과 사회복지와 같은 사람들의 삶의 질 향상에 관심이 있다. 지속가능성은 그 주요 결과에 해당한다. 그래서 그것은 미래지향적인 것이다.[6]

모건은 어린이들이 지속가능한 그리고 지속가능하지 않은 미래에 관해 생각하도록 장려하는 많은 활동들을 포함시킨다. '전략 1: 가능한 그리고 바람직한 미래'([표 3.1])는 이러한 활동들 중 하나이며, 거기서 학생들은 대안에 따라 다른 가지에 타임라인을 그린다. 그 활동이 이뤄진 후, 학생들은 사회를 각 방향으로 이끌기 위한 각각의 결정과 행위들에 대해 토의하도록 요청받는다. 모건은 "본 교육의 주된 교육적 정당화는 미래교육이 젊은이들의 필요와 더 관련되어 있으며, 그로 인해 더 많은 동기 부여를 통해 더 많은 성취를 거둘 것이라는 데 있다"라고 말한다.[7]

[표 3.1] 미래를 상상한다는 것[8]

전략 1: 가능한 그리고 바람직한 미래

학생들이 미래에 대해 자신들이 갖고 있는 이미지를 생각하도록 돕는 간단한 장치로 '유망한/바람직한 미래 타임라인'이 있다. 학생들은 하나의 이슈를 생각하게 된다. 그 이슈는 학생들을 개인적으로 (즉, 그들의 개인적 열망) 또는 사람들을 집단적으로 연결시켜 주는 것일 수도 있고, 로컬 규모(고용, 교통 이슈 등)에서 글로벌 규모(기후 변화 등)에 이르는 어떤 공간적 스케일에서 작동할 수 있는 것이다. 그리고 나서 학생들은 그 이슈를 현재와 연결해 주는 결정적 사건들을 설명하는 단 하나의 타임라인을 그리고, 그다음에 타임라인을 두 가지로 나눈다. 가능성이 있는 부분(보통 아랫부분)은 기존의 궤적을 고려해 볼 때 발생할 가능성이 있는 사건들로 표시되고, 바람직한 부분은 학생들이 앞으로 발생하기를 원하는 사건들로 윗부분에 표시된다.

지리협회의 허락을 받아 알런 모건(Alun Morgan)의 「지속가능한 미래교육을 위한 지리 교육」에서 발췌함.

모건의 발언은 과거에 대해 가르친다는 것에 대한 불쾌함을 내포한다. 즉, 우리 역사, 문화에 대해 뭔가를 배우는 것 그리고 우리가 오늘날의 세계에 도달하게 된 방법에 대한 교육은 어린이들에게 동기 부여가 되지 않는다는 것이다. 미래로의 방향 전환은 현재 세대의 다른 요구에 대한 대응으로보다는 사회의 축적된 지혜에 대해 지니고 있는 운효자들이 분화신성의 산물로 이해되기도 한다.

이슈 기반

글로벌 이슈들은 세계가 21세기 초에 직면하고 있는 초국가적 문제이자 도전 과제에 해당한다. 일반적으로 학교에서 다뤄지는 글로벌 이슈들은 가난, 기아, 환경 문제, 생태 문제(특히, 지구 온난화), 공정, 평화, 갈등 해결, 건강, 인권, 사회정의, 인구 성장, 지속가능발전, 무역 그리고 기술 변화 등을 포함한다. 글로벌 이슈는 개발 및 다른 비영리 단체들의 노력을 반영하며, 또한 UN의 정책(예를 들어, UN MDGs[9])을 반영한다. 앞 장에서 보았듯이, 많은 단체들이 학교교육을 위해 글로벌 이슈에 대한 많은 교수 자료를 발간했다. 여기서, 우리는 공정무역을 보여 주는 수업 활동을 살펴볼 것이다. 이는 레딩 국제연대 센터 RISC가 만들었고, 잉글랜드의 버크셔주 지역에 제공되었던 자료이다.

키 스테이지Key Stage 2~3(7~14세)를 위해 설계된 "바나나 기르기 Growing Bananas" 수업([표 3.2])은 학생들에게 농업 생산과 무역을 소개한다. 이 활동에서 어린이들은 가상의 달러 화폐를 얻기 위해 교사에게 판매할 바나나를 "grow"(실제로는 draw)한다. 그러나 그들은 매년 생산 과정에서 약간의 이익을 갖기도 하지만, 추가 비용을 지불해야 하는 어려움을 겪기도 한다. 여기서 어린이들은 바나나 농부가 농장 경영을 하면서 겪게 될 문제들을 배우게 된다. 이러한 예시보다 더 실제적이고 복잡한 사례들을 포함하여 이러한 활동들은 사회과 교육이나 지리 수업에서 종종 이뤄진다. 그런데 RISC의 "바나나 기르기" 활동은 공정무역 아이디어를 촉진하기 위해 설계되었으며, 어린이들이 "캐리비언 바나나 농부들에 공감"하기를 기대한다. 즉, 소규모로 이뤄

[표 3.2] 바나나 기르기 활동(GROWING BANANAS ACTIVITY)[10]

- 학생들을 4명 또는 5명의 그룹으로 구성한다.
- 각 학생 그룹은 윈드워드 섬(Windward Islands)과 같은 곳에서 바나나를 재배하는 한 가족을 나타낸다.
- 시뮬레이션은 적어도 3회 이뤄지며, 가 회차는 바나나 재배의 1년을 나타낸다.
- 시작할 때, 각 그룹은 '대차대조표(balance sheet)'를 완성할 한 명을 정한다.

각 회차가 진행되는 동안

- 각 그룹에서는 바나나를 그리고, 색칠하고, 잘라서 바나나를 '재배'하기 위해 종이를 스크랩하여 사용한다.
- 각 그룹이 기회 카드(upturned chance cards)를 선택하면 이벤트 카드를 제공한다(아래 참조). 대신 그 그룹들은 그들의 대차대조표에 그 이벤트 카드를 입력하고 그 카드에 제시된 정보에 따라야 한다.
- 일단 각 그룹이 이벤트 카드를 갖게 되면 그것은 거래 시간임을 선언하는 것이다. 각 그룹은 그들이 가진 기회 카드와 함께 교사/조력자에게 완성된 바나나를 전달해야 한다. 그들이 얼마나 벌었는지(대략 100달러가 가장 적합함) 각 그룹에게 알린다. 그들은 그들의 기회 카드에 제시된 지시에 따라서 더하거나 빼야 한다. 마지막으로 각 그룹은 그들의 돈을 어떻게 할당할 것인지 결정한다.

이벤트/기회 카드들 샘플

당신 집 지붕이 심하게 새고 있으니 수리해야 합니다. 그래서 이번 회차에서는 한 사람이 바나나를 키울 수 없습니다.	당신의 아이들은 중등학교에 가야 합니다. 이를 위해서는 매년 50달러 정도 비용이 필요합니다.
당신의 아들이 아픕니다. 그래서 당신은 올해 약값으로 10달러가 필요합니다.	해충이 당신의 바나나 나무를 공격했습니다. 그래서 당신은 더 낮은 품질의 바나나 생산으로 절반 가격을 받게 됩니다.
당신은 올해 풍작을 거뒀습니다. 그래서 20달러의 초과 수입을 얻게 됩니다.	공정무역 회사에서 당신이 생산한 농작물 전체를 사고자 합니다. 당신이 제초제를 사용하지 않는다는 조건으로. 올해 당신은 농작물에서 50% 이상의 추가 혜택을 얻을 것입니다.
영국의 소비자들은 당신의 공정무역 바나나를 더 많이 살 것입니다. 당신은 공정무역을 통해서 생산물의 25%를 판매할 수 있고 매년 10%의 추가 수익을 얻을 수 있습니다.	공정무역으로 당신은 제초제를 사용할 수 없습니다. 그러므로 한 사람은 잡초 제거를 위해서 바나나 재배를 중단해야 합니다.

레딩 국제연대 센터(Reading International Solidarity Centre)의 허락을 받아 〈바나나 기르기(Growing Bananas: A Simulation about Fair Trade for KS2-3)〉(2005)에서 발췌함.

지는 저개발 섬 지역 농업 생산활동에서 겪고 있는 농업 생산의 문제를 이해하는 것이 본 활동의 목적에 포함된 것은 아니다.[11] 농부는 공정무역 생산품으로 판매할 때 일반 상품으로 판매할 때보다 더 높은 수익을 얻지만, 제초제를 사용하지 않아야 하는 등 제한적인 생산과정에 동의해야 한다. 그 활동의 마무리에서 교사는 "공정무역의 중요성", "공정무역 마크의 사용", "소비자로서 우리의 영향"을 중심으로 수업 내용을 정리한다.[12]

이러한 교수 자료의 목적(에그로 페어AgroFair,* 바나나 링크Banana Link, 공정무역 재단Fairtrade Foundation이 지원함)은 어린이들에게 공정무역의 아이디어를 지원하고 공정무역 생산품을 구매하도록 하는 것이다. 이는 공정무역에 대한 간단한 제시만으로도 이뤄질 수 있으며, 공정무역이 농부들에게 약간 더 초과 이익을 제공할 수 있는 방법을 통해서도 이뤄질 수 있다. 이는 교육적 노력이라기보다는 마케팅 연습이라고 볼 수 있다. 그것은 학생들로 하여금 저개발국가의 소규모 농장 경영 농부들이 직면한 문제들을 이해하도록 이끌지 않으며, 그 대신에 정치적 명분에 정서적으로 학생들을 참여시키는 것을 목표로 한다.

"글로벌 이슈"라는 용어는 이슈나 문제가 발생하는 로컬의 맥락과 문화적 맥락을 무시하려 하기 때문에 문제성이 있다. '글로벌' 문제에서 로컬의 경제적·역사적·문화적 또는 환경적 요인들을 고려하지 않는다면 지리적·정치적 맥락에서 벗어난 것이다. 일례로, 페루의 농부는 뉴욕이나 런던 사람들과는 완전히 다른 방식으로 삼림 황폐화를 본다. 해당 지역민들이 행하는 대로 생각하고 행동하도록 이끄는 문화적·경제적 맥락에 관해 교육하는 대신에, 글로벌 접근은 지역의 문제들을 세계 다른 지역의 문제들과 동일시하려고 한다. 달리 말하면, 이러한 이슈들을 서구의 글로벌 학자들이 생각하는 방식으로 보고자 한다는 것이다.

글로벌 접근은 또한 위에서 인용한 공정무역 사례에서 본 바와 같

---

* 옮긴이 주. 공정무역 회사.

이 이슈를 어린이들의 책임으로 제시한다. 이는 교수 자료와 글로벌 교육 문서들이 종종 어떤 유형의 행위를 가져오도록 하면서 이슈에 대해 학생 '인식'과 이슈에의 학생 '참여'를 강조하기 때문이다. "학생들은 글로벌 이슈나 도전 과제의 해결에 기여할 뭔가를 만들 수 있는 특별한 방식을 확인함으로써 효능감과 시민적 책임감을 개발할 것이다"라고 위스콘신주의 『국제교육 교육과정 설계Planning Curriculum in International Education』 저자들은 제안한다.[13] 잉글랜드를 위한 국가교육 과정에서 키 스테이지Key Stage 2(7~11세)에 있는 어린이들은 "그들의 사회적 정의감과 도덕적 책임감을 개발하고 자신들의 선택이 지역 이슈뿐 아니라 글로벌 이슈에도 영향을 미칠 수 있음을 이해하기 시작"하리라고 기대된다.[14] 중등교육 수준에서 어린이들은 "행위를 실행하는 것의 중요성과 이것이 미래 세대를 위해 세상을 어떻게 개선할 수 있는지"와 "차별과 정의에 대한 도전 과제"를 깨우칠 것으로 기대된다.[15]

모든 연령의 어린이들은 글로벌 이슈를 배우고자 기대하고 있으며, 그 이슈들의 해결에 참여하리라 기대를 받고 있다. "초등학생들은 완전하게 글로벌 문제들에 대한 해결안을 이해하고, 분석하고, 제안할 수 있다"라고 위스콘신주 교육부는 제시한다.[16] 그러나 능숙한 교사는 간단한 용어로 복잡한 것을 제시할 수 있지만, 어린이들이 문제의 복잡성을 이해할 것임을 의미하는 것은 아니다. 『글로벌 성장: 저학년 글로벌 교육 핸드북Growing Up Global: Early Years Global Education Handbook』에서 가져온 다른 RISC 활동에서, 어린이들은 공정무역과 불공정무역의 아이디어 소개에서 불균등한 양의 건포도를 받았다.[17] 그런데 이러한 활동은 공정무역에 대한 것은 결코 아니며, 단지 불공정함에 대한 것일 뿐이다. 또한 국제교육에 대한 논의에서 아직 읽기를 배우지도 않은 영유아를 참여시키려는 시도는 아주 이상한 일이다.

실제로, 이른바 많은 글로벌 이슈들, 즉, 가난의 원인, 글로벌 온난화, 사회적 정의의 의미 등이 학자와 과학자들에게는 아주 복잡한 것으로 여겨진다. 이는 어린이들이 그 이슈들과 가능성 있는 원인들을 공부하지 말아야 함을 의미하는 것이 아니며, 거기에는 브라운 초이스 프로그램Brown's Choice Program과 같은 그러한 강한 이슈 기반 접근의 사례들이 있다.[18] 그러나 문제 해결을 위한 논의에 깊이 참여하기 위해서 "학생들은 해결되어야 할 문제를 이해해야 하고, 해결에 필요한 정보를 가지고 있어야 하며, 유사한 문제에 대한 해결책을 알고 있어야 한다".[19] 이는 어린이들이 정치 체제 및 정부에 대해 최소한의 기초지식을 갖추고 있어야 할 뿐 아니라 관련 교과 영역(환경과학, 생태학, 생물학, 기후 및 날씨, 시장 경제, 정치과학, 사회학, 문화 시스템, 인구학 또는 역사 등) 그리고 특정 지리적 입지에 대한 배경지식을 상당할 정도로 배울 필요가 있음을 의미한다. 이를 위해 창의적인 교사는 이러한 문제들 중 하나를 깊이 있게 교과 지식을 학습하는 데 사용한다. 일례로, 수단의 분리를 아프리카의 문화적·정치적 지리 학습의 사례로 활용한다. 그러나 그 이슈들을 이해하는 데 필요한 지식이 없이 논의될 때, 심각한 문제가 발생한다. 이러한 이유로 만일 학생들이 처음에 충분한 지식으로 준비되어 있다면 그러한 이슈들에 대한 세부적인 학습은 학령기 후반부에 더 많은 성공을 기대할 수 있다. 영국의 중등학교에서 지리 수업의 실황에 대한 최근 정부 조사 보고서는 다음과 같이 제시했다.

> 학생들은 종종 이민, 부의 불평등과 같은 복잡한 글로벌 이슈들을 고려해야 한다는 권장을 받았지만, 학생들의 그러한 글로벌 이슈들에 대한 이해는 불만족스럽다. 이는 학습이 실제의 그리고 인식할 만한 장소의 맥락 안에서 이뤄지지 않고 있기 때문이며 학생들의 글로벌 이슈에 대한 학습은 그러한 이슈들이 존재한다는 것을 인식하는 것 이상으로 발전하지 못하고 있다.[20]

글로벌 교육가들의 눈으로 보면, 글로벌 이슈에 대한 학습은 세계의 다른 부분에서 삶의 복잡성을 이해하는 것보다는 비영리 단체와 활동가들에 의해 정의된 정치적 원인들에 어린이들을 감정적으로 참여시키는 경우가 더 많았다. 그러나 글로벌 이슈를 '인식하고 참여하게' 하는 접근에서 지식과 이해에 대한 학습이 반드시 적용되는 것은 아니다. 더욱이, 어린이들이 세계의 글로벌 이슈들에 대해 책임을 갖고 있다고 말하는 것은 글로벌 교육의 본질에 대해 중요한 도덕적 질문을 제기하는 것이다. 이러한 사항은 "글로벌 윤리" 장에서 더 자세하게 논의할 것이다.

배제된 타자들의 목소리를 포함하는 것

글로벌 교육의 현대적 수사는 특히 과거와의 관계가 어려워졌을 때, 그 핵심을 설명하는 데 도움이 된다. 과거와, 특별히 국가에 대한 역사적 기록(식민주의, 엘리트주의, 세계전쟁)을 회피하려는 것이며, 이는 교육에의 글로벌 또는 국제적 접근을 추구하는 사람들에 의한 전문 지식의 거부를 유발하고 있다. 학문적 지식과 학교 교과목은 국가 엘리트에 의해 발달되기 때문에 국가의 통치와 시민의 규율에 필수적인 것으로 간주되고 있다. 요한 멀러Johan Muller가 말한 대로, 일부 구성주의 교사들은 학문적 교육과정을 "제국주의적 뿌리"를 지닌 유럽 중심의 "근대성의 도구"로 간주하고 대신에 "다양한 인종, 성, 계급, 문화적 배경을 지닌 학습자들의 삶의 세계로부터 여러 사례들을 통합하는 데 목적을 둔 교육적 프로젝트"를 추구한다.[21] 그리하여 지식에의 상대주의적 접근은 모든 지식을 동등하게 타당한 것으로 인정하는 방식이 채택된다.

일례로, 서던 보이스Southern Voices의 코디네이터인 자야 그레이브스Jaya Graves는 교육과정에 비서구의 목소리를 포함할 필요가 있음을 홍보한다. 서던 보이스는 잉글랜드 맨체스터의 작은 규모의 비영리 단체이며, "남반구Southern 또는 '개발도상국' 사람들의 관점, 시각 그리고 목소리를 제공하는 일을 맡고 있다".[22] 비슷하게, 유타 주립대학교 Utah State University의 카미치아와 사아베드라Camicia & Saavedra는 "유럽 중심의, 남성 중심의 그리고 미국 중심 시민성의 의미"를 기반으로 하지 않는 새로운 사회과 교육과정을 주장한다. 이는 어린이들의 목소리를 가치 절하하는 것이라고 말한다. 대신에, 그들은 "인종적, 민족적, 빈곤한 그리고 초국가적 학생들의 관점"을 중심으로 하는 초국가적 시민성 개념을 보고자 한다.[23] 이러한 이유 때문에 교과서와 다른 교수 자료들은 종종 타자의 시각에서 삶과 사건을 묘사하는 부분들을 포함한다.

타자의 관점을 인식하는 것은 학습의 중요한 부분이다. 왜냐하면 개인적 경험에서 추상화하도록 가르치기 때문이다. 그러나 다른 사람의 경험이나 시각을 학습한다는 것이 이론적 지식을 이해하는 것과 같은 것은 아니다. 그래서 그 두 개가 동일시될 때, 이론적 지식은 평가 절하되고 학생들은 교과 학문에 대한 통찰력을 잃게 된다.

포용의 원리로 구성된 그리고 그것의 반지성적인 결과를 보여 주는 교육과정의 사례로, 영어 교육과정보다 더한 것은 없다. 영어 교사 미셸 레다Michele Ledda는 어떤 방식으로 영어 교육과정의 내용이 문학의 심미적 질에 의해 결정되는 것이 아니라, "균등한 기회" 방식을 이용하여 결정되는지 설명한다. 그는 다음과 같이 언급한다.

> 오늘날의 학습 내용은 주로 학습될 작품의 질과는 거의 관련이 없으며, 모든 가능한 종교, 인종, 문화를 포함하고 있고 성별 균형이 있는지를 확실히 하려는 복잡한 협의 과정을 통해 시험위원회의 의사결정으로 결정된다.[24]

레다는 시poems가 영어와 영문학의 중등교육평가GCSE의 〈평가 및 자격증Assessment and Qualifications Alliance(AQA) Anthology〉을 위해 선택된 사례를 인용한다. 두 섹션 중 첫 번째는 인도(4), 파키스탄(1), 캐리비언(5), 아프리카(3), 스코틀랜드(1), 그리고 미국(2)을 포함하여 다른 문화권의 16개 시로 구성되어 있다. 그 시들 중 9개는 남성이, 9개는 여성이 썼다. 학생들은 이러한 이 시들 중 8개를 학습해야 하며, 이를 통해 문화와 성의 범위를 두루 학습하게 된다. 두 번째 섹션의 48개의 시는 대부분 4명의 현대 영국의 시인(2명은 남성, 2명은 여성)이 쓴 것이다. 응시자들은 이러한 시들 중 4개를 선택하는데, 여기에는 여성의 시 1편, 남성의 시 1편이 포함되어야 한다. 레다는 어린이들이 할 수 있는 주제들에 관해 쓰기 때문에 젊은 사람들에 더 "관련 있는" 것으로 인식되는 캐롤 앤 더피Carol Ann Duffy 같은 현대 시인들에 초점을 맞추고 있다. 한편, "영국의 시 전통은 그 기원에서 1914년까지 16개의 시poems로 표현되어 있다."[25]

명시되지는 않았지만, 평가 및 자격 연합Assessment and Qualification Alliance 및 다른 시험위원회는 학생들이 어떤 문학 작품을 기반으로 공부해야 하는지에 대한 결정을 내리고 있는 것으로 보인다. 즉, 작품의 가치 대신에 작가의 성별, 출신지, 그리고 어린이들과 직접적인 관련성을 지닌 주제들에 관해 글을 쓰는지 여부 등 말이다. 그러나 학생들이 최고 수준의 문학작품에 노출되지 않는다면, 학생들이 어떻게 상상적으로 그리고 창의적으로 인식하고 글 쓰는 법을 배울 것인가? 포용의 가치 문제는 문학의 장점이 지닌 가치를 저하시킨다고 레다는 언급한다. "그러한 가치는 포함된 모든 가치들을 조롱하게 만들며, 어떤 특정한 관점이 완전히 심각하게 받아들여지지 않는다는 것을 포함시키는 조건이다."[26] 포용의 이름으로 구성된 교육과정은 다른 시각을 포함하면서 단지 그것이 계획한 것만 성취할 수 있다. 학생들로 하여금 무엇이 문학작품을 더 좋게 또는 더 나쁘게 만드는지를 판단하도록 하지 않는다면, 그들은 결코 문학작품의 차이를 배우지 못할 것이다. 그리고 어른들이 교육과정을 만들 때 학생들의 이러한 판단 기회를 배제한다면, 그것은 교육에서 벗어나는 교육과정을 만들었다는 신호가 될 것이다. 문학, 언어, 또는 다른 주제에 대한 인식을 키우고 이해를 도모하는 대신에, 포용의 아이디어를 중심으로 형성된 교육과정들은 포용과 비판단주의에 대한 정치적으로 올바른 개념을 어린이들에게 심어 주는 데 주로 관심을 두게 되는 것이다.

아동 중심

이론적 지식이 개인적 경험과 동등하게 배치될 때, 누구나 심지어 어린이까지도 "지식"을 개발할 수 있는 것으로 간주된다. 여기에서, 글로벌 교육이 아동 중심 그리고 이론적 지식의 획득 이상의 탐구학습을 강조하는 이유를 찾을 수 있다.[27] 학생들은 탐구학습으로 자신의 질문을 만들고, 연구 전략을 세우며, 또 질문에 응답하기 위한 정보를 찾게 된다. 그리하여 학생들은 전문가에 의해 제시된 지식을 단지 받아들이기보다는 스스로 지식을 구성한다.

탐구 교수법은 능숙한 교수자에 의해 효과적으로 이뤄질 때 학생들에게 창의적이고 자극적인 학습이 될 수 있다. 대부분의 교사가 알고 있듯이, 학생들이 스스로 결론을 이끌어 낼 때 이해는 더 깊게 그리고 더 오랫동안 지속된다. 교사는 학생들에게 결과를 제공하거나 설명해야 할 때 강의를 하거나 어린이들에게 결과로서의 지식을 제공할 때가 종종 있기도 하지만, 교사는 자주 탐색 질문을 던지거나 복잡한 현상을 보기 위해 단순한 이해를 넘어서는 도전적인 자료를 제공하기도 한다. 이는 학생들이 이론적 지식에 접근할 수 있도록 하려는 견해를 통해 이뤄진다. 반대로, 글로벌 교육가들에 의해 탐구학습에 주어진 것은 탐색적 교수 방법보다는 전문가에 의한 교과 지식에 대한 불신 그리고 그것의 대체와 더 관련이 있다.

일례로, 성 평등 향상을 위한 글로벌 접근 방식의 잠재적 기여를 논의하는 논문에서, 해리엇 마셜과 마들렌 아르노Harriet Marshall & Madeleine Arnot는 그러한 중요한 교육이 학문적 교육과정과 어떻게 다른지를 보여 준다.

선진국의 비판적 페다고지는 교과서, 학습 자료, 교수 전략에서 발견된 사회적 편견과 부정적 표현들에 의해 불이익을 받은 사람들이 대화에 참여하고 주인의식을 갖게 하는 데 목적을 둔다. 매우 비판적인 페다고지의 목적은 교육과정이 이미 형성이 장이며, 지식이 사회적 구성이 학습자 자신의 지식을 포함시킬 수 있는 가능성을 열어 준다는 것을 학생들에게 분명히 하는 것이다. 점차로, 젊은 남성과 여성 층의 목소리와 살아 있는 경험들이 교육과정 분야의 지배적인 '전문가'와 계층적으로 조직화된 지식 형태에 도전하는 교육과정의 장으로 들어왔다.[28]

여기서 저자들은 "지식의 전문가와 계층적으로 조직화된 지식의 형태"에 대해 특별한 것은 없다고 말한다. 이는 어린이들이 스스로 추가해야 하는 사회적으로 구성된 지식의 한 버전일 뿐이다. 모든 지식은 사회적으로 구성된다는 것이 사실인 반면, 이러한 지식에 대한 상대적 접근은 수천 년에 걸쳐 교육받은 사람들에 의해 조직화된 개념과 사상으로서의 지식과 학교생활에 한정된 경험을 지닌 어린이들에 의해 개발된 아이디어를 구분하지 못한다. 젊은이들의 "목소리와 살아 있는 경험"은 그들에게 관심의 대상일지 모르나 그들은 어린이들이 교과 전문가들이 하는 방식으로 사회적 그리고 자연적 현상들을 이해하는 데 도움을 주지는 못할 것이다. 피터 가든포스Peter Gardenfors가 설명하듯이, "정통 구성주의자의 관점은 너무 많은 것들을 학생들에게 요구한다. 그들은 과학자와 교수들이 수 세기 동안 밝혀낸 패턴을 발견해야 한다"라고 말한다.[29] 어린이 중심의 접근 결과로 인해 그들이 자신의 발견에 대해 기분이 좋을 수도 있지만 기성세대의 지식과 통찰력 없이 남겨질 수도 있다.

문화적 관용

    다문화주의는 미국에서는 30년 이상 동안, 영국에서는 최소한 20년에 걸쳐 중요한 교육 주제이다. 다문화주의는 글로벌 교육과 몇 가지 공통적인 목표를 지니고 있다. 여기에는 단수 문화적 접근을 취하기보다는 복수주의적 접근, 문화적 정체성에 초점을 두는 것, 그리고 문화적 다양성 존중 등이 포함된다. 다른 점으로는 글로벌 교육이 세계의 서로 다른 문화와 그 문화의 독특한 역사에 대한 탐색 과정에서 문화를 국가적 맥락으로부터 벗어나게 한다는 것이다. "우리"에 관한 것이 아니라 "우리와 타자"에 관한 것이다.[30] 실제로, 글로벌 접근은 국가 및 로컬 문화를 넘어서서 자유주의 엘리트의 가치와 세계 진보주의 가치를 상승시킨다. 결국, 글로벌 접근은 "우리"와 거의 관련이 없다.

    어린이들이 글로벌 문화에 관해 무엇을 배우는가? 위스콘신주의 『국제교육 교육과정 설계』에 의하면, 학생들은 다음의 내용을 배운다.

- 세계의 주요 지리적, 문화적 지역들에 대해 폭넓은 이해를 개발한다.
- 모든 문화를 연결하는 보편성이 있다는 것을 이해한다.
- 다른 문화권 구성원들은 세계를 다른 방식으로 본다는 것을 이해한다.
- 개인은 한 문화 이상의 정체성을 지니고 있어서 다수의 충성심loyalties을 가지고 있음을 이해한다.

- 문화적 다양성을 관용한다.

- 다른 문화권 사람들과 만나고 소통하려고 한다.

- 보편적 인권에 대한 인식을 보여 준다.

- 교실 밖으로 이동하여 실제 환경에서 문화, 예술 그리고 전통 예술 활동에 참여한다.[31]

여기에는 문화 지식, 가치, 기술 그리고 활동들이 혼합되어 있다. 학교가 세계 문화 교육에 접근하는 방법에는 여러 가지가 있다. 학교는 다른 문화적 배경의 학생들이 지닌 경험과 지식을 활용할 수 있다. 어린이들은 의상, 축제, 휴일, 음식, 스토리 그리고 신념 체계를 통해 자신들의 다른 문화적 경험을 공유할 수 있다. 학교는 또한 초청 인사들을 초대할 수 있으며, 그들은 그 공동체에서 살고 있는 사람으로서 자신들의 문화적 배경에 관해 말하기 위해 학교를 방문한다.

최근에는 더 많은 학교들이 함께 교류할 다른 나라 자매 학교들을 찾았다. 영국 국제개발부Department for International Development는 학교들이 국제적으로 파트너십을 형성할 수 있도록 글로벌 학교 파트너십 Global School Partnerships 계획을 만들었다. "학교 파트너십은 다른 문화권에 살고 있는 어린이들의 경험을 접하면서 학생 자신들의 인식 영역을 넘어서서 세계를 이해하는 것을 돕는다"라고, 〈교실 수업: 교육에서 글로벌 파트너십 개발The Classroom: Developing Global Partnerships in Education〉 보고서에는 제시되어 있다.[32] 파트너 학교들은 서로에게 편지를 쓰고 인터넷으로 토의를 진행하며 때로 프로젝트를 공동으로 수행한다. 그 이외 학교는 어린이들에게 다른 문화의 경험을 제공하기 위해 해외여행, 국제 학생/교사 교류 프로그램을 실시한다. 이 모든 것은 다른 문화에 대한 가치 있는 경험과 통찰력을 제공할 수 있지만, 글로벌 학습의 문화적 초점을 위한 이유의 한 부분일 뿐이다. 위의 계획 안내서에서, 우리는 문화에 대한 교육이 관용의 증진과 어떻게 관련되어 있는지 확인할 수 있다. 이 목표는 국제교육 옹호자들을 위해 오랫동안 거의 바뀌지 않았다.

그러나 변화한 것은 오늘날 앵글로 아메리카 문화에서 관용의 의미화이다. 17세기에, 존 스튜어트 밀John Stuart Mill과 존 로크John Locke는 국가의 개입으로부터 의식의 자유로서 관용의 사회적 가치를 증진시켰다.[33] 이러한 고전적 사상가들에게 있어서, 다른 의견을 관용한다는 것은 현대 민주주의의 필수인 개방적 논쟁과 정치적 참여를 장려하는 것이다. 이에 반해, 오늘날 자유주의 엘리트와 글로벌 진보주의자들에 의해 촉진된 관용은 "다른 사람들의 신념에 대한 무비판적 수용의 형태로 종종 표현된다".[34] 그러한 접근은 지적이고 도덕적인 참여를 이끌어 내기 위해 설득하는 것이라고 사회학자 프랭크 푸레디Frank Furedi는 말한다. 관용의 윤리는 5장에서 더 자세히 논의할 것이다. 여기서는 교육과정에서 관용의 중요성이 증가하는 것 그리고 관용에 대한 무비판적 접근이 학문적 지식의 학습을 방해하는 방식을 언급하고자 한다.

일부 교과 분야들은 정치적으로 옳은 관용을 가르치기 위해 매개체로서 스스로를 개창조했다. 지리는 자연스럽게 지표면을 통한 인간 삶의 다양성에 대한 연구에 기여하게 되었고, 관용뿐 아니라 교육과정에서 글로벌 차원에 초점을 두면서 미국과 영국 학교들에서 의심의 여지 없이 지리의 입지를 향상시켰다. 세계지리 수업에서 학생들은 국가와 문화가 지역에 따라 어떻게 다른지를 배우게 되었다.

또한 유럽과 미국 역사에 대한 교육에서 세계 역사에 대한 교육으로 초점의 이동이 있었다. 서구의 역사적 성장에 대한 초점 대신에, 많은 학교들은 중국, 인도, 아프리카, 남아메리카 그리고 중앙아메리카의 간단한 역사를 포함한다. 한 보고서는 "지난 15년 동안 세계사와 세계지리 수업을 수강하는 고등학생 비율은 어떤 다른 사회와 수업의 수강 비율보다 더 빠르게 성장했음"을 보여 주었다.[35] 2005년 학문 발전을 위한 국가 평가 자료에 의하면, 고등학생 졸업자의 77%는 세계사를 수강했고, 31% 정도는 세계지리를 수강(1990년에는 21%)한 것으로 나타났다. 세계지리와 세계사에 대한 수요 증가에 대응하여, 대학 위원회는 2001년에는 APAdvanced Placement 인문지리 강좌를 개설했고, 1년 후에는 AP 세계사를 만들었다(AP 수업은 대학이나 대학교에서 개론 수업과 동등하게 설계됨).

국가의 범위 너머로 역사와 지리를 확장하는 것은 어린이들의 마인드를 확장하는 것이며 이러한 교과에 대한 이해를 돕는 것이다. 나는 동기 부여된 어린이들이 서구 이외의 지역에서 역사적 인물들의 삶에 대해 자세한 연구를 수행하는 AP 세계사 수업을 관찰한 경험이 있다. 비슷하게, 세계지리 수업에서 학생들이 완전히 다른 환경에서 생활하는 사람들의 삶을 탐구한다. 이것이 이러한 변화에 관한 것이면, 긍정적인 발전이 될 수 있다. 불행하게도, 너무도 자주 세계사와 세계지리를 가르치는 것은 아이들이 교과 내용과 도덕성으로 비판적인 참여를 하는 것을 방해하는 상대론적이고 무판단적인 성향을 심는 것과 더 관련이 있다. 문화적 상대주의는 또한 어린이들에게 그들 자신의 문화를 교육하는 데 실패하고 있다. 자신의 문화를 학습한다는 것은 어린이들이 꼭 그들 자신의 문화와 국가적 시각을 부비판적인 방식으로 받아들여야 하기 때문에 중요한 것은 아니다. 오히려 어린이들이 그들 자신의 문화에 기반을 둘 때, 어린이들에게 더 넓은 공동체에의 소속감을 주고 다른 문화와 비교할 수 있는 기초를 제공한다.

사회과 교사 조나단 버락Jonathan Burack은 AP 세계사가 사실, 국가 그리고 다뤄야 할 트렌드를 선택하기 위한 명확한 통일 원리가 부족함을 발견했다. 인류 문명의 진화를 설명하기 위해 전개하는 이야기로서 역사를 이야기하는 대신에, AP 세계사는 글로벌 상호작용, 변화, 그리고 지속성, 기술, 사회구조, 다양성 그리고 성gender의 주제들을 다룬다. 버락은 이 강좌의 대부분(최소한 70%)이 비서구 사회를 강조하고 서구의 역할을 경시하고 있음을 발견했다.[36] 그는 "체계적인 역사적 내용과 서구 문화유산에 대한 탄탄한 근거가 없다면, 학생들은 다른 문화가 어떻게 다른지를 파악할 수 없을 것이다"라고 반박했다.[37]

또한 작은 부분적 역할로 축소되는 것은 국가와 정치도 마찬가지다. 버락은 AP 세계사를 대신해서 "다문화 의식, 문화적 상대주의, 그리고 초국가적 진보주의"의 "글로벌 이데올로기"를 담아냈다.[38] 여기서, 뮤화적 역사의 다얏섯은 다른 사회의 뮤화나 역사의 탐색에 도움을 주기 때문이라기보다는 다양성 그 자체의 가치를 증진시키기 위해 포함되었다. 그는 다문화적 접근은 사회가 비교될 수 있는 문화의 체계적 개념이 부족했다고 말한다.

> 그러한 개념은 가족 구조, 친족 집단, 언어, 기술, 종교, 예술, 윤리 규범과 법 간의 연계를 정의하고 설명한다. 그러나 의류 패션, 음식, 공휴일, 여가 활동, 종교 활동, 의식 그리고 기타 관습 등의 피상적인 또는 이국적인 것들을 무작위로 선택하는 것이 더 일반적이다.[39]

버락은 이러한 접근이 세계사 교과서들에 나타나고 있음을 발견했다. 섬유, 의식 또는 음식과 같은 문화적 요소들이 포함되지만 이들을 사회적 신념과 구조에 대한 이해와 연관시키려는 시도는 없었다. 다시 말해서, "주된 목적은 학생들로 하여금 제시된 다양한 아프리카 사람들의 성취를 인식하도록 하는 것"인 그러한 비문화적 접근인 것이다.[40] 여기서 목표는 다른 지역에 있는 문화의 의미와 역사적 발달 모두를 발견하는 것보다는 미국 학생들의 마음속에서 다른 문화를 검증하는 데 두고 있다.

영국 역사 교육과정의 아쉬운 사례가 비슷한 이야기를 들려준다. 교장이자 교육 어드바이저인 크리스 맥거번Chris McGovern은 1980년대부터 본질적으로 지식 중심이었던 역사가 어떻게 점진적으로 "기술skills"과 "시각perspectives" 위주의 교과가 되었는지를 설명한다. 그는 역사가 현재 "견해의 문제"로 제시되고 있기 때문에 〈새로운 역사New History〉교과목이 어떻게 "가치 상대주의"에 관한 모든 것이 되었는지를 기술한다.[41] 이는 비유럽권 역사의 강조와 지식보다 시각에 관심을 두게 했다. 즉,

> 국가교육과정 문서는 어린이들이 네 가지의 '다양성' 시각 (학습하고 있는 사회의 사회적, 문화적, 종교적, 윤리적 다양성)으로 역사를 배워야 한다고 제시한다. 또한 남성, 여성 그리고 어린이들 각각과 관련된 '경험', '아이디어', '신념', '태도'에 대한 시각이 교육되어야 한다. 이는 또 다른 12가지 시각에 해당한다. 시각에 중점을 두는 것은, 역사는 '정치, 종교, 사회, 문화, 미학, 경제, 기술 및 과학'을 포함한 8개의 다양한 시각으로 가르쳐야 한다는 진술에 명시되어 있다.[42]

맥거번은 역사 국가교육과정에서 증진되어야 할 24개 시각을 산출했다. 타자의 진정한 시각을 확인하는 것은 사람들이 생각하고, 그들이 생각한 대로 행동하게 하는 사회적, 문화적, 정치적 맥락을 이해하는 유용한 메커니즘이다. 진정으로 시각을 이해하기 위해서는 제시된 아이디어를 면밀히 조사하여 그에 대한 지적이고 도덕적인 판단을 할 수 있어야 한다. 그러나 시각을 관용하는 글로벌 접근은 학생들이 이러한 참여, 그에 따른 이해, 그리고 수반되는 윤리적 숙고를 방해할 수 있다

맥거번은 역사 국가교육과정에서 역사가 어떻게 "견해의 문제"가 되었는지를 기술한다.[43] 여기서 역사는 우리의 과거와 다른 사람들이 세상을 어떻게 형상화하는지를 알려 주는 지적 추구에서 비롯되었다. 어린이들의 역사적 지식과 이해를 진전시키는 대신에, 〈새로운 역사 New History〉 교육과정은 단지 다른 견해의 '인식'을 요구한다.

다언어

미국과 영국 학교들에서 세계 언어 학습의 입지는 글로벌 교육의 혁신적 수사학, 그리고 세계에 대한 지식 감소 경향의 실제 사이의 간극을 다른 교과목보다 더 많이 보여 준다. 지난 10여 년에 걸쳐 생산된 수많은 학교 정책 문서들은 오늘날과 같은 '글로벌 세계'에서 적어도 하나의 외국어 학습의 중요성을 강조해 왔다. 일례로, 영국 정부의 초기 핵심 이니셔티브였던 〈모두를 위한 언어: 삶을 위한 언어: 영국의 전략Languages for All: Languages for Life: A Strategy for England〉은 "21세기 지식 사회에서 언어 경쟁력과 문화 간 이해는 선택의 여지가 아닌 필수이며, 시민성의 필수 영역이다"라고 했다.[44] 정부와 학교가 실제로 외국어 교육에 책임을 갖고 실행한다면, 우리는 다른 언어를 가르치기 위해 교사 연수를 극적으로 확대하려는 노력을 할 것이며, 더 많은 학교들이 외국어, 외국 문학, 외국 문화에 대해 깊이 있는 학습을 제공할 것이다. 그리하여 모든 어린이들이 외국 문학과 문화 등을 이해하고, 하나 이상의 언어를 유창하게 구사하게 할 것이다. 그런데 불행히도, 학교에서 수집한 데이터는 그렇지 않음을 보여 준다.

미국과 영국 두 나라 모두에서 외국어 교육을 확장할 계획이 있었을지라도, 다소 반신반의하면서 종종 엇갈린 메시지를 내보냈다. 영국에서는 언어를 위한 국가적 전략에서 "우리나라의 언어 능력을 변화시킬 것이다"라고 주장했다. 그 전략에는 초등학생들에게도 외국어를 제공하고, 언어 기술을 위한 새로운 자격 시스템을 갖추며, 고등교육과 직장에서 성인을 위한 기회 증가, 외국어 교육을 위한 새로운 연수 기회 제공이 포함되었다. 그 전략 문서는 학생들에게 외국어를 가르치도록 연수를 받은 초등 교사의 부족뿐 아니라 초등 수준에서 외국어 교육이 드물게 행해지는 것에 초점을 두었다. 국가적 전략은 최소한 초등교육에서 제공하고 있는 외국어에 영향을 미쳤다. 2008년에는 92%의 초등학교에서 외국어를 교육했고, 69%의 초등학교에서는 3~6학년(7~11세)에게 외국어 교육을 제공하고 있었다.[45] 이는 2002년에 국가 전략이 세워진 이래 외국어 교육을 하는 학교 수의 거의 2배에 해당한다.

전략적 측면에서 볼 때, 이는 중요한 진전이다. 그러나 국가적 전략은 학교가 학생들에게 외국어 학습을 요구한다기보다는 외국어 자격증을 제공해야 한다고 규정하고 있다. 확실히, 외국어가 교육적 가치를 지닌 것이라면 모든 학생들이 외국어를 배워야 하지 않을까? 불행히도 국가 교육 연구 재단National Foundation for Education Research의 보고서에는 얼마나 많은 어린이들이 실제로 외국어 자격증을 취득하고 있는지를 보여 주는 데이터가 포함되어 있지 않았다.

모든 어린이들에게 외국어 학습을 요구하지 않은 것은 중등학교 수준에서 특별한 문제가 된다. 다수의 학교에서 학생들은 11~14세 사이에 제2외국어를 배워야 하지만, 국가적 전략은 이 시점에 선택("자격") 상태를 유지하기를 권장했다. 그리하여 대부분의 학교들(약 70%)에서 외국어 학습은 2004년 신노동당 정부에 의해 요구된 요건이었던 9학년(14세) 이후에는 더 이상 의무가 아니었다.[46] 14세 이상 외국어 학습 참여 감소는 최근에 급격하게 진행되었다. 즉, 10학년(14~15세)은 2005년 48%에서 2009년 40%로, 11학년(15~16세)은 2005년 53%에서 2009년 43%로 감소했다.[47] 이러한 감소의 이유 중 하나는 학생과 성인 모두 "언어를 어렵고 학문적인 교과로 인식"하는 데 있다고 국가 언어협의회/언어학습 협회National Council for Languages/Association for Language Learning의 보고서는 제시한다.[48] 그러므로 어린이들이 영국 학교 제도에서 더 일찍 외국어를 시작할 수도 있었던 반면, 일부 성인들이 언어 공부를 계속하는 것이 중요하지 않다는 메시지를 전하기 때문에 대부분의 학생들은 외국어 학습을 더 일찍 그만두게 되는 것이다.

사립학교에서는 다른 면을 보인다. 외국어에 대해 더 풍요로운 학습을 제공하며 학생들의 높은 참여도를 보인다. 82%의 사립학교에서는 외국어 학습을 16세까지 의무교육으로 정하고 있다.[49] 보고서는 "공립학교 학생들과 사립학교 학생들 간 언어 학습에 대한 접근에서 뚜렷한 차이가 있다"라는 것을 보여 주었다.[50]

미국에서도 비슷하다. 다시 말하지만, 비록 반드시 필요하지는 않지만, 다문화 공동체 삶을 위해 그리고 글로벌 시장에서 노동을 위해 제2외국어를 학습하는 것의 중요성을 장담할 수 있다. 그러나 응용언어학 센터Center for Applied Linguistics의 조사 자료는 대부분의 외국어 수업이 중국어를 제외하고는(중국어는 1998년에는 중고등학교의 단지 1%에서 제공되었지만 2008년에는 4%로 증가함) 지난 10년간 감소하고 있음을 보여 준다.[51] 이탈리아어와 히브리어를 제공하는 학교 수에서 작은 증가가 있는 반면, 스페인어는 변함이 없고, 그리스어, 러시아어, 일본어, 라틴어, 독일어, 프랑스어 등은 모두 감소 현상(0.3~18% 사이)을 보였다.

표준 중국어(만다린어) 교육은 미국과 중국 간 비즈니스 연계의 증가에 따른 것이며, 이는 1980년대 일본어 교육의 증가와 같은 현상이다. 중국 정부는 미국 학교와 다른 나라에서 중국어를 가르치기 위해 중국에서 교사를 파견하고 있으며, 종종 비용도 지원하고 있다. 또한 대학과 한판Haban*과 연계한 공동 프로그램, 즉 수백 명의 미국 교사들과 관리자들이 중국 학교를 방문하도록 초청하는 것 등이 있다. 조사 자료에 의하면, 중국어는 10년 전 300여 개에서 출발하여 이제 약 1,600여 개의 미국 공립학교와 사립학교에서 가르치고 있는 것으로 보인다.[52] 스페인어가 여전히 가장 널리 교육되는 외국어(초등에서는 88%, 중등에서는 93%)이다.

---

*옮긴이 주. 중국 교육부와 연계된 중국어 언어교육원.

외국어 교육의 문제는 양적인 성장의 부족으로 끝나지 않는다. 더 많은 지각 있는 관찰자들은 적어도 정책 분야에서 언어가 논의되는 방식에서 미묘하지만 매우 중요한 변화를 언급했다. 옹호자들은 외국어를 수료되어야 하는 교과목으로 거의 말하지 않고, 오히려 그것을 획득되어야 할 기술로 본다. 여기서 '안다는 것'보다 오히려 '행하는 것'을 강조하는 것은 언어에 대한 피상적 접근을 내포한다. 추상적이고 이론적인 지식은 실제적, 직접적 그리고 관련적인 것으로 한정된다. 이러한 변화는 정책 입안자와 교육가들이 글로벌 시장에서의 유용성을 통해 외국어 교육을 정당화하려는 노력임을 보였고, 더 최근에는 글로벌 시민으로서 윤리적 책무성으로 지난 20년 이상에 걸쳐서 진행되었다. 결과는 언어를 학습하는 것에 대한 기대의 감소로 이어졌다. 셜리 로우스Shirley Lawes가 보고한 바에 의하면, "실제적 상황에서 언어의 기능적 사용에 대한 강조는 해외 휴가를 위한 생존 도구에 지나지 않는 것을 위하여 어떤 심각한 언어적 또는 문화적 내용을 비우는 방법을 열었다".[53] 로우스가 지적한 대로, 학교들은 종종 학생들에게 단지 일부 기초적인 언어적 이해를 제공했지만, "외국어 수료는 일생을 거쳐서 추구해야 하는 것이다".[54] 이는 많은 학생들이 제2외국어에 노출된 반면, 학교를 떠날 때 그들의 외국어 능력은 효과적 소통을 위해 직장에서 요구되는 수준 이하라는 의미이다. 이것은 영국이나 미국 학교에서 외국어 교육이 과거에 높은 수준을 유지했음을 암시하는 것이 아니라, 적어도 다른 언어를 배우는 것을 모든 어린이가 자기 학습의 일부로 필요로 했고, 이를 위해 몇 년 동안 공부해야만 한다고 예상했었다는 것이다. 현재 영국에서, 학생들에게 대학까지 외국어 교육을 제공하고 있는 곳은 사립 기관뿐이다.

글로벌 연계Global Connections

오늘날 미국과 영국 교육과정에서 발견되는 공통적인 주제는 글로벌 연계 또는 국제적 상호의존이다. 위스콘신주의 『국제교육 교육과정 설계』에서는 국제교육의 세 가지 스트랜드로 '글로벌 문화'와 '글로벌 도전 과제' 외에 '글로벌 연계'를 포함한다. 글로벌 연계에 관한 학습 논리는 다음과 같다.

> 글로벌 연계 학습에 초점을 두는 것은 학생들이 일상의 삶이 변화와 상호의존에 의해 영향을 받는 방식을 볼 수 있게 도와준다. 학생들은 그들의 삶이 환경 이슈, 정치적 정책, 인구 이동, 국제교육 그리고 다양한 이데올로기와 종교를 포함하는 복잡한 시스템에 의해 영향을 받는 방식을 보게 된다.[55]

지침서는 글로벌 연계에 관한 교육 방법의 사례를 포함하며, 동시에 위스콘신주의 교과표준안Academic Standards을 포함한다. 몇 가지 수업 예시가 [표 3.3]에 제공되어 있다.

[표 3.3] 위스콘신주의 모델 표준안과 국제교육의 연계[56]

a) 환경교육: 글로벌 연계 활동

- 인구밀도: 인구에 따라 그룹으로 구성된 어린이들에게 팝콘을 배분한다. 일부 어린이들은 많이 받고 다른 어린이들은 더 적게 받을 때, 글로벌 지리, 대륙, 인구의 개념을 사용한다. 교육과정 자료와 통계를 위해 인구의 제로 성장(Zero Population Growth)을 살펴보라(초등학교 수준).

- 도시화와 거대도시들: 자동차가 대기오염, 지구온난화 그리고 오존층 파괴에 미치는 영향을 설명한다. 각 개인들은 자동차가 환경에 미치는 영향을 줄일 수 있는 행동들을 확인한다. 세계 자원연구소(World Resources Institute) 활동인 "Car Trouble"을 참조하라(고등학교 수준).

b) 가족과 소비자 교육: 글로벌 연계 활동

- 글로벌 시장: 소비자 행동이 글로벌 시장에 영향을 미치는 것을 이해하기 위해 프로젝트를 생성하고 토의한다. Consumer Economics: A Teacher's Guide, modules 1.10-1.12. Choices for the 21st Century Education Project, Voting in the Global Marketplace curriculum unit(중학교 또는 고등학교 수준).

c) 마케팅 교육: 글로벌 연계 활동

- 글로벌 시장: 특정 상품을 선택한다. 되도록 4개 이상의 국가들에 걸쳐서 긍정적이든 부정적이든 많은 상호작용을 보여 주는 웹 지도를 만든다. 상품 디자인, 고용, 노동자 관리, 노동 정책, 생산활동, 소비 활동, 마케팅, 구매, 그리고 사용, 재활용, 생산품의 폐

기 등을 포함한다(중고등학교 수준).

• 위스콘신주의 글로벌 시장과 연계: 로컬 회사가 수입, 수출, 수요, 서비스를 통해 해외 기업과 연결되는 방식을 연구한다(초등/중학교/고등학교 수준).

『국제교육 교육과정 설계』(2002)에서 발췌. Wisconsin Department of Public Instruction(125 S. Webster Street, Madison, WI 53703)의 허락을 받음.

이러한 예시는 글로벌 교육에 통찰력 있는(생산물과 생산 웹), 평범한 일상의(불평등한 한 줌의 팝콘), 그리고 도덕적인 것(소비자 행동)이 어떻게 혼합되어 있는지를 보여 준다. 지식적으로 보면 로컬, 지역, 국가 또 국제적 스케일 간 연계에 관해 배워야 할 것이 많다. 여기에는 경제, 역사, 문화, 언어, 기술, 정치학, 자연환경 등이 포함된다. 그러한 연계는 비록 변화하는 정치적 환경(냉전의 종말)과 기술적 진보(인터넷 등)가 국제협력과 교류를 촉진시켰음에도 불구하고 새로운 것이 아니다. 상호 연결된 세계의 특성은 과거에는 교과목 차원의 교육에서 이뤄졌다.

글로벌 접근 방식의 특별한 점은 세계의 여러 현상들과 사건들이 어린이들의 삶과 연결되어 책임감을 갖게 하는 방식으로 제시된다는 것이다. 지리학자 데이비드 힉스David Hicks는 글로벌 교육은 "머리와 가슴 모두를 포함한다"라고 주장한다. 즉,

세계에 대한 시스템 관점을 통해, 모든 것은 먼지 그대로

다른 모든 것과 연결되어 있다는 것을 상기시킨다. 따라서 단순히 바나나를 재배하고 어디에서 왔는지, 이것이 어떤 지리적 통찰력을 갖는지에 대한 프로젝트를 하는 것만으로는 충분하지 않다. 바나나 재배자를 위한 삶의 조건을 탐색하기 위해서, 그들이 벌어들이는 수입, 운송비, 소매상이 취하는 이익, 우리가 가게에서 바나나에 지불하는 가격을 살펴보는 것은 불평등과 의존성 이슈와 관련된 상호 연계성의 망을 노출시키기 시작하는 것이다. … 이러한 연계를 이해한다는 것은 다른 시스템에서 우리가 행하는 역할을 보는 것으로, 우리는 분리되었다기보다는 … 서로 묶여 있으며, 그리고 이로 인해 타자에 대해 어느 정도 책임감을 공유해야 한다.[57]

옹호자들에게 "글로벌 연계"는 세계에서 어린이의 위치를 이해하기 위한 틀로 국가를 대신했다고 볼 수 있다. 국가적 틀을 불신하는 사람들에게 글로벌 접근은 "의미화meaning의 문제"를 해결해 준다.[58] 이는 글로벌 연계가 종종 빈약하고 인식 불가능할지라도, 어린이들에게 그들의 삶이 글로벌 과정 및 이슈와 어떻게 연결되어 있는지를 보여 주는 데 목적이 있는 이유이다. 이론적으로, 그것은 어린이들의 가치와 행위에 어떤 의미를 부여하는 것이다. 그러나 소비 행위 또는 재활용에 변화를 가져오는 것은 어린이들의 잠재성을 표현하는 데에서 지극히 한정된 방법이다. 이러한 글로벌 윤리 틀은 5장에서 더 많이 탐색, 논의될 것이다.

결론: 지식에서 벗어나는 비행

글로벌 교육에서는 이론적 지식이 상대적으로 낮게 평가되고 있다. 왜냐하면 이것은 개인의 스토리 또는 개인적 경험과 다소 동떨어진 것이라고 인식되기 때문이다. 이러한 "개인화된 지식"은 어린이들의 당면한 삶(정체성, 고용가능성, 자존감 등)과 직접 관련성이 있는 것이다. "의견 담론에 대한 **지식**은 없으며, 일부 집단의 경험이 지식으로 간주되어야 한다고 주장하는 힘만 있다"라고 마이클 영Michael Young은 말한다.[59] 그러나 교과 지식이 없다면, 거기에는 어떤 교육도 없다. 직접적 관련성을 지닌 지식은 개인의 환경을 넘어서서 보는 것을 허용하지 않으며, 대안적 미래를 생각할 가능성을 '제한'한다.

일상의 지식은 학교에서 위치를 차지하고 있으나, 이론적 지식이 없다면 학생들은 주변 세계가 어떻게 생겼는지를 이해할 수 없다. 키케로Marcus Cicero가 언급한 말에 의하면, "여러분이 태어나기 전에 발생한 것을 모른다는 것은 여러분을 계속 어린이로 남겨 두는 것이다".[60] 이론적 지식은 우리의 인간성을 정의한다. 왜냐하면 이론적 지식은 우리가 실제적이고 주관적인 세계를 능가할 수 있게 하기 때문이다. 오로지 일상의 경험으로부터, 그리고 주어진 사회적 맥락으로부터 추상화를 통해 우리는 구체적이고 개인적인 수준에서 인식할 수 없는 연계를 보는 것이 가능하기 때문이다. 그 밖에 어떤 방법으로 우리는 자본주의의 사회적 관계 또는 중력의 힘을 이해할 수 있을 것인가? 추상적 개념과 현상들 간의 관계를 통해 과거와 현재를 이해하고, 구체적이고 개인적인 수준의 교육에 대한 지식을 이해할 수 있는 행동 또는 의미의 시스템을 도출하는 것이 가능하다. 이론적 지식은 정의상 사회적이다. 즉, 이론적 지식은 사회나 학자 공동체에 의해 생성되어 왔다. 개인은 이론적 지식을 홀로 생성하는 것이 아니라 전임자들의 통찰로부터 그리고 동료들과 더불어 연구하여 집단 이해 또는 갈등하는 이론에 도달하기도 한다. 이는 새로운 지식은 단지 발견되는 것이 아니라는 것을 의미한다. 즉, 이미 기존의 지식으로부터 도출되거나 기존의 지식을 확장하는 과정에서 생성된다는 것이다. 이는 각 세대가 이러한 기존의 지식을 최대한 활용하는 것이 필요한 이유이다.

두 사람의 중요한 교육 이론가인 에밀 뒤르켐Emile Durkeim과 레프 비고츠키Lev Vygotsky는 차세대에게 이론적 지식을 전수해 주는 것을 초등교육의 목적으로 보았다.[61] 교육과정은 사회가 어린이들을 기성 사회로 안내하기 위해 중요하다고 생각하는 지식으로 구성되어 있다. 그러므로 이러한 지식은 우리가 누구인가에 대한 감각과 관련되어 있다. 여기에는 최고의 이론적 통찰력, 훌륭한 문학, 아름다운 음악과 예술, 자연과 인류의 역사, 과학, 다른 문화 및 세계 지역에 대한 이해가 포함되어야 한다(이러한 모든 것은 사회 내부 또는 다른 문화에서도 가능하다). 이러한 지식과 문화로의 도입을 통해 어린이들은 사회에서 자신들의 위치감, 인간이라는 것이 의미하는 바가 무엇인지에 대한 감각을 얻을 수 있다.

글로벌 교육에서, 지식은 지적인 이해와 사회화의 수단으로서는 부정된다. 대신 교육과정에서 그 위치는 단순히 교육적 목적으로 존재한다. 즉, 젊은이들이 일하기 위해 준비해야 하는 것, 정체성을 형성하거나 자존감을 얻게 하는 것. 맥거번이 영국의 〈새로운 역사〉 교육과정에서 시각에 대한 교육에서 발견했듯이, "어떤 내용이라도 좋다". 내용은 "기술", "개념", "시각"의 사회적 짐을 짊어져야 하는 골칫거리일 뿐이다.[62] 글로벌 교육가들은 글로벌 이슈, 시각 그리고 노동을 위한 준비에 관해 교육한다. 왜냐하면 그들은 인간의 잠재성뿐 아니라 교육을 뒷받침하고 있는 교과 지식의 도덕적 기초보다는 도덕적 틀을 더 편하게 느끼기 때문이다.

▶ 참고 자료

1. See National Center on Education and the Economy (2007); White (2004).
2. Levine (2005) p. 1.
3. Hicks (2007b) p. 27.
4. White (2004) p. 179.
5. Furedi (2009).
6. Morgan (2006) p. 276.
7. Ibid. p. 283.
8. Ibid. p. 279.
9. United Nations, "Millennium Development Goals." Accessed: http://www.un.org/millenniumgoals/
10. Ibid. p. 1.
11 Reading International Solidarity Center, *Growing Bananas: A Simulation about Fair Trade for KS 2-3*, 2005. p. 1.
12. Ibid. p. 2.
13. Wisconsin Department of Public Instruction (2002) p. 34.
14. Department for Education and Skills (2005) p. 5.
15. Ibid. p. 5.
16. Wisconsin Department of Public Instruction (2002) p. 22.
17. Garforth *et al.* (2006).
18. Brown University (2011) *The Choices Program: History and Current Issues for the Classroom*, Accessed: http://www.choices.edu/
19. Senechai (2010) p. 15.
20. OFSTED (2011) p. 10.
21. Muller (2000) pp. 65-6.
22. Graves (2003) p. 303.

23. Camicia and Saavedra (2009) p. 513.

24. Ledda (2007) p. 17.

25. Ibid. p. 18.

26. Ibid. p. 18.

27. Pike and Selby (2000). *In the Global Classroom* is published in Canada, but is also used in the US and England.

28. Marshall and Arnot (2009) p. 3.

29. Gardenfors (2007) p. 76.

30. Heilman (2009) p. 33.

31 Wisconsin Department of Public Instruction (2002) p. 34.

32. Department for International Development (2007).

33. Furedi, F. (2011) p. 4.

34. Ibid. p. 1.

35. Cavanagh, S., "World History and Geography Gain Traction in Class," *Education Week,* 21 March 2007, 26 (28), p. 10.

36. Burack (2003) p. 42.

37. Ibid. p. 52.

38. Ibid. p. 42.

39. Ibid. p. 44.

40. Ibid. p. 51.

41. McGovern (2007) p. 63.

42. Ibid. p. 71.

43. Ibid. p. 63.

44. Department for Education and Skills (2002) p. 5.

45. Wade *et al.* (2009) p. 1.

46. National Center for Languages/Association of Language Learning, "Language Trends 2009," Accessed: www.cilt.org.uk

47. Ibid.

48. Ibid.

49. Ibid.

50. Ibid.

51. Dillon, S., "School Stop Teaching Foreign Languages–Except Chinese," *New York Times,* 20 January 2010. Accessed: http://www.nytimes.com/2010/01/21/education/21chinese.html?scp=l&sq=%22growth%20in%20chinese%20language%22&st=cse

52. Ibid.

53. Lawes (2007) p. 89.

54. Ibid. p. 86.

55. Wisconsin Department of Public Instruction (2002) p. 22.

56. Ibid, a) pp. 122–3; b) p. 129; c) p. 146.

57. Hicks (2007b) p. 26.

58. Pike (2000) p. 64.

59. Young (2008) p. 5.

60. Cirerco (46 B.C.) Orator, Chapter 34, Section 120. Cicero: Brutus, Orator, trans. H. M. Hubbell, p. 395. Accessed: http://quotationsbook.com/quote/6289/

61. Young (2008).

62. McGovern (2007) p. 79.

4장

글로벌 기술

기술은 지식과 무관하지 않다. 실제로, 거의 모든 기술이 지식을 개발하고 적용하기 위한 지식의 틀에 달려 있다. 이 책에서는 이 두 개를 왜 분리하는가? 최근의 교육과정 논의에서 기술은 그것 자체로 중요함을 인정받았으며, 그리하여 결과적으로 점차 지식으로부터 분리되고 있다. 더구나, 젊은이들이 글로벌 세계에서 살아가고 일하기 위해 요구되는 "기술"의 범주가 폭발적으로 증가해 왔다.

미국과 영국에서 기술 기반 교육과정의 등장은 앞 장에서 확인했던 교과 지식에 대한 신뢰 하락과 관련되어 있다. 오늘날, 단지 소수만이 교과 지식의 본질적 가치를 여전히 주장하는 반면, 대부분 사람들은 교육이 경제, 시민성, 정체성, 포용 또는 사회적 이동성과 같은 도구적 목적과 연계되어야 하고, 필수 기술을 파악해야 한다고 주장한다. 왕립예술협회Royal Society of Arts는 "우리는 아직도 사라지고 있는 세상을 위해 사람들을 교육하고 있다"라고 주장한다.[1] 저자들의 관점에서 보면, "그 미래의 교육 시스템은 개인으로 하여금 그들이 쉽게 노동을

관리하는 데 직면한 과제를 해결하도록 준비해 주는 것이어야 한다".[2]
이 책의 도입부에서, 우리는 〈미국의 21세기 기술을 위한 파트너십US Partnership for 21st Century Skills〉에서 주창된 똑같은 정서의 문장을 언급했는데, 이는 학교에서 교육되는 지식과 기술, 그리고 21세기에 요구되는 지식과 기술 사이의 간극을 구분하는 것이었다.[3]

이러한 두 의견은 모두 현재의 교과 기반 교육과정이 과거와 현재의 지식을 강조하고 있어서 오늘날 어린이들의 요구와 다소 관련이 적다는 것을 내포한다. 그러나 지식(교과 또는 직업 지식)이 없다면, 사람은 평범한 기술 외에는 어떠한 것도 개발할 수 없다. 글로벌 기술은 일반적 교육을 통해 양성된 지적인 기술이 아닐 뿐 아니라 의학, 공학, 컴퓨터, 건축 또는 기계 등의 전문 분야에 진입하기 위해 요구되는 특정의 직업 기술도 아니다. 오히려, 그 "기술"은 21세기 젊은이들의 성공에 필수적인 것으로 제시된 것이며 학습 기술 목록 및 개인적, 사회적 그리고 감정적 기술([표 4.1])을 포함한다. 예리한 독자들은 이러한 많은 기술 중 다수가 실제로 역량, 태도, 성향, 행동이라는 것을 파악할 것이다. 즉, 다른 말로 그것들은 결코 기술이 아닌 것이다. 이와 같이, 교육과정에서 글로벌 기술의 등장은 학문적 교육을 약화시킬 뿐 아니라 직업교육에 대한 빈곤한 시각(여기서는 특정 직업을 따르도록 학습하는 것으로 정의됨)을 보여 준다.

이 장에서는 미국과 영국 교육과정의 성장 영역인 개인적, 사회적, 그리고 감정적 기술(글로벌 시민성을 위한 기술)을 탐색하기 전에, 글로벌 시장에서 젊은이들의 고용성을 촉진하기 위해 교육되어야 할 기술

[표 4.1] 미국과 영국 교육과정에서 글로벌 기술

학습 기술	개인적, 사회적 그리고 감정적 기술
자기주도 기술 비판적 사고 정보와 미디어 기술 테크놀로지 기술 문제 해결 창의성 생산성과 책임성 융통성과 적응력 배우기 위한 학습 시스템 사고 판단, 결정, 추론하기 독립적으로 작업하기	커뮤니케이션 외국어 팀워크 및 협력 문화 간 이해 리더십 책임감 및 타자 존중 공감 사회적 책임감과 시민성 글로벌 인식 건강 인식 재무관리

들의 확장을 탐색하는 것으로 시작할 것이다. 두 영역 기술들 간에는
상당히 중복되는 부분들이 있다.

글로벌 고용을 위한 기술

글로벌 교육을 위한 근거의 핵심은 우리가 국가경제 체제에서 글로
벌 시장경제로 이동했다는 것이다. 이는 경제의 구조 조정으로 이어져
노동자들에게 요구되는 기술을 근본적으로 바꿨다. 미국과 영국 모두
에서 정책 결정자들과 정치인들은 우리가 새로운 글로벌 경제 또는
지식 경제knowledge economy가 필요한 상황에 있으며, 이는 전통적인
대량생산의 제조업에서보다는 노동자들에게 더 높은 수준의 기술과

지식을 요구한다고 주장한다. "지식경제에서, 교육은 국가들이 경제적 경쟁력과 글로벌 번영"을 유지하기 위한 새로운 화폐라고 미국의 교육부 장관인 안 던컨Arne Duncan은 말했다.[4] 이 언급은 제조업과 일부 서비스업을 개도국으로 아웃소싱하는 것이 서구 국가들에게 반복적이고 낮은 수준의 기술 노동의 필요성을 감소시켜 왔고, 선진국 경제의 상대적 이익은 다른 나라들이 할 수 없는 고도의 기술 노동력에 집중하는 것이라는 주장이다. 미국, 영국 같은 국가들은 노동보다는 '지식'이 성공의 핵심 요소인 후기 산업 경제 지역에 해당된다. 영국의 교육부 장관인 데이비드 블렁컷David Blunkett이 〈학습시대: 새로운 영국을 위한 르네상스The Learning Age: A Renaissance for a New Britain〉라는 영국 의회 보고서에서 설명한 바에 의하면, "학습은 번영의 핵심이다−전체로서 국가를 위해서뿐 아니라 개인으로서 우리들 각자를 위해".[5]

신미국노동력기술위원회New Commission on the Skills of the American Workforce의 보고서는 반복적인 업무 수행에서 잘 훈련된 노동자들과는 대조적으로 글로벌 기업들은 "아이디어와 추론에 익숙하고, 분석과 종합 능력이 있으며, 창의적이고 혁신적이고 자기관리를 잘하는" 노동자들을 필요로 한다고 주장했다.[6] 또한 그들은 글로벌 무역을 지향하고 다른 문화권 사람들과 편안하게 일하기를 요구받을 것이다.

경제적 재구조화가 글로벌 교육을 위한 경제적 근거의 중심이라는 것을 감안할 때, 우리는 바로 고용의 요구가 어떻게 변했는지를 조사해 보아야 한다. 그리고 나서 우리는 학교가 이러한 변화에 어떻게 대응해 왔는지와 그 방법을 고려해 보아야 한다.

첫째, 세계화 이론가들이 글로벌 경제를 새로운 것으로 묘사하는 것은 부정확하다. 자본주의 경제 관계는 항상 탈영토화되어 왔으며 경제는 19세기 중반 이후 어느 정도 국제적으로 통합되어 왔다.[7] "세계화 이론가들에게 깊은 인상을 주는 현상을 구성하는 사회적 관계는 이미 영국의 산업 혁명에서 작용하고 있었다"라고 저스틴 로젠버그 Justin Rosenberg는 회상했다.[8] 『세계화 이론의 오류Follies of Globalization Theory』에서 로젠버그는 초기 자본관계가 어떻게 공간을 횡단했는지를 설명하기 위해서 19세기 초 "영국" 면직 산업의 사례를 사용한다. 면화는 미국 남부에서 아프리카 노예노동에 의해 재배, 생산되고, 랭카셔 지역의 공장에서 제조되었으며, 완성품이 되어 유럽으로, 후에는 인도로까지 판매되었다. 멀리 떨어진 사람들이 다른 지역 사람들과 관련성을 맺게 되었고 그 관련성은 상품을 통해 매개되었다. 19세기 말 빠른 제국주의 팽창과 노동의 국제적 분업으로 인해, 이러한 시기를 벨 에포크Belle Epoque*라고 불렀고, 나중에는 세계화의 첫 번째 시대로 명명했다. 일부 국가들(영국, 프랑스, 네덜란드, 일본 등)에서, 국내 범위의 교역에 대한 국제적 교육은 21세기 말보다 20세기 초에 동등하거나 오히려 더 높은 비율을 보였다.[9] 로젠버그는 오늘날 세계화 이론가들이 요구할 수 있는 최선은 새로운 글로벌 시대Global Age를 확인할 수 있는 어떤 질적인 특성들보다는 국제적 통합의 증가 또는 특정 조건의 강조를 지적하는 것이라고 제안한다. 지식이 노동의 산물이

---

* 옮긴이 주: 19세기 말부터 제1차 세계대전이 발생하기 전까지 사회, 경제, 기술적 발전으로 사회가 생화롭고 번성했던 시기.

기 때문에 노동과 지식 기반 경제의 구별은 또한 잘못된 것이다. 이는 단지 허공에서 온 것은 아니다. 결국, 모든 "글로벌 경제"의 요소들은 몇십 년 동안 증거로 남아 있다.

변한 것은 더 많은 국가들이 국제 교역과 국제 투자를 증가시키면서 교역 제한 영역을 자유화했으며, 더 큰 교역 블록과 더 많은 파트너십을 형성했다는 것이다.[10] 이러한 자유화는 향상된 국제적 커뮤니케이션과 결합하면서 저렴한 노동력을 활용하고 시장을 확대하기 위해 선진국에서 개발도상국으로 아웃소싱을 촉진시켰다. 정보화와 함께 아웃소싱은 미국에서 수많은 블루칼라와 행정 지원 일자리를 사라지게 했다.[11] 그러나 서비스 업종, 영업, 기술 활용 작업, 전문직 그리고 관리 업무 및 행정 업무 등에서 저숙련 직업 기회가 확대되었다.[12] 그래서 1950년대 동안에 약 50%의 노동력이 저임금, 저숙련 서비스, 레저, 그리고 생산업종에 고용되었으며 2003년에는 75% 정도로 증가했다.[13] 미국 제조업은 작은 규모일지라도 경제의 중요한 부분으로 남아 있으나, 비행기 날개 및 반도체를 포함한 첨단 전자 산업 및 높은 수준의 기술을 활용하는 고급 제품 생산에 더 많이 주력했다.[14]

영국에서 제조업의 쇠퇴는 더욱 두드러졌으나, 지난 십 년간 고용은 교육 보조원, 의료 보조원 및 재택 간호, 마케팅 및 영업, 사무 보조원, 정보통신 기술 관리자, 재무 분야에서 가장 많이 증가했다.[15] 미국에서와 같이 전문 기술이 필요한 일자리(예, 정보기술, 의약 등)가 늘어났다. 자리가 부족한 경우, 그것은 사무직과 다른 중간 수준의 숙련된 기술이 요구되는 일자리들에서 공급의 부족이 있었기 때문이다.[16] 앨리슨 울프Alison Wolf는 2011년에 보수-자유 민주당 연합Conservative-Liberal Democrat Coalition 정부를 위해 수행한 〈직업교육 리뷰Review of Vocational Education〉에서 저숙련 일자리와 고숙련 일자리가 많은 모래시계 모양의 고용 구조를 발견했다.

또 다른 신화는 미국과 영국에서는 단지 학위를 가진 사람만이 일자리를 찾을 수 있다는 것이다. 실제로 연구에 의하면, 많은 사람들이 자신들이 갖고 있는 직업 이상의 능력을 지니고 있다. 영국에서는 "일반적으로 1/4~1/3 정도가 여기에 속한다".[17] 이러한 이동의 이유는 젊은 층에 대한 고용 시장의 붕괴이며 교육의 병행이다. 20년 전에는 많은 어린이들이 16세에 학교를 떠나서 일하거나 견습생이 되는 것이 일반적이었다. 오늘날, 거의 모든 젊은이들은 적어도 18세까지는 교육이나 훈련 과정에 있게 된다. 미국과 영국 모두에서 더 많은 젊은이들이 예전에 비해 더욱 고등교육에 진입하고 있지만, 많은 사람들은 학위를 마치기 전에 풀타임 고용을 제시하는 직장에 들어간다. 그러나 과학, 첨단기술, 공학, 수학(STEM 영역으로 불리는)의 특정 영역에서는 숙련된 노동자 부족이 있다. 대서양의 양쪽 지역에는 이러한 영역에서 교육과 훈련을 받도록 더 많은 젊은이들을 유인하는 정책들을 내놓고 있다.

요약하면, 미국과 영국의 고용 패턴에서 주된 변화는 중간 수준 전문직의 감소(저숙련, 고기술 직업 확대로), 젊은 층 고용 시장의 붕괴와 교육의 동시적 확장, 고용 시장에서의 유연성 증가이다. 경제 통합의 증가는 시장에서 고용의 중요성을 증가시켰으며 젊은이들이 과거보다는 더 폭넓게 관련 기술을 갖출 필요성이 생겼다. 이러한 사회 변화에 발맞춰 학교가 직접적으로 경제 변화에 대응해야 할지라도 어린이들이 "우리 대부분이 받았던 것과 다른 종류의 교육"을 필요로 한다는 것을 의미하는 것은 아니다.[18] 직업 제도와 강좌는 확실히 시장의 요구와 조율할 필요가 있지만 학교의 근본적 목적은 연수가 아니라 학문적 교육이다. 좋은 문학, 역사, 생물학 또는 음악 지식은 경제적 재구조화 때문에 가치가 떨어지지 않는다. 냉소적인 사람들은 "지식 경제knowledge economy"를 강조하는 논지가 아이들을 종종 불필요하고 원치 않으며 때로는 무가치한 강좌와 프로그램으로 몰아넣어 노동시장에서 벗어나게 할 수도 있다고 주장한다.

영국의 탈기술 직업교육

경제 재구조화 논의에서, "기술 격차skills gap"와 그에 따른 영국의 교육개혁 필요성은 1970년대와 1980년대 초기로 거슬러 올라간다. 예전에 기술은 일반적으로 높은 수준의 교육적 자격과 분석 능력, 또는 신체를 활용한 손재주, 공간 인식 및 기술 노하우를 필요로 하는 "견고한hard" 기술적 측면으로 보였다.[19] 조너선 페인Jonathan Payne은 1965년 국가 계획National Plan에서 정부가 더 숙련된 노동을 필요로 할 때 그것은 공학자, 수학자, 화학자, 물리학자, 경제학자, 컴퓨터 프로그래머, 기계공학자, 전기공학자를 뜻했던 것으로 회상한다.[20] 전환점은 영국 수상이었던 제임스 캘러헌James Callaghan이 1976년 러스킨 대학Ruskin College에서 연설한 때였다. 거기서 그는 교육과 산업 간에 더 밀접한 관련성을 요청했다. 그의 연설과 그에 따른 정부의 직업 교육 개입의 배경은 청년 실업의 증가였고, 그것은 교육 시스템이 작동하지 않는다는 것이었다.

결과적으로, 인력 서비스 위원회가 1970년대 중반에 설립되었는데, 젊은이들이 고용에 필요한 필수적인 "기술"을 갖추도록 하는 업무에 목적을 두었다. 초기에는 청소년 기회 프로그램과 이어서 청소년 연수 계획을 통해 이 업무를 수행하려고 했는데, 일부 어린이들에게 직업 환경을 경험할 수 있는 기회를 주기도 했다. 기술의 개념이 "특정 직업으로부터 분리되어 숙련된 매뉴얼을 갖춘 노동자의 특정 기술적 설비와 결합된 전통적인 기술을 훨씬 뛰어넘는 것"이 되어 젊은이들의 태도와 행동을 포함하는 개념으로 확장된 것은 이 시점부터라고 페인은 말한다.[21] 청소년 연수 계획은 의사소통 기술, 추론 기술, 생존 기술, 문제 해결 기술, 사회적 기술 및 삶의 기술을 포함하여 103개 장르 그리고 변형할 수 있는 "기술"을 포함했다.[22] 이론적 토대나 특정 기술 과제에 대한 애착이 부족하여, 이 계획들은 자체의 기술을 향상시킨다기보다는 "바람직한 가치, 태도, 행위 그리고 성향"을 지닌 순응적 노동자를 양산하는 것과 더 관련이 있는 것으로 보였다.[23]

숨겨진 장점으로, 그러한 프로그램들은 기술 격차의 문제를 해결하는 것과 같이 사회통제에 대한 관심에 의해 촉진되었다. 그럼에도 불구하고, 1980년대 중반에는 교육을 통해 촉진된 기술이 경제적 생산성을 증가시킬 수 있다는 신념이 팽배해졌다. 이러한 신성장 이론

New Growth Theories은 1960년대에 시어도어 슐츠Theodore Schultz의
『교육의 경제적 가치The Economic Value of Education』와 게리 베커Gary
Becker의 『인적 자본: 이론적 및 경험적 분석, 교육에 대한 특별 참조
Human Capital: A Theoretical and Empirical Analysis, with Special Reference to
Education』로 시작된 인적 자본 이론의 토대를 형성하면서 폴 로머와
로버트 루카스Paul Romer & Robert Lucas 같은 경제학자들과 연합했다.[24]

1986년에, 전국 직업 자격 위원회National Council for Vocational
Qualifications가 설립되어, 정부의 지원을 받으면서 직업교육 강좌와 자
격에 대한 국가 자격 프레임워크National Qualifications Framework를 도입
하기 시작했다. 이러한 강좌들은 학교를 위해 설계된 것은 아니었지만
후에 학교에 도입된 직업교육 강좌의 모델이 되었다. 향후 10년 동안
직업의 95%를 차지하는 794개의 국가 직업 자격증National Vocational
Qualifications: NVQs이 만들어졌으며, 그 내용은 더 많은 교사 또는 숙
련된 전문가에 의해서보다는 산업체와 정부의 대표에 의해 이뤄졌다.
지식 기반 학문 영역의 교육과정 및 공인 견습 제도와는 달리, NVQs
는 결과에 기반을 둔 것이었다. 학생들이 무엇을 배워야 하는가에 특
화하는 대신, NVQs는 미래 노동자들이 직장에서 업무 수행을 위해
갖추고 있어야 하는 것으로 구성되었다. 이러한 결과 기반 접근으로,
기술(지식으로부터 생성된)은 업무 수행 능력인 역량으로 대체되었다.
학생들은 역량을 보여 주어야 했으나 그들이 수행하고 있는 과제를 이
해하는 것은 아니었으며 또한 다른 과제와 서로 어떻게 연결되어 있는
지를 이해하는 것도 아니었다. NVQs는 특별히 교과 학습에 노력하는

학생들에게는 비이론적인 것이었다. 그리하여 빈약한 문해 기술로 각 개인이 불이익을 받지 않도록 하기 위해서 서술형이나 이론적인 내용을 기반으로 한 것이 아닌 실제적인 평가를 유지하고자 하는 의식적인 시도가 있었다.

　NVQs는 교수자와 연수받는 자 모두에게 호의적인 평가를 받지는 못했다. 교육학 교수였던 앨리슨 울프는 NVQs는 "지식과 이론을 희생시키면서 사소한 기술"에 몰두했다는 점에서 멸시를 당했다고 한다.[25] 대부분의 초기 NVQs는 특정 전문직에 맞춰져 있어서 학생들에게 받아들여지지 않았고, 다수는 요동치는 직업 시장을 인식하면서 하나의 직업 영역에 얽매이는 것을 원하지 않았다. 2005년까지, 울프는 NVQs의 절반가량이 요구되지도 사용되지도 않았으며, 794개 중 단지 42개가 NVQ 수료증의 83%를 차지했다고 언급한다.[26] 성공적인 NVQs는 도시와 길드City and Guilds의 자격 요건에 의해 만들어진 공예와 기타 등등이었다. NVQs의 초기 빈약한 활용으로 인해, 일반 국가 직업 자격증General National Vocational Qualification: GNVQs이 비즈니스, 건강, 레저, 관광과 같은 영역에 도입되었다. 그러나 이러한 자격 영역을 일반인에게 더 확대하는 과정에서 오히려 더 추상적이고 학문적인 영역이 되었다고 울프는 말한다. NVQs와 달리 GNVQs는 특별한 "직업" 프로그램으로서 중등학교에서 교육되었다. 이는 원래 16세 이상을 위한 교육이었으나, 지난 10년여에 걸쳐서 직업적으로 관련된 강좌들이 14세에서 16세까지로 확장되었다. 2003년에 이 연령대의 몇몇 학생들이 그러한 강좌를 선택했지만, 오늘날에는 약 50만 명 이상이 학생들

이 등록되어 있다.[27]

〈직업교육 리뷰Review of Vocational Education〉는 학교와 대학에 제공되었던 성공적이고 혁신적인 직업 프로그램이 있었음을 보여 준다. 그러나 동시에, 약 35만 명의 16~19세 학생들은 16세 이후 교육 시스템으로부터 아무런 지원을 받지 못한다. 이러한 젊은이들은 "현재 거의 명확한 노동시장 가치를 갖고 있지 않은" 낮은 수준의 직업 자격증 상태에 있다.[28] 낮은 수준의 "직업" 자격증의 사례는 직장생활을 위한 준비 증명서Certificate in Preparation for Working Life이다. 이러한 자격증의 주제는 다음과 같다. 즉, 개인 인식Personal Awareness, 노동-생활 균형을 위한 건강한 라이프 스타일Healthy Lifestyles for Work-Life Balance, 사람들 간 관계와 차이Relationships and the Differences Between People, 변화하는 노동의 세계The Changing World of Work, 직업과 경력에 대한 지원Applying for Jobs and Careers, 경제적·재정적 삶의 모습Economic and Financial Aspects of Life, 고용 기회Employment Opportunities, 기업 활동Enterprise Activities, 가정, 도로, 노동 현장에서 위험 인식Hazard Identification at Home, on the Roads and at Work 등이다.[29] 구체적으로 살펴보면, 주제는 실용적 지원(이력서와 지원서 쓰는 법), 일상 삶에 관한 정보(다양한 방식의 사업 결제의 방법, 다양한 유형의 공식적인 관계 식별, 개인적 관계가 업무에 미치는 영향), 치료 기술(감정 인식) 및 도덕적 조언(건강한 생활 방식) 등으로 혼합되어 있다. 학생들이 직업에 적용하는 방법을 배우는 것은 나쁘지 않은 반면, 국가 자격 프레임워크는 이러한 주제를 GCSEs*와 동등한 것으로 지정하고 있다. 그러나 실제 활동과 일상생활 지식을 습득하는 것은 외국어, 과학 또는 역사를 배우는 것보다는 훨씬 쉽다.

학생들이 학문적 탐구에 도전하게 하거나 진정 직업을 위한 교육을 받을 수 있는 기회를 제공하지 못하는 실패가 "중앙정부의 지속적인 14~19세 교육의 재설계, 재규제, 재구성에도 불구하고 발생했다"라고 울프는 말했다.[30] 그러나 정부와 비즈니스 공동체의 관여로 형성된 것은 단지 직업 자격증만이 아니다. 영국에서, 자격증은 학문 중심 교육과정을 위한 변화의 동력이 되어 왔다.[31] 직업과 학문 자격 간의 "존중의 평등"을 이루고자 하는 열망은 신노동당 정부와 일부 비즈니스 리더들이 교과 지식에 대해서 생각했던 것보다 기술 교육과정을 더 높게 평가했다는 것을 의미한다. 그리하여 "핵심 기술"이 학문 중심 교육과정에 도입되어 어떤 아동도 핵심 기술이 없는 상태로 존재하지 않게 되는 것은 단지 시간 문제였다. 론 디어링Ron Dearing의 16~19세 자격 리뷰Review of Qualifications for 16-19 Year Olds(1996)에 이어서 새로운 핵심 기술의 특화가 이뤄졌고, 2000년에는 그 첫 학생들이 핵심 기술 수업에 참여하기 시작했다. 자격 및 교육과정 개발 기관 Qualifications and Curriculum Authority: QCA**에 따르면,

---

핵심 기술은 학교 학생부터 대기업의 최고 경영자에 이르기까지 모든 사람을 대상으로 한다. 핵심 기술은 작업 활동, 교육과 훈련 그리고 일반적인 삶에서 성공하기 위해 공통적으로 요구되는 기술이다. 학습, 업무 또 성과의 질 향상을 위해 기술들을 어디서, 어떻게 사용할 것인지에 중점을 둔다.[32]

핵심 기술은 6개 영역, 즉 소통, 숫자 적용, 정보 기술, 협업, 학습력 향상 그리고 문제 해결을 포함한다. 그러나 아래에서 미국의 기술 이동을 살펴보면, 기술은 단지 지식의 맥락에서 발달된다. 상황에 따른 소통, 문제 해결과 같은 그러한 기술은 무엇을 의미하는가? 리처드 프링Richard Pring은 이 수수께끼가 풀리지 않았다.

소통(이와 비슷하게 문제 해결)은 그런 종류의 것이 아니다. 그것은 확실히 기술들-몇 개의 문장으로 진술될 수 없는-을 포함하지만 상황에 따라서[올드 트래퍼드Old Trafford(축구 경기장)의 훌륭한 의사소통자는 아테나이움(학술원)에서는 상당히 서툴지도 모름], 사람들과 공감에 따라서, 개념적 복잡성을 나타내는 광범위한 어휘 사용의 필요에 따라서, 용도에 따른 적절한 언어 사용에 따라서 등등의 훨씬 더 많은 기술들을 포함한다.[33]

맥락이 없다면, 소통이나 문제 해결 기술은 아주 포괄적이어서 거의 의미가 없다. 비슷한 결론을 이미 조안나 윌리엄스Joanna Williams가 2개의 정부 정책 문서인 〈모두를 위한 성공Success for All〉(2002)과 〈21세기 기술21st Century Skills〉(2003)에 제시한 바 있다. 윌리엄스는 정부가 기술을 묘사하기 위해 사용한 언어는 경제적 성공과 사회적 포용의 목적을 달성하기 위한 노력을 보여 준다고 했다. 다시 말해서, 신노동당 정부는 기술을 교육이 아닌 고용과 공동체 참여의 방안으로 보았다. 윌리엄스는 이러한 도구주의적 접근의 결과는 기술이 사람과 분리된 "실재 제품tangible product"인 상품으로 취급되는 경향의 것이라고 주장한다.[34] 그 결과는 빈약하고 상품화된 비전을 보이는 교육, 그리고 탐색하고 완성하고자 하는 무엇인가라기보다는 거래 또는 투자로 취급되는 경향의 교육을 가져왔다. 역량과 기초적 기술은 측정 가능하며 교사들에게 "책임감"을 부여하는 방법일 수 있지만, 학생들에게 꼭 가치 있는 것은 아니다. "여기서 문제는 가르치는 기초적 기술에 있는 것이 아니라 기초적 기술을 '넘어서는' 뭔가를 가르치는 것이 문제가 된다는 사실이다"라고 윌리엄스는 결론짓는다.[35]

신노동당 정부에서 채택한 기술 기반 접근에서 또 다른 큰 문제로서 "빈약한 고용 전망에 대한 '비난'은 확실히 정부를 떠나 개인으로 이동되었다"라고 윌리엄스는 조사 결과를 발표했다.[36] 만약 여러분이 직업이 없거나 가난하게 살고 있다면 이는 중간 수준의 직업들이 감소한 것보다는 고용주가 찾고 있는 기술을 여러분이 개발하지 못했기 때문인 것이 된다. 결국, 학문적 또는 직업적 지식을 가치 있게 여기는 데 실패한 것은 교육이 일상의 삶을 위한 준비로 축소되었음을 의미한다. 이에 대해서는 다음에서 더 많이 논의할 것이다. 직업적·학문적 교육과정이 전문가 공동체로부터 벗어나서 정부와 관료들의 손에 맡겨질수록 자체의 도덕적 목적에서는 벗어나게 된다.

미국 학생들을 위한 21세기 기술

미국에서 21세기 기술에 대한 논의는 영국의 핵심 기술 개발에 영향을 주었다. "21세기 기술은 오늘날과 같은 글로벌 그리고 지식 기반 경제에서 생산적인 노동력을 위한 생명력이다"라고 미국 교육부의 교육기술 영역 책임자인 수전 패트릭Susan D. Patrick은 주장했다.[37] 영국처럼, 이러한 "21세기 기술"은 과거에 옹호 그룹에 의해 장려되었던 기술과 아주 유사한 것으로 판명되었다. 20세기 초반, 진보 교육학자들과 산업학자들은 "교육이 어린이들의 실제 생활 및 실제적 요구에 부합하는" 교육과정을 요청해 왔다. 실제로 다이앤 래비치Diane Ravitch는 "기술 운동의 한 세기A Century of Skills Movements"를 정의했다.[38] 1920년대와 1930년대 활동은 의사결정 및 협업적 학습뿐 아니라 "놀이터를 짓는 방법과 같이 현실적인 삶의 문제를 해결하는 것"을 장려했다.[39] 1950년대에는 생활 조정 운동Life Adjustment Movement이 있었고, 1980년대에는 결과 기반 교육Outcomes-Based Education이 있었으며, 1990년대에는 필수 기술 성취를 위한 장관위원회Secretary's Commission on Achieving Necessary Skills가 있었다. 이러한 모든 운동에는 공통적으로 진보주의자와 산업주의자 모두의 반지성주의적인 정서가 포함되어 있었다.

20세기 내내 실용적이고 개인적인 교육과정 사조에 대한 옹호자들의 주장에도 불구하고, 1980년대는 미국 경제에서 생산성 감소와 교실에서의 교육적 기준안의 축소 사이에 정치적인 관계가 있었던 시기이다. 미국의 사례에서, 1983년에 국가 교육 우수 위원회National Commission on Excellence in Education의 보고서인 〈위험에 처한 국가: 교육개혁의 의무A Nation at Risk: The Imperative for Educational Reform〉의 발간은 교육의 목적으로서 경제성장에 관한 논쟁을 촉발시켰다. 이 시기 이후, 학교는 교육과정에서 직업적으로 관련된 문해력, 자료 처리, 개인적 자기관리, 협업, 학습 습관, 문제 해결을 강조해 왔다. 그것은 또한 교육이 개인과 국가 모두를 위한 경제 생산성의 핵심이라는 아이디어를 미국 대중의 마음에 심어 주었다. 이미 개인적 성취를 지향하는 국가의 경우, 개인의 성공적 삶을 위한 교육의 중요성은 고조되어 있다.

오늘날 영향력 있는 21세기 기술을 위한 파트너십Partnesship for 21st Century Skills: P21의 전신은 컴퓨터 시스템 정책 프로젝트, 국가 교육 협회 및 여러 기술 관련 기업들의 대표로 구성된 CEO 포럼CEO Forum*이었다. 포럼은 빌 클린턴Bill Clinton이 모든 학교를 인터넷으로 연결하겠다는 계획을 발표한 직후인 1996년에 시작되었다. 2002년에

---

* 옮긴이 주: 2007년에 설립되었으며 CEO와 임원 등의 리더십을 개발하고 지원하기 위해 링싱된 조식.

P21은 CEO 포럼을 미국 교육부 지원은 물론이고 미국의 많은 선도적인 테크놀로지 기업들(2장)을 포함하여 확장된 멤버들로 대체했다. 최근 몇 년에 걸쳐, P21은 16개 주정부가 그 기술 프레임워크를 가르치기 위해 가입함으로써 상당한 추진력을 얻었다. 이 프레임워크는 학습 기술, 학제적 주제, 그리고 핵심 교과들(전통적인 교육과정)로 구성된다. 그 "학습 기술"은 정보와 미디어 리터러시 기술, 의사소통 기술, 비판적 사고력, 시스템 기술, 문제 정의, 형성, 해결, 창의성과 지적인 호기심, 대인관계 및 협업 기술, 자기주도, 책임감과 적응력, 그리고 사회적 책무성을 포함한다. 학제적 주제로는 글로벌 인식, 재정적, 경제적, 비즈니스 및 기업적 리터러시, 시민적 리터러시 등이다.

P21 활동들의 사례

- 4학년 사회과 수업: "소집단으로 활동함. 학생들은 괴롭힘이나 낙서와 같이 학교에서 관찰하거나 들은 문제에 대해 토론함. 전체 수업whole class에 참여함으로써, 학생들은 가장 의미 있는 문제들 몇 개에 대해 공통적 합의에 도달함. 상호 동의에 의해 문제가 선택되면, 학생들은 그 문제의 원인과 가능한 해결 방안을 탐구하기 위해 각자 책임 영역을 정함."[40]
- 12학년 영어 수업: "학생들은 셰익스피어 연극의 대화를

텍스트 메시지 교환으로 번역하고 글쓰기 양식이 대화 어투나 의미에 미치는 효과를 분석함. 그러고 나서 학생들은 의사소통 매체와 관련하여 청중과 목적에 대해 토론함."[41]

그러한 활동은 학생들이 문제 해결과 의사소통에 참여하게 할 수는 있으나 학생들이 그 수업에서 배운 것은 무엇일까? 4학년 수업에서, 학생들은 서로의 행동을 정책화하기 위한 몇 가지 아이디어를 생성할 것이다. 두 번째 예시에서, 학생들은 자신들의 어휘를 확장하도록 요구받을 수도 있으며 장르는 단어의 선택에 의해 영향을 받는다는 것을 알게 될 수도 있다. 그러나 그들은 셰익스피어의 저술에 영향을 주었던 역사적 맥락이나 셰익스피어의 저술에 관해서는 어떤 것도 배우지 못할 것이다.

초기 P21 프레임워크는 교과 분야를 포함하지 않았다. 그러나 계획에 교과 지식을 포함하지 않은 것에 대한 일부 대중의 비판이 있은 이후에 적절한 조치에 의해 교과가 추가되었다.[42] 그래서 P21은 현재 학문 교과들을 통합하고 있지만, 그들의 연구에 주어진 프레임워크는 "그런 해당 지식이 수반하는 구조적 연구, 규율, 집중력을 배제한다".[43]

훨씬 더 명확하게 통합을 지향했던 P21의 기술과는 대조적으로, 공통 핵심 국가 표준안Common Core State Standards은 교육에 필요한 기술들, 즉 읽기, 쓰기, 말하기, 표현하기, 수리, 데이터 처리 등을 포함하고 있다. 일례로, 4학년 학생들은 "연속적인 읽기에 대한 정확성, 적절한 속도 및 표현으로 산문과 시를 구두로 읽는다".[44] 그리고 8학년 학생들은 다음의 능력을 갖춰야 한다. "청취자가 추론의 선을 따라갈 수 있도록 명확하고 뚜렷한 관점을 전달하고, 대안적 또는 반대적 관점을 다루며, 조직, 이야기 전개, 핵심 요지 및 스타일이 목적, 청중, 그리고 다양한 형식적이고 비형식적인 과제에 적합하도록 정보, 발견 사항, 뒷받침 증거를 제시할 수 있어야 한다."[45]

교사들이 읽기, 수학적 연산과 같은 복잡한 과제를 더 작은 기술들skills로 나누어 교육하는 것은 도움이 될 수도 있지만, 이는 교사들이 신뢰하는 상황적 지식을 무시하는 것이 된다. 그것은 이러한 기준안의 저자들이 언어와 수학을 지식의 영역이 아닌 기술의 영역으로 본다는 것을 의미한다. 즉, "영어와 수학은 두 교과 모두 기술 영역에 해당된 것으로 인식되었기 때문에 주정부 차원에서 공통의 핵심 기준안이 선택된 첫 번째 과목들이 되었으며, 학생들은 두 교과에서 쌓은 기술을 기반으로 다른 교과 영역들의 기술도 개발할 수 있다고 믿었다. 또한 두 교과목은 가장 빈번하게 학생들의 성취 결과를 보기 위한 목적으로 평가되는 교과들이다."[46] 영어와 수학이 특화된 지식에 기반을 둔 교과라기보다는 기술 영역의 교과라는 언급은 이러한 기준안들이 21세기 기술을 위한 파트너십에 의해 생산된 교과라는 것이다. 두 교과 모두 어린이들이 이해하며 읽기 위해 학습하는 것과 수학적 연산을 이해하기 위해 배워야 하는 지식 문제를 외면한다. 공통의 핵심 주정부 표준안은 적어도 내용지식과 연계한 기술에 대한 필요성을 인정한다. 즉, "교육을 효과적으로 개선하고 모든 학생이 대학, 직업 훈련 및 생활에 대비할 수 있도록 하려면 표준안은 표준안과 일관성을 지닌 내용이 풍부한 교육과정과 견고한 평가 체제와 파트너 관계를 맺어야 한다".[47] 문서는 또한 각 학년 수준에서 읽기의 범위를 설명해 주는 텍스트, 즉 『샬롯의 거미줄Charlotte's Web』, 『이상한 나라의 앨리스Alice in Wonderland』, 『허클베리 핀Huckleberry Finn』과 같은 고전을 포함한다. 그러나 그것은 그 내용이 지식에 접근하도록 학생들을 지원하는 기술이라기보다는 기술을 발달시키기 위해 사용되는 것임을 제시하면서, 이러한 목록은 기술 표준안에 딸린 부록에 불과함을 말해 준다.

"21세기 기술" 또는 "공통의 핵심 기술"의 개발자들이 한 실수는 기술을 지식과 분리된 뭔가로, 또는 지식의 기능적 결과물로 다룬다는 것이다. 그래서 심리학자 대니얼 윌링햄Daniel Willingham이 설명한 바대로 "사고의 과정은 사고의 내용(즉, 영역 지식)과 얽혀 있다"[48]라는 사실을 놓치고 있다. 이는 읽기를 통한 이해와 같은 그러한 기술을 학습할 때, 우리가 얼마나 잘하는가는 우리가 읽고 있는 교과에 대해 얼마나 많이 알고 있는가에 달려 있다. 대부분의 어른들은 그들에게 익숙한 개념과 아이디어를 포함하고 있다면 정원 가꾸기 또는 요리와 같은 주제들에 대해 일부 내용을 이해할 것이다. 그러나 물리학이나 분자생물학 같은 내용은 훨씬 더 많은 도전 과제를 부여하게 된다. 논의될 개념에 대한 배경지식을 갖추고 있지 않다면, 이해에는 한계가 있을 것이다. 물론, 내용 읽기를 통해서 지식은 발전될 수 있고 이해는 향상될 수 있다. 하지만 요점은 가장 좋은 기술은 그 기술이 개발되는 지식의 영역에 특화된 것이라는 점이다. "스티븐 스필버그는 앙키스를 관리할 수 있는 지식을 갖고 있습니까?"라고 허시E. D. Hirsh Jr.에게 질문했을 때, 그의 응답은 "노No"였다. "창의성, 문제 해결, 언어 이해 그리고 비판적 사고의 방법적 요소는 영역별 지식보다 덜 중요하다."[49] 우리가 아래에서 보는 바와 같이, 비록 어떤 맥락적 상황에서 발달된 상위 인지 기술일지라도 유사한 상황에 적용될 수 있다.

윌링햄이 비판적 사고와 같은 기술을 가르치는 것이 실제로 가능한 일인지 의문을 제기하고, 이를 가르치도록 요청하는 과정에 대해 회의적인 것은 이러한 이유 때문이다. 이러한 강좌에서 하는 것은 학생들에게 추론하기, 판단하기, 증거 평가하기, 이슈의 양면 보기, 새로운 아이디어에 개방적으로 접근하기 그리고 이용 가능한 사실들로부터 추론하기와 같이 비판적으로 사고하는 데 중요한 메타인지 전략과 태도를 가르치는 것이라고 윌링햄은 언급한다. 이러한 것은 중요한 사항이나 깊은 구조적 지식이 없다면 제한적일 수 있다. "메타인지 전략은 학생들에게 그들이 해야 하는 것은 무엇인지를 말해 줄 뿐이다. 학생들이 실제로 그것을 하는 데 필요한 지식을 제공하지는 않는다."[50] 윌링햄은 결과 해석 및 실험 매개변수의 통제와 관련하여 비판적으로, 또 창의적으로 사고하는 능력이 어떻게 직접적으로 자신의 선행 지식과 연결되어 있는지를 설명하기 위해 실험을 수행하는 예시를 사용한다. 즉,

조사하고 있는 현상들이 자신의 심적 모델에 맞지 않아서 이상하게 보이는 데이터는 아주 유익하다. 그 데이터는 여러

분의 이해가 불완전하다는 것을 말해 주며 새로운 가설 설정으로 이끈다. 그러나 실험 결과가 나올 것으로 예상하는 경우에만 실험 결과가 이례적인 것으로 인식할 수 있다. 그리고 이례적인 결과를 고려하는 새로운 가설을 만들 수 있는 능력은 영역 지식에 기초한다.[51]

이는 우리가 앞 장에서 글로벌 이슈에 대해 접했던 것과 비슷한 수수께끼이다. 강조점은 이슈에 참여하는 것에 두었으나 종종 어린이들은 그 문제를 이해하는 데 필요한 배경지식이 부족하여 해결 대안은 다소 의미 없는 것일 때가 많다. 두 가지 접근 방식 모두에서 과정이 내용보다 더 상위 위치에 있다.

내용을 과정(기술)으로부터 분리한 결과는 거의 교육적 가치가 없는 일상의 사소한 생활 문제들에 소중한 학습 시간을 내주는 것과 같다.

학교와 대학은
어떻게 젊은이들의 취업을 준비시키고 있는가?

잠깐, 젊은이들에게 취업을 준비시키는 것이 학교의 일이어야 하는지에 대한 질문을 중단하고, 어떤 지식과 기술(그리고 태도 및 성향)이 오늘날 고용주들에게 가치 있는 것이며, 학생들은 어떻게 그러한 교유을 받을 수 있는지부터 질문해 보자. 이에 대한 응답은 물론 직업에 따라 다를 것이다. 많은 저숙련 직업은 타인과의 의사소통 능력뿐 아니라 단지 기초적인 문해력과 수리력만을 요구할 것이다. 반면, 고숙련 직업에서는 전문적인 지식과 기술을 요구할 것이다. 일반적으로 오늘날 고용주들은 고차적인 사고력, 분석, 종합, 평가, 문제 해결, 의사결정 능력뿐 아니라 읽기, 쓰기, 수리, 의사소통에서의 역량을 중요한 가치로 제시한다.[52] 위의 예시에서처럼, 그러한 기술은 지식의 획득을 통해 개발되어 왔다.

어려운 지식의 영역을 익힐 때, 어린이들은 긍정적인 태도와 성향을 갖게 된다. 이러한 기술이 획득될 수 있는 다른 방법은 일을 하는 것이다. 견습 또는 직업 연수를 통해 고용주들은 연수생들에게 노동에 필요한 성향뿐 아니라 직업 수행을 위해 요구되는 특정 기술을 배울 수 있도록 지원한다. 물론, 매뉴얼 작업과 숙련된 작업을 수행하기 위해서는 다양한 기술이 필요하지만, 직원들은 주어진 전문 분야에서 경험이 많을수록 문제 해결, 연구, 평가 및 의사결정을 더 잘 수행할 수 있다. 그리하여 고용주들은 노동의 경험을 중요하게 제시한다. 왜냐하면 "실제 노동 현장은 어떤 교육을 기반으로 한 시뮬레이션이 행할 수 있는 것보다 더 효과적으로 일반적이고 전문적인 노동 기술을 가르쳐 줄 수 있기 때문이다".[53] 이는 미국과 영국 모두에서 현재보다 훨씬 더 개선된 직업 교육 및 연수 시스템의 필요성을 암시한다.

그러나 앨리슨 울프는 노동 이전에, 가장 '일반적인' 직업 훈련은 교과에 기반을 둔 교육과정에서 제공한 학문 교육academic education이라고 주장한다. 그녀는 학문 중심 교육과정, 즉 "수학, 분석적 글쓰기, 복잡한 산문의 이해를 포함하는 것은 단지 그것의 관련성에서 일반적일 뿐 아니라 우리가 우리 자신 및 우리 어린이들을 위해 원하는 전문적이고 기술적인 직업의 범주에도 적합하다"라고 주장한다.[54] 숙련된 전문직과 기술직에 적합하게 만드는 것은 심층적인 교과 지식 획득을 통해서 가능하다는 사실보다는 학생들의 "사고, 반성, 상상, 관찰, 판단, 질문" 능력 발달을 통해서 가능하다는 내용이 더 많다.[55] 그러한 기술이 특정 교과 지식을 통해 발달한다고 하더라도, 숙련된 개인은 그러한 기술을 다른 지식 영역의 문제 해결을 위해 적용할 것이다. 그리하여 "고용주들은 학업적으로 교육받은 사람들을 선택하고, 교육받은 사람들은 좋은 직업을 얻게 될 것이다".[56] 울프는 대부분의 고용주들에게 학업적 자격은 인내, 개인적 조직, 동기, 텍스트 이해, 글쓰기의 유창성과 정확성, 수학적 능력과 같은 학습된 능력과 바람직한 구체적인 기술과 태도의 대리적 척도로 작용한다고 지적했다.

청소년을 위한 고용 시장이 영국과 미국에서 점진적으로 감소함에 따라, 청소년들은 교육에 더 많은 시간을 보내게 되었다. 왜냐하면 교육이 종종 배우려는 욕구보다는 고용의 수단으로 여겨지기에 선택의 여지가 없기 때문이다. 많은 사람들은 고등교육으로의 디딤돌로 (미국에서) 커뮤니티 칼리지나 (영국에서) 직업 강좌를 사용한다. 불행하게도, 고등교육 기회를 더 많은 청소년에게 개방하려는 시도는 고등 학문적 수준으로 더 많은 사람들을 끌어올리는 것이 아니라 지적 요구 사항은 줄이는 것으로 달성되었다. 1920년대부터 최근까지 학생들의 시간 활용 조사에서, 필립 배브콕과 민디 마크스Philip Babcock & Mindy Marks는 최근에 등록한 풀타임 대학생들은 평균적으로 주당 27시간만을 학업 활동에 사용한다는 것을 발견했다. 이는 일반적으로 고등학생들이 학교에서 보내는 시간보다 더 적다.[57] 1920년대부터 1960년대까지 공부와 수업시간에 해당하는 시간은 40시간이었다. 아마도, 줄어든 공부 시간으로 성적이 떨어질 것이라고 예상할 것이다. 그러나 리처드 아룸과 조시파 록사Richard Arum & Josipa Roksa는 여러 경우, 학생들은 "제한된 학업 노력"으로 "높은 점수를 받고 대학 학위를 위해 꾸준히 점진적 향상"을 이뤘고, 교수진과 행정은 학점을 낮추는 데 공감하고 있다고 말한다.[58] 이는 모순적이게도 대학교, 대학, 그리고 고용주들이 오랫동안 의존했던 자격증이 더 이상 청소년에게서 찾고 싶었던 자질을 효과적으로 측정하는 척도가 되지 못한다는 것을 의미한다. 교과 지식을 획득하는 데 교사들이 더 적은 시간을 보내는 것과 마찬가지로 학문 중심 교육과정은 학생에게도 덜 적용되게 되었다. 결과적으로, 고용주와 고등교육기관은 그 가치는 적지만 더 높은 수준의 자격증을 요구하게 되었다. 많은 청소년 교육에의 돌입은 청소년들을 글로벌 경제의 "노예"로 만들면서 지식과 기술의 추구보다는 생존의 수단으로 인식되게 했다고, 어떤 연구자는 제시했다.[59]

가장 넓은 의미에서, 학교는 사회적으로, 정신적으로, 그리고 학교가 전하는 지식과 기술을 통해 어린이들에게 직업 세계를 준비시켜야 한다. 그러나 고용 성과는 교육의 목적이 아니며 고용 성과를 학교교육의 도구적 목적으로 만들면서 정책 입안자들은 학문적, 직업적 교육 모두를 훼손시키고 있다. 우리가 보았듯이, 기술이 교과 또는 직업을 배우는 맥락에 포함되지 않을 경우, 그 기술들은 일상적이고 진부한 일상 활동으로 위축된다. "기술" 교육과정을 가르친다는 것은 "경제적인 용어로 비생산적인 것이며 덜 유능한 노동력을 생산하게 된다".[60] 고용주와 청소년의 요구를 더 잘 충족하기 위해서, 우리에게는 둘 사이의 명확한 분리뿐 아니라 학생을 위한 엄격한 학업 및 직업 교육이 필요하다. 학교는 모든 어린이에게 학문 교육을 제공해야 하며, 그 후에 일부 학생은 직업 교육을 원할 것이고, 반면 다른 일부는 고등교육 과정 진학을 선택할 수 있다.

글로벌 시민성을 위한 기술

글로벌 시민성을 위한 기술에는 개인적, 사회적, 그리고 감정적 기술, 공동체 참여 및 시민성을 위한 기술, 그리고 학습 기술이 포함된다([표 4.1]). 이러한 기술 영역들이 필요하다고 주장하는 사람들은 주로 글로벌 진보 교육학자들과 비영리 단체 관계자들이다. 다시 말해서, 이러한 기술과 고용주들에 의해 요구된 기술들 간에는 상당히 중복되는 부분이 있다. 글로벌 진보주의자들의 주된 차이점은 그들이 강조하는 기술이 글로벌 이슈, 글로벌 지식, 글로벌 윤리를 탐색하는 맥락에서 발전되었다는 것이며, 이는 강조점과 가치의 차이를 이끌고 있다. 또한 글로벌 시민성에 대한 윤리적 근거를 고려할 때, 이러한 글로벌 기술의 많은 부분은 글로벌 윤리와 관련된다(다음 장의 주제에 해당됨).

개인적, 사회적 그리고 감정적 기술

개인적, 사회적 그리고 감정적 기술은 실제 삶의 기술, 관계 관리 기술, 심리적 웰빙 기술로 세분될 수 있다. 위에서 살펴보듯이, 기술이 이론적 지식과 분리될 때, 기술은 삶의 실제적인 면과 일상의 사회적 문제에 초점을 두는 경향이 있다. 두 영역은 재정 계획과 건강이다. 그리하여 21세기 기술을 위한 파트너십Partnership for 21st Century Skills의 프레임워크에는 재정, 경제, 비즈니스 그리고 기업가 교육에 관한 주제가 있다. 이러한 주제의 일부로서, 학생들은 다음 활동을 성취하도록 요구받는다.

- 적합한 개인의 경제적 선택 방법 알기.
- 기업가적 기술을 활용하여 노동생산성과 직업 선택 능력을 향상시키는 것.[61]

그러한 목표는 수학 학문을 이해하는 것을 수표책의 결산 방법, 월별 예산 계획, 잔돈을 계산하는 것과 같은 일상적인 과제로 줄이는 것이다.

관계를 관리하는 것과 관련된 많은 글로벌 기술들이 있다. 여기에는 괴롭힘 다루기, 갈등 해결, 협업 및 협상, 타협과 융통성 발휘 능력,

의사소통 능력(외국어 포함) 및 타인의 신념과 가치 존중의 태도 등이 포함된다. 대부분, 이러한 기술은 글로벌 교육가들이 교육하고자 하는 개인의 기술 유형을 전제로 한다. 이는 경쟁을 넘어서서 협력을 소중히 여기고, 다른 문화와 관점을 판단하지 않으며, 자신의 입장을 주장하기보다는 타자의 말을 듣고 다른 사람들의 공헌을 비판하기보다는 긍정하는 개인이다. 이러한 기술들은 글로벌 교육에 정보를 제공하는 윤리교육의 관점과 밀접하게 관련되어 있으며, 다음 장에서 논의될 것이다. 여기서, 몇몇 예시들은 그러한 기술이 교실에서 어떻게 발전될 수 있는지를 설명한다.

첫 번째 예시, "협력!"([표 4.2])은 영국 옥스팜Oxfam의 『글로벌 시민성: 초등교육 핸드북Global Citizenship: The Handbook for Primary Teaching』에서 뽑은 것이다. 이는 협력은 갈등보다 더 낫다는 단순한 메시지를 전달하기 위해 영국 퀘이커 봉사 협회Quaker Peace and Social Witness의 〈두 노새The Mules〉 포스터를 기반으로 만든 것이다.

협력 기술과 문제 해결 기술을 발달시키기 위해 설계된 활동의 다른 사례는 강 건너기River Crossing로, 영국의 뉴캐슬시Newcastle-upon-Tyne의 초등교사가 설계했다. 이 수업에서([표 4.3]) 어린이들은 손이나 발만을 사용하여 교사가 정한 가상의 강을 건너야 한다(일부 학생들은 단지 손만 사용하고, 다른 학생들은 단지 발만 사용함). 이 활동은 초등 수준 학생들에게 권장되며, 이 과제가 성공적으로 이뤄지기 위한 방법에 대해 토의하고 함께 작업할 필요성, 그리고 어린이들이 활동 중이나 활동 후에 느끼는 것은 공유하는 시간이 수반된다.

[표 4.2] 협력![62]

• 목적: 학생들이 협상과 협력을 통해 어려움을 어떻게 해결할 수 있는지를 생각하도록 함. 바닥에 PE 후프(Hoop for physical education)를 놓고 두 어린이가 반대 방향을 보면서 후프 안에 서 있게 한다. 그 후프의 양쪽에 손을 뻗어 닿을 수 없는 자리에 사과 하나씩을 놓는다. 그리고 후프 안에 있는 어린이들에게 손을 잡고 반대 방향으로 당기면서 사과에 닿도록 하라고 요청한다. 그러고 나서 다른 학생들에게 이 방법이 왜 좋은 아이디어가 아닌지 말해 보게 하고, 후프에 안에 있는 어린이들이 더 협력적인 방식으로 그들의 사과에 각자 닿을 수 있는 방법을 제안해 보게 한다. 가장 바람직한 방법은 그 어린이들이 처음에 한쪽의 사과를 줍기 위해 함께 이동하고 그러고 나서 다른 쪽 사과를 줍기 위해 함께 이동하는 것이다.

『글로벌 시민성: 초등교육 핸드북(Global Citizenship: The Handbook for Primary Teaching)』에서 옥스팜 GB(Oxfam House, John Smith Drive, Cowley, Oxford OX4 2JY), www.oxfam.org.uk/education의 허락하에 발췌함. 옥스팜 GB는 자료와 함께 제공되는 텍스트나 활동을 반드시 보증하지는 않음.

세 번째 활동인 "특별한 친구A Special Friend"도 옥스팜의 초등교육 핸드북([표 4.4])에서 발췌했다. 이 수업의 목표는 학생들이 "자신과 타자와의 관계를 인식하고 자신들의 행위가 가져올 결과를 평가하고, 다른 사람들에게 직접적인 관심을 보여 주는 것"이다.[63] 이 활동은 우정을 설명해 주는 책을 활용해도 좋다. 친구와 관련된 맥락에서 이 수

[표 4.3] 강 건너기[64]

학생들은 원을 만들어 앉으며 각각 한 장의 카드를 받는다. 매트의 긴 줄이 모든 사람이 건너야 하는 강이라고 교사가 설명한다. 만약 한 학생이 발이 교차된 그림을 가진 카드를 가지고 있다면 그녀는 물에 발을 넣지 않고 강을 건너야 한다. 비슷하게, 손이 교차된 카드를 가진 학생은 물에 손을 넣을 수 없다. 교사는 모든 학생이 강을 건널 수 있는 방법을 질문하고, 실험에 참여할 학생을 선정한다. 모두가 강을 건너갈 경우, 도움을 받거나 다른 사람을 도울 필요가 있다고 판단되면, 수업에서 계획을 세울 시간이 주어진다. 교사는 학생들에게 이것이 승자와 패자를 나누는 활동이 아니며, 단지 모두가 안전하게 강을 건널 때 성공한다는 것을 상기시킨다.

『글로벌 교실 수업 2(In the Global Classroom 2)』(2000)에서 피핀 출판사 (Pippin Publishing Corporation)의 허락하에 발췌함.

[표 4.4] 특별한 친구[65]

학생들과 이 책을 읽고 학생들이 슬프거나 외롭다고 느낄 때 하는 것이 무엇인지 얘기해 보자. 그리고 학생들은 이러한 때 서로 어떻게 도움을 줄 수 있는지 얘기를 나눠 보자. 친구를 사귄다는 것은 무엇인지, 친구가 서로에게 해 줄 수 있는 것은 무엇인지, 또 학급에서 새로운 어린이들과 친해지는 방법은 무엇인지 얘기해 보자. 친구를 묘사하는 특별한 단어들, 우리가 서로 친구가 되었을 때에 관해, 그리고 다시 친구가 되기 위한 방법에 대해 말해 보자. 학생들이 자신의 존재를 좋아하거나 자기 자신이 되고 싶어 하는 때를 토의해 보자. 확장하여, 학생들은 그들의 '특별한 친구'와 자신을 콜라주하거나 그들에게 특별한 사람을 위한 사진을 만들어 줄 수 있다.

업은 바람직한 개인적 자질과 행동에 중점을 두고 있다.

어린이들이 자신의 행동, 가치, 감정 그리고 성향을 살펴보도록 장려하는 것은 글로벌 진보주의자의 시각에서는 정신적·사회적 기술의 발달이 교육의 중요한 목적이기 때문에 글로벌 기술 개발의 중요한 부분으로 여겨진다. 이는 글로벌 기술의 다음 범주인 심리적 웰빙에 관한 기술로 이어진다.

심리적 웰빙

어린이들의 심리적 웰빙은 미국 학교들에서 1980년대 후반과 1990년대 핵심 목표가 되었다.[66] 당시에 자존심self-esteem은 사회적 문제와 학문적 문제의 치료법으로 받아들여졌다. 이러한 변화로 인해 어린이들의 실제 성취보다는 어린이들이 수업에 대해 어떻게 느끼고 있는지에 교육적 초점이 두어졌다. "연구는 사회적·감정적 기술이 어린이들 사이의 폭력과 공격성을 줄이고, 학업 성취를 높이며, 학교와 직업 현장에서 기술을 발휘할 수 있는 능력을 향상시킨다는 것을 보여 주었다"라고 온라인 교육 간행물인 『에듀토피아*Edutopia*』는 제시했다.[67] 영국에서는 1990년대 후반부터 이에 대한 움직임이 있었다.[68] 여기에서,

우리는 이러한 치료적 근거가 자아성찰과 자아확신의 기술을 포함하여 글로벌 교육의 핵심이라는 것을 보여 준다.

성찰의 "기술"은 "교사와 학습자 모두에게 학습과정에서 중요한 역할을 하게 된다"라고 글로벌 교육 운동가인 메리 메리필드Merry Merryfield는 언급했다.[69] 비슷하게, 가우델리Gaudelli는 "교육과 정체성은 지난 십 년 이상에 걸쳐 거의 동의어가 되었다"라고 했다.[70] 메리필드는 나무를 자신의 가치와 신념을 형상화하는 경험 및 환경과 비유하면서 수업을 생명의 나무Tree of Life라고 불렀다. 메리필드는 아이들에게 그녀 자신의 나무를 보여 주면서 시작한다.

> 나무의 '뿌리'는 가족의 가치, 초기 경험, 그리고 문화유산
> (즉, 민족, 종교, 사회경제, 지역)이다. 나무의 줄기는 양질의 교
> 육을 받으면서 어린 시절부터 축적한 경험들로 구성되어 세
> 계관의 발달에 중요한 것으로 인식된다. 각각의 가지는 다른
> 사람들 또는 세계에 대해 개인이 가지고 있었던 관점을 수정
> 한 어른의 경험 또는 행동을 나타낸다.[71]

그리고 나서 메리필드는 계속해서 학생들에게 자신의 삶을 반성하도록 요구하고 "타자와 세계에 대해 그들 자신의 관점을 형상화한 근본적인 가치, 신념, 그리고 경험"을 정의하는 자신의 나무를 구축하도록 요구한다.[72] 의심의 여지 없이, 그러한 활동을 수행하는 것은 학습자로 하여금 자신의 삶에서 수행적 경험과 영향을 확인해 보는 데 도움을

줄 것이다. 메리필드가 제시한 바와 같이, 활동의 결과물은 "학습자가 자신에 관해 배웠던 것과 조망적 수용 과정에 대한 성찰"이다.[73]

학습 기술

진보 교육가들은 오랫동안 교사 중심 수업보다는 아동 중심 학습을 강조해 왔다. 수업이 아동에 대한 어른의 강요로 묘사된 반면, 학습은 학습자가 자신의 현실을 구축하는 것으로 보았다. 교실에서 교수와 학습은 손잡고 나아가야 한다. 교사는 학습자가 배울 필요가 있는 지식과 기술을 구축해야 학습자들이 낮은 수준에서 높은 수준의 이해로 발전할 수 있다. 이는 교수 방법이 교훈적인 내용이나 탐구를 기반으로 한 것인지의 여부이다. 그러나 교육과정의 목적이 글로벌해질수록, 교육은 지식을 가르치는 것에서 멀어져서 학습과정 그 자체로 강조점이 이동한다.

학습 기술의 예시는 액션 에이드Action Aid에 의해 만들어진 것으로, 〈글로벌! 적극적인 글로벌 시민성에 대한 기술 기반 접근Get Global! A Skills-Based Approach to Active Global Citizenship〉이 있다([표 4.5]). 이 예시에서, 학습의 초점은 학습 내용보다는 개인적 기술과 어린이의 자신감에 기반을 두고 있다. 다시 말해서, 학습자가 **무엇**을 배우는가 보다는 학습하기 위해 학습한다는 것이다. "많은 학습을 위한 학습의 옹호자들은 교과 내용보다 학습자와 관련된 감정 표현, 태도 그리고 기술을 더 중요한 것으로 본다"라고 에클스턴과 헤이스Ecclestone & Hayes는 말한다.[74]

모든 학습 기술이 위의 예시에 제시된 것만큼 진부한 것은 아니다. 학생들이 특정 문화적, 정치적 맥락에서 실제 세계의 문제를 조사할 때, 많은 연구 기술이 이러한 과제를 효과적으로 수행하기 위해 활용될 필요가 있다. 여기에는 정보 조사, 선택, 처리, 분석, 비교, 종합 그리고 평가의 기술이 포함된다. 이러한 학습 기술을 설명해 주는 좋은 자료로는 글로벌 교육을 위한 미국 포럼American Forum for Global Education에서 편집한 〈글로벌 교육 체크리스트Global Education Checklist〉가 있다. 다음에서 몇 가지 예시들을 살펴볼 수 있다.

글로벌 이슈

- 학생들은 이슈에 대한 정보를 찾는 방법을 알고 있는가? 학생들은 유용하고 관련된 데이터를 분류, 평가, 선택 및 결정하기 위한 기준 개발 방법을 알고 있는가? 학생들은 자신들이 발견한 정보를 처리하는 방법을 알고 있는가? 학생들은 타자에게 자신들의 정보를 제시하는 방법을 알고 있는가?

문화

- 학생들은 문화에서 주요 사건과 동향을 분석하고 평가하는 방법을 알고 있는가?

글로벌 연결

- 학생들은 미국과 세계 역사에서 주요 사건과 동향을 인식하고 분

[표 4.5] 글로벌 학습 기술 차트(Global learning skills chart)[75]

낮은 점수(Low score)(1 2 3 4 5 6)	높은 점수(High score)
상실된 자신감	획득된 자신감
어렵게 행함	쉽게 행함
어렵게 그룹에 참여하기	그룹의 부분으로 쉽게 행함
어렵게 토의에 참여하기	쉽게 토의에 참여하기
어렵게 자신의 의견 표현하기	쉽게 자신의 의견 표현하기
어렵게 사람들의 의견 청취하기	쉽게 사람들의 의견 청취하기
어렵게 의견에 도전하기	쉽게 나의/타자의 의견에 도전하기
협상을 잘하지 못함	협상을 잘함
의사결정을 못함	의사결정을 함
아이디어를 반영하지 못함	아이디어를 반영함
차이를 만들지 못함	차이를 만들어 냄

〈글로벌! 적극적인 글로벌 시민성에 대한 기술 기반 접근(Get Global! A Skills-Based Approach to Active Global Citizenship)〉(2003)에서 액션 에이드(Action Aid)로부터 허락을 받아 발췌함.

석하고 평가할 수 있으며, 이러한 사건과 동향이 로컬 및 미국과 어떻게 연결되어 있는지를 조사할 수 있는가?

- 학생들은 로컬 및 지역 이슈를 글로벌 과제 및 이슈와 상호 연결하여 인식하고, 분석하고, 평가할 수 있는가?
- 학생들은 자신의 삶과 글로벌 이슈 간 상호 연계를 인식하고, 분석하고, 평가할 수 있는가?[76]

이 예시는 글로벌 교육이 때로 의미 있는 방식으로 기술과 지식을 통합할 수 있음을 설명한다. "어떤 문화에서 주요 사건과 동향을 분석하고, 평가하기 위해서" 또는 "로컬과 지역 이슈를 글로벌 과제 및 이슈와 상호 연결하여 인식하고, 분석하고, 평가하기 위해서" 문화, 국가, 정치에 관한 많은 지식이 필요하다. 문제는 기술 자체에 제한했을 때 나타날 수 있다.

지역사회 참여와 시민성

특히, 미국 교육에서 시민성 함양을 위한 교육은 오랜 역사를 지닌다. 글로벌 교육을 통해 이러한 기술의 틀이 국가 수준에서부터 훨씬 더 유동적인 것으로 바뀌었다. 그리하여 전국 사회교과 협회NCSS는 지역사회, 국가, 세계 수준의 시민성을 정의한 반면, 미국 정부에 대한 학습은 "권력, 권위 및 거버넌스"의 한 부분으로 축소되었다. 영국에서 시민성 교육과정은 어린이들이 "적극적이고 글로벌한 시민으로 학교, 이웃, 지역사회 그리고 더 넓은 사회생활에서 능동적인 역할을 실행"하는 것을 배우는 것으로 소개된다.[77] 위에서, 액션 에이드는 글로벌 시민성을 협력과 협상의 기술을 교육하기 위한 프레임워크로 사용한다.

미국에서 도전 20/20Challenge 20/20은 전국 사립학교 협회에 의해 시작된 계획으로, 학생들로 하여금 글로벌 이슈를 학습하기 위해 협업적 활동에 참여하도록 한다. 이 아이디어는 리처드J. F. Richard의 책 『하이 눈: 20개의 글로벌 문제, 20년의 해결 시간High Noon: 20 Global Problems, 20 Years to Solve Them』에서 왔다.[78] 20개의 문제는 지구 온난화, 삼림 황폐, 어류 고갈, 디지털 격차, 모두를 위한 교육, 자연 재해 예방과 축소, 불법 약 복용, 지적 재산권 그리고 국제적 노동과 이주 규칙 등을 포함한다. 그 목표들 중 하나는 학생들이 다른 학교 학생들과 함께 그 문제 해결을 위해 활동하도록 장려하는 것이다.

의심할 여지 없이, 학교교육의 중요한 부분은 타자와 상호작용하는 것을 배우는 것이다. 결국 교육은 사회적 활동이다. 협업적 프로젝트, 책임 집단적 계획 및 조직, 지역사회 참여 등은 모두 대부분의 학교가 장려할 만한 활동이며 관련 일에 해당한다. 그러나 그것들은 '교육과정'은 아니다. 교육은 다른 사람들과의 교류를 필요로 할 수 있지만, 그 목적은 연구 주제에 대한 이해의 명확성을 가져오는 것이다. 글로벌 학습의 위험성은 개인적·사회적 기술이 교육의 타당한 목적으로 취급되고, 그렇게 함으로써 교육은 덜 도전적이고, 덜 지적이며, 덜 흥미롭고, 궁극적으로 덜 의미 있는 것이 된다는 것이다.

결론

당연히, 글로벌 시민성과 학습 기술은 글로벌 시장을 위한 기술과 동일한 단점을 갖고 있다. 둘 모두 지식을 통해 개발된 기술을 맥락이 없고 거의 사소한 역량으로 바꾼다. 그들 모두는 또한 지식과 이해를 위한 수단보다는 교육의 목적으로서 역량에 집착하는 경향이 있다. 글로벌 기술은 교육의 의미를 직업과 삶을 위한 준비로 바꾸고 있다.

직업적으로 관련 있는 기술을 주요 교육과정에 도입하는 것은 어린 이들을 위한 교육적 기대를 낮추고 교사의 전문성을 경시하면서 학교를 교육을 위한 기관으로부터 고용을 위한 훈련 기관으로 변형시키고 있다. 교육과정을 위한 경제적 근거는 교육적인 것이 아니며 단지 학문 학습의 중요성을 가치 절하할 수 있을 뿐이다. 고용을 위해 필요한 기술(그리고 지식)을 획득한다는 것은 경력과 결합된 직업교육에 의해 이뤄지는 일반적인 학문 중심 교육과정을 통해 논의되어야 한다. "21세기 기술" 또는 "핵심 기술"은 더 이상 학문적인 교육도 직업 교육도 제공하지 않는다. 오히려 그 기술들은 어린이들을 교육하지 않는 이유를 제공한다.

위에서 설명한 바와 같이, 기술 운동의 기원은 불행히도 학업이 불가능한 것으로 간주되는 어린이들을 위한 비학업 과정과 훈련에 있다. 대신에 그들은 역량을 배우게 되는데, 그러한 역량은 아는 것이라기보다는 행하는 것에 관한 것이다. 교육과정의 주요 부분으로 글로벌 기술, 핵심 기술 또는 21세기 기술을 옹호하는 사람들은 오늘날 이러한 기술이 학업 교육보다는 모든 학생의 필요에 더 관련성을 지닌다고 주장하고 있다. 이러한 운동은 기대의 감소, 교육적 수준 저하, 학문적 교육과정이 많은 어린이들의 한계를 넘어서고 있다는 믿음을 반영한다. 더 잘 훈련된 그리고 더 지적인 노동력을 위한 필요에서 시작된 원인은 지식은 거의 없고 기초 기술만 요구되는 교육과정을 제시했다.

개인적·사회적·감정적 기술로서 교육은 일상의 삶으로 축소되어 왔다. 즉, 사회적 관계 관리, 재정 정리 방법, 정보 찾기 또는 자신의 감정 관리 방법 등이 해당된다. 여기에서, 교육의 초점은 세계에 대한 학습보다는 오히려 자신에 대해 학습하는 것이 되었다. 이는 교육과정에 대한 지적 목표를 심리-사회적 목표로 대체함으로써 개인이 세상을 내다보지 않고 내면을 바라보도록 장려한다. 교육의 목적은 지평을 넓히고 개인이 제한된 개인적인 경험을 넘어서서, 자신이 태어난 환경에 속박되지 않도록 하는 것이다. 아이들이 교육을 받으려면 세계에 대한 이론적이고 추상적인 지식에 접근할 수 있어야 한다. 그러한 지식을 갖춘 아이들은 숙련된 개인이 될 것이다. 그것 없이는 교육받지 못한 채 남아 있을 것이다.

▶ 참고 자료

1. Bayliss (1999) p. 1.
2. Ibid. p. 4.
3. Partnership for 21st Century Skills, "Mission," 2009. Accessed: http://www.p21.org/index.phpPoption=com_content&task=view&id=1888cltemid=110
4. Duncan, A., U.S. Secretary of Education, "Speech to the UN Educational, Scientific and Cultural Organization (UNESCO)," 4th November 2010. *Common Core State Standards Initiative,* 2009. Accessed: http://www.corestandards.org
5. Blunkett, D., *The Learning Age: A Renaissance for a New Britain,* "Foreword," 1998. Accessed: http://www.lifelonglearning.co.uk/greenpaper/summary.pdf
6. National Center on Education and the Economy (2007) p. xviii.
7. See Hirst and Thompson (1998); Osterhammel and Peterson (2003).
8. Rosenberg (2000) p. 33.
9. Hirst and Thompson (1998) p. 27.
10. Dicken (2003).
11. Levy and Murnane (2007) p. 164.
12. Ibid. 166.
13. Dicken (2003).
14. Manning, "Is Anything Made in the USA Anymore? You'd be Surprised," *New York Times,* 20 February 2009. Accessed: http://www.nytimes.com/2009/02/20/business/worldbusiness/20ihtwbmake.1.20332814.html
15. Labor Source Survey cited in Wolf (2011) p. 147.

16. Wolf (2011) p. 35.

17. Chevalier & Lindley (2009).

18. National Centre on Education and the Economy (2007) p. xviii.

19. Payne (2000).

20. Ibid. p. 355.

21. Ibid. p. 356.

22. Manpower Service Commission, *Core Skills in YTS Part One: Youth Training Scheme Manual.* Sheffield: MSC, 1984.

23. Payne (2000) p. 356.

24. Mullan, P., "Education-It's Not for the Economy, Stupid!" *Spiked-online,* 3 August 2004. Accessed: http://www.spiked-online.com/Printable/0000000CA640.htm

25. Wolf (2002) p. 80.

26. Ibid. p. 76.

27. Wolf (2011) p. 48.

28. Ibid. p. 31.

29. Assessment & Qualifications Alliance, "Preparation for Working Life: Level 1/Level 2 Specification 4800," 2009. Accessed: http://store.aqa.org.uk/qual/pdf/AQA-4800-W-SP-ll.PDF

30. Wolf (2011) p. 21.

31. Young (2008).

32. Qualifications & Curriculum Authority, "The Key Skills Specifications and Guidance," 2002. Accessed: http://www.ngflcymru.org.uk/vtc/ngfl/2007-08/key_skills/wjec_2008/13%20Standards/Main%20KS/KS%20Specifications%20and%20Guidance.pdf

33. Pring (1995).

34. Williams (2005) p. 181.

35. Ibid. p. 189.

36. Ibid. p. 185.

37. Patrick, S., "Partnership for 21st Century Skills: Events and News," 2005. Accessed: http://www.p21.org/index.phpPoption=com_

content&task=view&id = 86&Itemid=64

38. Ravitch, D. (2010b) p. 12.

39. Ibid.

40. Partnership for 21st Century Skills, "Social Studies Map," 2008. Accessed: http://www.p21.org/documents/ss_map_1 1_12_08.pdf

41. Partnership for 21st Century Skills, "English Map," 2008. Accessed: http://www.p21.org/documents/21st_century_skills_english_map.pdf

42. Sawchuk, S., "Backers of '21st-Century Skills' Take Flak," *Education Week*, 4 December 2009. Accessed: http://www.edweek.org/ew/articles/2009/03/04/23pushback_ep.h28.html

43. Senechai, D. (2010) p. 5.

44. Council of Chief State School Officers & the National Governors Association, *Common Core State Standards for English Language Arts & Literacy in History/Social Studies, Science, and Technical Subjects*, 2010. Accessed: http://www.corestandards.org/assets/CCSSI_ELA%20 Standards.pdf

45. Ibid.

46. Council of Chief State School Officers Sc the National Governors Association, "Common Core State Standards : Frequently Asked Questions," 2010. http://www.corestandards.org/assets/CoreFAQ.pdf

47. Council of Chief State School Officers & the National Governors Association, "Common Core State Standards: Presentation," 2010. http://www.corestandards.org/

48. Willingham (2007) p. 8.

49. Hirsch, E. D., "The 21st Century SkiUs Movement," Press Release, 24 February 2009. Accessed: http://www.commoncore.org/pressreleaseM. php

50. Willingham (2007) p. 15.

51. Ibid. p. 17.

52. See National Center on Education and the Economy (2007); Levy & Mumane (2007); Wolf (2011).

53. Wolf (2011) p. 33.

54. Wolf (2002) p. 86.

55. Furedi (2009) p. 65.

56. Wolf (2002) p. 86.

57. Babcock and Marks cited in Arum and Roksa (2011) p. 3.

58. Arum and Roksa (2011) p. 5.

59. Laidi(1998)p. 11.

60. Mullan, P., "Education-It's Not for the Economy, Stupid!" *Spiked-online*, 3 August 2004. Accessed: http://www.spiked-online.com/Prin table/0000000CA640.htm

61. Partnership for 21st Century Skills (2009) p. 2.

62. Young (2002) p. 47.

63. Young (2002) p. 60.

64. Pike and Selby (2000) p. 42.

65. Ibid. p. 60.

66. Hunter (2001).

67. Edutopia Staff, "Why Champion Social and Emotional Learning? Because it Helps Students Build Character", *Edutopia,* 30 October 2008. Accessed: http://www.edutopia.org/social-emotional-learningin-troduction

68. Ecclestone and Hayes (2009).

69. Merryfield (1993) p. 28.

70. Gaudelli (2003) p. 102.

71. Merryfield (1993) p. 28.

72. Ibid. p. 28.

73. Ibid. p. 30.

74. Ecclestone and Hayes (2009) p. 51.

75. ActionAid, *Get Global! A Skills-Based Approach to Active Global Citizenship, 2003.* Accessed: http://www.actionaid.org.uk/schoolsand youth/getglobal/pdfs/getglobal.pdf

76. Czarra, F., "Global Education Checklist for Teachers, Schools, School

Systems and State Education Agencies," *American Forum for Global Education*, pp. 2-4, 2003. Accessed: http://www.globaled.org/fianlcopy. pdf

77. Qualification and Curriculum Development Authority, "Citizenship Key Stage 3," 2010. Accessed: http://curriculum.qcda.gov.uk/keystages-3-and -4/subjects/key-stage-3/citizenship/index.aspx

78. Richard (2003).

5장

글로벌 윤리

이 장은 글로벌 교육을 위한 도덕적 또는 윤리적 사례를 탐색한다. 즉, 일련의 도덕적 원리 또는 가치를 의미하는 윤리를 탐색한다. 아주 간단히 말하면, 글로벌 윤리의 틀을 옹호하는 사람들은 우리 사회, 타자에 대한 우리의 의무, 우리의 시민성 그리고 우리의 정체감은 더 이상 국가(또는 타자) 영역의 경계에 국한되지 않고, 오히려 글로벌하다고 주장한다. 그리하여 글로벌 교육은 지식과 기술을 제공하는 것 이상으로 아이들을 감정적으로 "글로벌적" 사고방식이나 관점으로 끌어들임으로써, 아이들로 하여금 글로벌 시민으로 자신을 확인할 수 있도록 노력한다. 그러므로 글로벌 교육은 새로운 세계관worldview, 즉 우리의 존재감을 이해하기 위한 프레임워크인 것이다. 한 연구자의 설명에 따르면,

글로벌 교육은 모든 것을 포괄한다는 의미에서 글로벌이 아니고, 국제적 또는 외국에 대한 연구와 동의어인 것도 아

니다. 초등 수준에서 글로벌 교육은 개인적, 사회적 존재로서
자신의 존재 감각의 개발을 촉진하는 교육으로 가장 잘 묘
사될 수 있다.[1]

오늘날, 이 정의는 모든 수준의 교육에서 글로벌 교육이 이뤄지는
곳에 동일하게 적용된다. 글로벌 윤리에서, '글로벌' 용어는 넓은 세계
를 의미하는 지리적 참조보다는 오히려 우리 자신을 이해하는 다른
방식을 묘사하는 것으로 사용되는데, 이는 우리가 삶에서 의미를 획
득했던 과거 영역의 경계를 허무는 것을 필요로 한다. 여기에는 문화,
지역사회, 국가, 지식이나 기술 영역 경계가 포함된다. 그리하여 글로
벌 교육은 다음을 목적으로 한다. 즉, "문화와 국경을 가로질러 생활
하고 일하는 방법을 아는 시민을 길러 내는 것이다. 학생들이 '자아'와
'타자' 간의 경계를 제거하여 다른 문화권 그리고 다른 나라에서 효
과적으로 일하고 소통할 수 있게 도와주는 것이다".[2]

우리가 의미와 목적을 획득하는 사회적 경계에 도전하면서, 글로
벌 윤리는 교육과 정체성(지식과 문화)에 대한 이전의 외적 권위의 근
원을 거부하게 되었다. 그러나 이 글로벌 윤리가 권위의 대안적 외부
근원을 제공하는 것은 아니다. 즉, 글로벌 윤리의 "도덕적" 프레임워
크는 개인적 자아이다. 그리하여 교육은 지식이나 특정 문화의 독특
한 영역의 권위에 대한 접근으로 재정의되는 것이 아니며 "글로벌 이
슈"와 "글로벌 가치"로부터 파생된 개인적인 것을 위한 의미와 정체성
으로 재정의된다. 그러므로 글로벌 교육가들은 마음속에 어린이들이

포함하기를 희망하는 어떤 성향이나 가치를 가지고 있으며, 그에 의거하여 수업을 설계한다. "교육은 그러한 가치를 발달시키기 위해 주요 전략을 구성한다"라고 유엔은 유엔 10년 국제이행계획UN International Implementation Scheme for the Decade에 제시했다.[3] 서구의 자유주의 엘리트에서 파생된 이러한 가치는 다양한 관점의 포용, 다양성, 인권, 사회 및 환경 정의, 참여, 평화, 상호의존, 그리고 환경 존중을 포함한다. 대부분 문제가 되는 것은 가치 자체가 아니며, 우리 사회의 도덕적 기초에 관한 논의를 회피하는 데 사용되는 그 방식이다. 다양성, 무비판적 관용 또는 환경에 대한 존중은 우리가 가치 있게 여기는 인간의 자질을 파악하는 데 더 이상 도움이 되지 않는다. 이러한 가치들이 창출하고자 하는 글로벌 시민은 글로벌 이슈에 "참여"하는 감정주의적 자아이지만, 사회를 발전시키기보다는 자아를 만족시키는 데 목적을 둔다.

정체성과 자존감

글로벌 교육은 대안적인 사회 프로그램에 첨부되어 1960년대와 1970년대에 시작되었다. 그러나 본질적으로 1장에서 살펴보았듯이, 그것은 사회 변화와 개인의 변화, 현실과 생각, 교육과 정치 사이의 경계를 흐리게 한다. 글로벌 시민성 이론에서 보면, 전자는 후자를 리드한다. 이것이 글로벌 활동가들이 학교교육과정에 영향을 미치려고 하는 이유이다. 즉, 크루주Crews는 "우리가 기존의 상징을 이해하거나, 우리 주변 세계를 설명하는 데 도움이 되는 새로운 이론적 구성을 만들 때, 그 세계에 대한 우리의 인식이 더 이상 같지 않기 때문에 그 세계는 변화한다"라고 설명한다.[4] 옥스팜Oxfam의 〈글로벌 시민성을 위한 교육과정Curriculum for Global Citizenship〉에 정체감과 자존감이 가치와 태도의 항목에 포함되었다. 옥스팜에서는 "개별적 가치에 대한 인식과 자부심", "개인적 가치" 및 "개방적 마음가짐"의 중요성을 강조한다.[5] 비슷하게, 『글로벌 교사, 글로벌 학습자Global Teacher, Global Learner』에서 파이크와 셀비Pike & Selby는 자존감을 향상시키기 위한 활동에 한 장을 할애했다. 일부 같은 활동들로 해바라기Sunflowers, 긍정 동그라미Affirmation Circles, 감정 온도계Feelings Thermometers, 긍정 수첩 Affirmation Notebooks([표 5.1]) 등이 포함되어 있다.

대규모 사회 변화에 대한 신념이 약해짐에 따라 글로벌 교육가들은 점차로 개인의 정체성 함양에 더 많은 강조점을 두었다. 이 운동은 진보 교육에 뿌리를 두고 있으며, 제임스 놀런James Nolan이 설명하듯이, "텔로스telos*는 복종에서 외적으로 부과된 도덕적, 지적 요구로 이동하여 내부에서 파생된 필요와 경험을 실현시키는 것"으로 이어졌다.[6] 그러나 "내부에서 파생된 필요와 경험"은 어린이들을 교육하기 위한 적합한 근거는 아니다. 어떤 어린이도 수학, 생물학, 고전 문학을 스스로 이해하거나 악기 연주를 스스로 학습하거나 자력으로 위대한 운동

---

* 옮긴이 주: 텔로스(Telos)는 아리스토텔레스가 말하는 4원인 가운데 하나인 운동의 원인이다. 목적은 사물의 존재와 생성, 행위를 촉구하고 이유를 부여하는 것으로, 목적이 있으므로 그것을 실현하기 위한 운동이 일어나기 때문에 목적은 운동의 원인으로 볼 수 있다(두산백과 참조하여 옮긴이가 설명함).

선수가 될 수는 없다. 어린이가 어려운 기술을 마스터하고 이론적 통찰력을 얻기 위해서는 적절한 경험이 있는 성인의 지도가 필요하다. 어떤 기술과 지식도 쉽게 또는 빨리 획득되지는 않는다. 대부분의 경우, 높은 수준의 훈련과 구조화된 학습을 요구하는 장기간의 학습과 연습을 필요로 한다. 가장 예외적인 경우를 제외한 모든 경우에, 교과와 높은 수준의 기술을 숙달하는 데 필요한 훈련과 구조화된 학습, 목표 설정 등은 외부적으로 부과될 것이다. 이는 교사의 책임이다. 교사가 이러한 과제를 어린이들이 자신의 정체성이나 자기 가치를 확인하거나 학습자 자신의 학습 목표를 설정하는 데 도움을 주는 것으로 대체하는 것은 교육가로서 교사 자신의 책임을 회피하는 것이 된다.

교육적 목적으로 정체성과 자존감에 대한 현재의 관심이 논쟁 없이 이뤄진 것은 아니다. 교육과정 목적으로서, 교육의 현장인 교실에 교육 대신 치료therapy를 도입하는 것, 자기실현을 외적 목표보다 중요시하는 것,[7] 사회문제에 어떤 변화도 유발하지 못하는 것[8]에 대해 비판받아 왔다.

[표 5.1] 글로벌 교사, 글로벌 학습자[9]

해바라기(Sunflowers)
각 학생들은 종이 원을 그려서 긴 줄기에 붙여 종이 해바라기를 만들고, 거기에 잎사귀를 붙인다. 학생의 이름은 잎사귀에 쓰고, 모든 꽃들은 벽에 붙인다. 교실에는 종이꽃 공급이 원활하게 이뤄져야 한다. 한 학생이 다른 학생에 대해 감사의 말을 하고 싶을 때마다, 꽃잎에 글을 써서 그것을 그 사람의 해바라기에 붙인다. 그렇게 하여, 각 학생의 꽃이 일정 기간 동안 우호적인 말들로 가득 채워지게한다.

긍정 동그라미(Affirmation circles)

한 동그라미 안에서 여러 사람들의 감정을 공유하는 것이 이 활동의 특성이다. 학생들은 한 동그라미 안에 앉거나 서서, 원하면 서로 손을 잡거나 팔을 연결하여 순번대로 말할 수 있다. 교사나 학생에 의해 선정된 주제는 '오늘/어제/주말에 내게 있었던 좋은 것' 또는 '현재 내가 느끼기에 좋은 것'에서부터 좋아하는 것/싫어하는 것 그리고 속성, 즉 '나는' 언제 가장 '행복/화가 난다'를 공유하는 것까지 다양하다. 참가자들은 어떤 강제적인 활동을 하도록 강요받아서는 안 되며 서로 긍정적인 지지와 격려를 할 수는 있지만 진술에 대해 비판을 하지는 않는다.

감정 온도계(Feeling thermometer)

각 학생들은 감정 온도계(일련의 감정을 표현하고 있는 얼굴들이 붙여진 기다란 카드 한 장)를 받는다. 그 얼굴들은 행복한, 슬픈, 우스꽝스러운, 화난, 두려워하는 그리고 자랑스러워하는 감정을 표현한다. 긍정 동그라미 시간 동안에 온도계를 사용하여 학생들이 어떤 생각이나 경험을 어떻게 느끼는지를 빠르게 측정할 수 있다. 종이 클립이나 손가락을 사용하여 해당 감정을 표시한다.

긍정 수첩(Affirmation notebooks)

이는 일정 기간 동안에 누적된 개인의 자가 긍정 일지(self-affirming sheets)의 모음이다. 이 일지에는 학생 자신들이 그린 그림, 개인적 배지 및 설명, 좋아하는 것과 싫어하는 것, 가장 초기 기

다양성 존중

제임스 놀런은 자존감 운동은 1960년대 미국의 다양한 문화 집단에 대한 가치 명료화 운동과 지지에 그 뿌리를 두고 있다고 말한다.[10] 다른 문화에 관한 배움의 맥락에서 타자의 문화적 정체성을 확인하는 것을 강조하다 보면 종종 교육과정에서 피상적 태도와 비판적 참여 부족이라는 결과를 낳는다는 것을 앞의 3장에서 살펴보았다. 어린이들이 문화적 집단과 소수자와 같은 그러한 집단을 확인하고 그들의 다름을 "존중"하면서 그들의 특별한 정체성을 인정하는 법을 배운다. 그러나 이것은 문화를 이해하는 일과 같은 것은 아니다. 문화의 상징적 표현에 초점을 둔다는 것은 아이디어, 신념, 가치 그리고 전통을 이해한다기보다는 "정체성"을 "문화"로 대체한다는 의미이다. 여기에서, 문화는 더 이상 사람들이 자신의 삶에 의미와 목적을 가져오는 초월적인 사회적 과정이 아니라 대신 착용할 수 있는 명찰이 된다. 이 경우, 우리는 자아에 대한 긍정으로서의 교육이 어떻게 우리의 사회적 존재에 대한 이해를 방해하는지 알 수 있다.

시간이 지남에 따라, 다양성의 개념은 대서양을 건넜고 문화 이상의 것으로 확장되어 다양한 관점, 다양한 환경, 심지어는 다양한 종까지도 포함하게 되었다(후자 2개는 아래에서 다루게 되는 환경적 가치와의 링크를 제공한다). 신노동당 정부는 2005년 간행물인『학교교육과정에서 글로벌 차원을 개발한다는 것*Developing a Global Dimension in the School Curriculum*』에서 다양성의 가치에 대한 폭넓은 해석을 다음과 같이 설명했다.

다양성
- 인권의 맥락에서 전 세계의 유사점과 차이점 인식하기.
- 문화, 관습, 전통에서 차이점을 존중하는 것의 중요성을 이해하고 사회가 어떻게 조직되고 통치되는지 이해하기.
- 세계의 인종 다양성과 환경 다양성의 경외심 키우기.
- 생물다양성의 가치 평가하기.
- 글로벌 이슈에 대한 다양한 관점을 인식하고 정체성이 어떻게 의견과 관점에 영향을 주는지 인식하기.
- 편견과 차별의 본질을 이해하고 도전과 대처 방법 이해하기.[11]

다양성을 가치화하는 것은 포용적이고 문화적으로 다양한 사회에서 살아가기 위한 한 가지 일인 반면, 우리 사회가 믿고 있는 것 그리고 우리 사회가 지니고 있는 가치에 대한 논의를 회피하는 방법이기도 하다. 다양성과 다문화주의는 "뭔가 긍정적인 것으로서 가치의 위기를 재현하는” 불가피한 시도로 미국과 영국의 문화 기관들에 의해 받아들여졌다.[12] 공통의 가치 결여는 '문화적 다원주의'로 분류되고 공동체 내의 분열은 '다양성'으로 분류된다고 브렌던 오닐Brendan O'Neill 은 보고서를 작성했다.[13] 이러한 통찰은 다양성이 왜 그런 빈 고리를 가지고 있으며 왜 사회를 하나로 묶지 못하는지를 설명하는 데 도움이 된다. 유럽연합의 모토인 "다양성 속의 통일United in diversity"은 확실히 용어 면에서 모순적이다.

글로벌 관점의 포용

글로벌 관점은 "타자의 눈과 마음으로 현상을 보는 것이며 이는 개인과 집단이 삶을 다르게 볼 수는 있지만 공통의 필요와 요구를 가지고 있다는 사실을 의미한다"라고 타이Tye는 말한다.[14] 글로벌 포용은 〈글로벌 교실, 모델 유엔Global Classrooms, Model UN〉과 같은 프로그램에서 중요한 가치로 인정되고 있다.[15]

좋은 교사라면 학생들이 다른 관점에서 문제나 사건을 보게 할 것이다. 자신의 주관적인 관점에서 벗어나는 것은 개인적 수준보다는 이론적인 측면에서 사회 현상을 이해하는 방법을 배우는 필수적인 부분이다. 주관적인 관점에서 벗어나는 것은 주관적인 관심과 더 넓은 사회적 그림 간을 구분할 필요가 있기 때문에 주어진 의견이나 관점의 장점을 판단할 수 있게 한다. 그러나 글로벌 교육을 통해 관점을 취하다는 것은 이해의 수단이라기보다는 최종적인 목적이 된다. 다른 관점을 이해한다는 것은 사회적, 정치적 변화를 이해하는 것과 다르다. 영국 역사 국가교육과정(3장)에서 개발된 24개의 관점에서와 같이, 지나간 과거에 대해 전개되는 이야기의 원인과 행위자에 대한 이해는 다른 사람들의 이야기나 사건의 버전을 말하는 것으로 대체되었다.

우리가 3장에서 언급한 바와 같이, 관용의 의미는 확장되어 "수용과 존중의 태도를 포괄하게 되었다".[16] 그러나 진정으로 다른 관점을 존중하기 위해서는 의견이 일치하지 않더라도 참여하고 이해해야 한다. 관용이 "판단하지 말 것"과 동등하게 취급될 때 그 결과는 타자의 의견을 위해 존중하지 않음을 포함하는 무시와 불참여가 된다. 다른 사람들의 견해와 가치가 합당한지 여부에 관계없이 긍정이 요구되는 것이다. 따라서 관용에 대한 이러한 접근 방식은 도덕적으로 중립적이며 교육이 아닌 상담에 해당한다. 치료사의 목표는 종종 고객에게 조언을 해 주는 것보다는 아이디어와 감정에 가치를 두고 그들의 관점을 이해하는 것이다.[17]

판단의 행위는 실제로 관용의 핵심 부분임을 푸레디Furedi는 그의 책 『관용: 도덕적 독립의 방어On Tolerance: A Defense of Moral Independence』에서 명시했다.[18] 우리가 타자의 견해를 관용할 때 우리는 우리가 개인의 도덕적 추론을 수행할 수 있는 개인적 권리를 소중히 여기며 또한 관용이 민주주의의 필수 요소라고 선험적으로 판단했다. 왜냐하면 반대 의견이 옳은 의견일 수 있기 때문이다. 다른 관점에 무조건 긍정하지 않고 비판적 방법으로 관여하는 것만이 인류에 대한 일반적인 통찰력의 가능성을 인정한다. 이러한 공통의 근거는 무 판단주의로서 관용에서는 빠진 것이다.

민주주의 사회에서 관용의 핵심적 역할은 오늘날 거의 가치로 인정 받지 못하고 있다. 푸레디는 다음과 같이 언급한다.

> 자유주의적 인본주의 관점에서 볼 때, 판단은 단순히 다 른 사람들의 신념과 행동에 대해 수용 가능한 반응이 아니 라 공적인 의무이다. 개인과 타자 간 대화가 이뤄지는 것은 판단의 행위를 통해서다.[19]

물론 모든 판단이 동등하게 타당한 것은 아니다. 그러나 성숙한 사 회는 도덕적으로 비난받아 마땅한 의견에 침묵을 강요하는 것보다는 대화를 통해 처리하는 것이다. 교육은 아이들이 자신과 다른 의견과 문화적 가치에 참여하도록 가르치는 데 중요한 역할을 해야 한다. 그 들이 합리적으로 정보를 기반으로 판단하는 것을 배우는 도덕적 추 론을 통해서, 그들은 자신의 도덕적 나침반과 자율성의 잠재력을 개 발하기 시작한다. 글로벌 시민과 글로벌 윤리의 수사에도 불구하고, 아동 교육의 이러한 중요한 부분은 도덕적 판단에서 벗어나 정치적으 로 올바른 글로벌 관용에 의해 회피될 수 있다는 것을 아는 것이다. 그 대신, 자유주의 엘리트들과 글로벌 진보주의자들은 도덕적 분리를 향한 대상으로 관용을 재창조했다. 사회과 교사가 관찰한 바와 같이, 관용의 글로벌 윤리는 진정한 관용보다는 어린이에게 무관심을 더 많이 심어 줄 가능성이 높다. 즉, "(판단하고자) 하는 인간의 자연적 성향을 억제하려는 시도에서 학생들은 도덕적으로 더 둔감해지고 확실히 '타자'에 대한 '민감성'이 감소할 가능성이 있다".[20] 본질적으로, 공립학교는 어린이들의 양심의 자유를 저해한다. 그래서 우리는 국가의 간섭으로부터 개인의 양심을 보호하고자 했던 밀과 로크Mill & Locke 의 목표에서 답을 찾고자 하였다.

공감Empathy

하나의 글로벌 가치로서 공감의 중요성은 다음과 같이 설명된다.

> 공감은 배려caring를 의미한다. 그리고 신뢰 구축과 상호 이해를 포함한다. 신뢰를 구축하는 것은 자신의 것과 다르거나 유사할 수 있는 타자의 경험, 관점, 가치 그리고 신념을 들으려는 진정한 열망으로 조심스럽게 당사자의 말에 귀 기울이려는 의지를 필요로 한다. 공감적인 사람은 다른 사람의 입장과 감정을 느낄 수 있다. 따라서 공감할 수 있다는 것은 새로운 문화들 간 또 그 문화들 내에서 소통하고 참여하기를 시작할 수 있게 한다.[21]

공감은 실제로 인간관계에서 중요한 가치이며, 전 세계의 다양한 사람들의 경험에 대한 학습으로 생성된다. 자연적, 사회적 세계 모두의 아름다움과 위험을 탐색하는 어떤 좋은 교육도 아이들의 감정적 반응을 자극할 것이다. 그러나 아이들의 정체성에 글로벌 교육의 강조점을 둠으로 인해, 공감은 요구되는 수업의 성과물이 되었다. 경험이나 학습에 대한 자발적인 반응 대신에, 어린이들은 특정 방식으로 반응하도록 코치를 받거나 조건화되었다. 다시 말해, 감정 교육은 규범적인 감정적 반응의 교육으로 대체되고 있다.[22]

이는 3장에서 제시했던 "바나나 기르기Growing Bananas" 수업 계획에 잘 나타나 있다. 수업 목표들 중 하나는 "학생들이 캐리비언 바나나 재배자와 공감할 수 있는 것"이다.[23] 다른 예시로는 영국 지리학회 GA에서 개발한 "장소 가치화하기Valuing Places" 프로젝트다. 학생들은 약병 탓에 어려움을 겪고 있는 "케냐 출신의 문맹자 이야기를 읽고 잠깐 생각하기"를 요청받는다([표 5.2]). 수업 개요를 보면, 수업에서 실제 사람들의 목소리를 사용하는 것은 학생들이 "그들 자신의 삶과 다른 점과 유사점을 평가하고, 가치화하고 긍정적으로 볼 수 있게" 도와준다고 한다.[24] 수업은 어린이들이 "개인적 연계"를 탐색하고 케냐 사람과 공감하도록 설계되어 있다. 그러나 어린이들이 그들의 삶과 자신의 삶 간에 어떤 연계를 보지 못한다면 어떻게 되는가? 학생들이 다른 감정적 반응을 지닌다면? 또는 그 이야기를 읽고 어떤 감정적 반응을 보이지 않는다면? 그들은 개발도상국에서 문맹에 의해 발생한 그 문제에 관해 뭔가를 배웠을 것이다. 그러나 이는 그 수업 활동의 목적은 아니다. 즉, 케냐 사람과 감정적 연계를 형성하는 데 실패하여 그 수업의 일차적 목표에 도달하지 못했다고 볼 수 있다.

[표 5.2] 쳄조 이야기(CHEMJO'S STORY)[25]

케냐 출신의 60세 쳄조(Chemjor Chapkwony)는 읽기를 배운 적이 없다. 그는 이것이 자신의 삶에 미친 영향에 대해 이야기한다. "나는 아파서 병원으로 실려 갔다. 그곳에서 의사로부터 진료를 받았다. 나는 내게 주어진 약을 받아서 잠잘 곳을 찾아갔다. 아침에 내가 함께 머물러 있었던 사람이 나를 찾아왔을 때 나는 무의식 상태였다. 그는 나를 병원으로 데려갔다. 이제 약을 받을 때, 나는 그 라벨(약 복용에 대한 설명)을 읽을 수 없기 때문에 약을 먹는 것이 두렵다. 그래서 두렵다."

출처: Oxfam website, 2004.

사회정의 그리고 환경정의

파울로 프레이리와 벨 훅스Paulo Freire & Bell Hooks의 글에서 유래된 사회정의를 위한 교육은 미국 교육에서 오랜 전통을 확립해 왔으며, 영국에서 성장하고 있는 교육이다. 두 나라에서 사회정의는 학습에 대한 윤리적 접근 방식으로서 글로벌 교육의 우산 아래에 도입되었다. 영국 정부의 보고서인 〈교육과정에서 글로벌 차원을 개발한다는 것Developing a Global Dimension in the Curriculum〉에 따르면, 교실 수업에서 사회정의는 다음을 포함한다.

- 사회정의를 가치 있게 평가하고 사회, 사회 간의 모두를 위한 공평, 정의 및 공정성을 보장하기 위한 사회정의의 중요성 이해.
- 불평등한 힘과 자원에 대한 접근의 영향 인식.
- 더 정의로운 세상에 기여할 행동을 취할 동기와 책무성을 개발.
- 인종차별과 다른 유형의 차별, 불평등, 그리고 부정의에 도전.[26]

사회정의에 관한 학습은 사회의 불평등, 부정의의 사건을 인식하고 그에 대해 뭔가를 하고자 하는 동기를 부여받으며 부정의, 불평등, 차별에 도전하는 방법을 찾는 것을 포함한다. 여기에서, 사회정의에의 참여는 문맹인 케냐인 또는 캐리비언 바나나 농부의 사례에서처럼 사람들의 곤경에 공감하는 것으로부터 시작된다. 교육에서 정치운동으로 선을 분명히 넘어서면서 사회정의를 가르친다는 것이 논란의 여지가 있을 수 있음은 놀라운 일이 아니다.

사회정의는 본국에서의 고정관념과 차별에 관해 가르치는 것을 의미할 수 있다.[27] 이는 오늘날 빈번하게 글로벌 이슈를 통해서도 교육되고 있다. 일례로, 학교는 미국 독립학교 협회US National Association for Independent Schools: NAIS가 운영하는 글로벌 챌린지에 학교를 참여시키기 위해 운영하는 웹 기반 프로그램인 '도전20/20Challenge 20/20'에 참여하는 데 지원할 수 있다. 20개의 글로벌 문제들은 글로벌 온난화, 생물다양성과 생태계 손실, 삼림 황폐, 물 부족, 평화 유지/갈등 예방, 테러 퇴치, 가난 극복, 모두를 위한 교육, 전염병 예방, 세금 재발급, 불법 야문, 지적 재산권 그리고 구제 노동과 이주의 규치 등을 포함한다. 다른 학교 출신의 학생들이 서로 협력하여 하나의 특정 글로벌 이슈를 해결한다. 학교에서 수행한 성공적인 프로젝트들 중 몇 가지가 웹 사이트 비디오에 있다.[28] 그 비디오는 쓰레기를 모으고, 강 오염도를 측정하고, 생물다양성 윤리 위원회를 세우고, '도움의 손길Helping Hands' 프로그램(엘살바도르에서 손 소독제를 배부하는 프로그램)에 기여하는 프로젝트에 참여하는 여러 학교 학생들을 보여 준다.

생물다양성, 오염 그리고 질병의 확산을 탐구하는 것은 필수적인 배경지식을 지닌 학생들에게는 고무적이고 도전적인 교육적 경험이 될 수 있다. 이슈 학습의 개방적 성격은 학생들이 주제를 탐구하고 여러 방향에서 자신들의 학습을 수행할 수 있음을 의미한다. 이는 학생들이 자신들이 찾고 있는 대답을 찾는 것을 도와주는 지침이 필요할 것이기 때문에, 그것을 가르치기 위한 흥미롭고 도전적인 방법이 될 것이다. 사람들이 세계에서 직면하고 있는 그리고 부정의의 사례들에 직면한 다른 환경적, 사회적 과제들을 학습한다는 것도 또한 학교교육의 중요한 부분이다. 그러나 그러한 이슈들은 오늘날 학문적 지식보다는 어린이들에게 "관련된" 것으로 또는 동기를 부여하는 것으로 보려는 교사들에게 더 인기가 있다. "국제교육은 학생의 무관심과 맞서 싸운다"라고 위스콘신주의 『국제교육 교육과정 설계Planning Curriculum in International Education』의 저자들은 말한다.[29] 이러한 접근은 또한 교육을 정치화하며, 지식을 배우는 것보다는 대신 사회에 직면한 정치적 이슈를 다루는 것으로 만든다.

다른 나라 사람들이 직면한 문제들이 글로벌 이슈로 제시될 때, 그

교육은 문화적, 정치적 맥락을 이해하려는 시도에서 벗어나 우리 모두가 세계 문제들에 책임을 지고 있다는 진부한 주장으로 향하는 경향이 있다. 주된 목표는 어린이들이 사회적, 환경적 정의의 이슈에 참여하는 것이다. 즉, NAIS 비디오에서 제안한 바와 같이, 그 목적은 학생들을 "참여에서 성찰로, 행동으로" 움직이게 하는 것이다. 어린이들을 정치적 책무감을 지닌 "시민"으로 대우하는 것은 글로벌 접근이 공적인 영역과 사적인 영역 간의 선을 흐리게 하기 때문에 가능한 것이다. 그리하여 변화하는 개인의 소비 습관이나 재활용과 같은 개인적 행위는 세계를 변화시키는 데 중요한 결과를 가져오는 정치적 행동으로 다시 강조되어 왔다.

참여는 (결과가 개인적인 변화 또는 어떤 종류의 정치적 행동인지에 따라) 치료적 목표이거나 또는 정치적 목표가 된다. 그러나 그것은 교육적인 목표는 아니다. 이는 사회정의를 위한 교육이 "인식 제고" 그리고 "관심"의 언어를 사용하지만 지식과 이해를 거의 언급하지 않는 이유이다.

갈등 해결과 평화

갈등 해결과 평화는 비록 갈등 해결이 윤리적인지 논쟁이 있을지라도 빈번하게 글로벌 윤리의 부분으로 인용된다. 글로벌 교육가들은 폭력보다는 평화로운 갈등 해결을 옹호한다. 이는 갈등을 해결하기 위한 대안적인 방식이라고 할 수 있다. 다시 말해서, 학습의 초점은 다른 장소와 다른 시대의 인간 행위 윤리의 탐색보다는 어린이의 개인적 가치와 개인 간 행위에 두어진다. 4장에서 기술된 2개의 수업 사례에서처럼, 옥스팜Oxfam의 "협동!"과 "강 횡단하기"[30]의 목적은 어린이들이 경쟁하고 갈등을 분출하는 것보다는 함께 일하면서 협력하고 문제를 해결하도록 가르치는 데 있다.

그러한 수업은 전쟁과 정치에 대한 토론 사이에서 개인의 가치와 개인 간 행위로 빠르게 이동한다. 일례로, 교사 가이드인『글로벌 교실 수업In the Global Classroom』에 있는 "평화"의 장에서, 파이크와 셸비 Pike & Selby는 제2차 세계대전, 전쟁 억제, 군축, 테러 및 사회의 구조적 폭력에 대한 토론으로 시작하지만, "갈등 회피, 중재, 해결 기술을 촉진하기 위한 개인 간 평화 그리고 협동적 학습"에 관한 토의로 빠르게 전환한다.[31] 저자들은 "평화로 가는 길은 없으며, 평화가 곧 길이다"라는 마하트마 간디의 말을 인용한다. 교사는 평화를 목표로 추구하지 말고 오히려 "우리의 관계와 행동에 정보를 제공하는 과정"으로 보아야 한다고 제안한다.[32] "내적인 평화로움"을 성취하기 위해서 교수 전략은 "신체, 지성, 감정, 감각의 조화를 목표로 하고 학생들이 우려와 두려움에 맞서도록 도와야 한다".[33]

갈등 해결과 평화가 정치적 연구 주제라기보다는 개인적 자질로 교육될 때, 국가와 문화가 어떻게 갈등을 일으키게 되었는지 이해하려는 탐구가 있을 수 없으며, 어떻게 그러한 갈등을 해결했는지 이해하려는 탐구도 있을 수 없다. 실제로 그러한 갈등의 윤리와 그러한 갈등이 다른 맥락에서 해결된 방식은 이 활동들에서는 두드러지지 않는다. 어린이들의 마음을 인간 윤리의 세계로 열어 가는 대신에, 글로벌 윤리 수업은 어린이들이 문제 해결에 비대립적 접근을 내면화할 것이라는 기대로 설계되어 있다.

참여/차이 만들기

"학생들은 글로벌 이슈 또는 과제의 해결에 뭔가 기여를 할 수 있는 특정 방법을 확인함으로써 효능감과 시민적 책임감을 발달시킬 것이다"라고 『국제교육 교육과정 설계』의 저자들은 말한다.[34] 논의가 되고 있는 이슈들에 관해 학습하는 것이 글로벌 윤리의 핵심은 아니다. 즉, 어린이들은 "참여에서 성찰, 행동으로" 이동할 것으로 예상된다. 그러나 모든 글로벌 교육가들이 학생들은 글로벌 이슈와 부정의를 처리하기 위해 행동에 참여해야 한다고 생각하지는 않는다. 한 연구자가 조사한 바와 같이, 일부 글로벌 교육 지지자들은 "개인의 인식을 변화시키는 행동보다 행동주의 자체에는 관심이 더 적었다."[35]

그리하여 우리는 사회정의와 글로벌 이슈를 가르치는 데에서 그 목적은 종종 '글로벌' 문제를 해결한다기보다는 어린이들의 가치와 태도를 바꾸는 것임을 알 수 있다. 어린이들이 글로벌 정의의 이름에서 취할지도 모르는 행동들이 무엇이든 간에, 그 행동은 자아실현의 목적에 도움이 된다.[36]

이것은 **참여 또는 차이를 만듦**이 학생들이 참여하고 있는 내용, 즉 이전 질문의 내용을 고려하지 않고 글로벌 가치로 추진될 수 있는 이유이다. 국가 교육은 국가 민주주의에 대한 참여를 옹호하기 위함인데 반해, 글로벌 교육은 글로벌 윤리에의 참여를 장려하며, 각각은 개인적 행동과 열정을 위한 가이드를 제공한다. 이와 관련하여, 글로벌 교육은 내적인 선함의 낭만적인 가정에 기초하여 대안적인 도덕적 틀을 옹호자들에게 제공하는 것처럼 보인다.

글로벌 시민성과 상호의존

"그러나 우리가 의미하는 글로벌 시민성은 무엇인가?"라고 아동교육 연구 교수인 넬 나딩스Nel Noddings는 질문한다. 그녀는 자신의 질문에 대답하면서, "이것은 대답하기에 쉬운 질문은 아니며 우리가 대답하려고 시도할 때 발생하는 문제들이다"라고 응답한다.[37] 나딩스에게 글로벌 시민은 평화, 세계 경제와 사회정의, 우리의 물리적 환경의 건강함, 다양성과 통일성의 균형, 지구촌 모든 거주민의 복지에 대해 **관심을 갖는 것**이다.[38] 본질적으로, 글로벌 시민이 된다는 것은 공동체의 구성원으로서보다는 "글로벌" 관심의 표현인 어떤 태도나 정신ethos을 갖는다는 것을 의미한다. 이러한 글로벌 시민은 감정적 개인이며, 그는 관심을 갖고자 하는 어떤 글로벌 이슈를 취사선택할 수 있다. 그러나 실제로 이러한 개인의 도덕적 선택은 단순히 사회의 현대적 두려움과 우려를 반영하고 있다.

많은 학습 자료에 나타나는 글로벌 시민성을 위한 교수 전략은 관광객, 여행자 그리고 글로벌 시민의 태도를 비교하는 것이다. 관광객은 단지 위치를 횡단하는 사람이다. 그들은 지역 주민들과 상호작용을 시도하지 않으며 토착 문화와 교류하려고도 하지 않는다. 여행자는 지역 주민들과 그들의 관습 및 문화에 호기심을 갖고 있으며 질문하고 호스트들과 상호작용을 추구한다. 마지막으로, 글로벌 시민은 다른 문화에 대해서도 집에서처럼 편안함을 느낀다. 또 다른 언어로 소통하는 데 익숙하며 호스트의 관습과 문화를 이해한다. 글로벌 시민은 빈번하게 방문했던 해외의 장소들을 다시 방문한다. 이러한 비유는 위스콘신주의 『국제교육 교육과정 설계』([표 5.3])를 실행하는 교실로 이어졌다. 여기서 글로벌 시민은 글로벌 윤리와 그것을 적용하기 위해 필요한 기술을 수용한 사람들로 보인다. 다시 말해서, 시민성은 정치에 대한 성인의 기여라기보다는 태도로 재창조되었다. 이러한 이유 때문에 어린이들에게까지 내려온 것이다.

개인적 그리고 공적 영역 간 경계가 흐려짐에 따라 글로벌 교육가들은 적극적 시민의 역할에서 어린이들을 고려하게 만들었고, 어린이들의 사적인 행동이 글로벌 과정에 기여하게 했다. 이를 일부 학문에서는 "깊은 시민성deep citizenship"이라고 한다.[39] 여기서 어린이들은 자신들의 일부 라이프 스타일을 변화시킴으로써 세계의 실제 변화에 영향을 미치고 있다고 믿고 있다. 글로벌 교육은 어린이들로 하여금 개인적 변화와 사회적 변화는 같은 것이라고 생각하게 했다. 일례로, 『글

[표 5.3] 관광객, 여행자, 글로벌 시민[40]

관광객 수업	여행자 수업	글로벌 시민 수업
관광객 수업은 음식, 축제 그리고 다른 나라의 유명한 사람들에 관한 학습으로 이뤄진다.	여행 수업에서는 역사, 지리, 경제, 정치, 그리고 다른 문화 예술에 대해 학습한다.	글로벌 시민 수업에서는 문화나 이슈를 깊이 있게 학습하고 복잡성과 모순에 초점을 둔다.
학생들은 낯선, 이국적인 그리고 다른 사람들과 자신들 간의 다름에 초점을 둔다.	수업에서는 국제 교사와 문화 손님들을 초대한다. 수업에서는 팩스, 이메일 또는 장소에 대한 짧은 방문으로 여행을 한다.	학생들은 해외 그리고 다른 학교와 공동으로 협업적 프로젝트를 수행한다.
빠른 여행 후 바로 정규 교육과정으로 되돌아온다.	여행하는 수업에서는 더 긴 여행을 취한다, 왜냐하면 질문이 더 많은 질문을 이끌고 획득은 더 많은 획득을 가져오기 때문이다.	교실은 서비스 학습을 포함하여, 민주주의와 시민성을 위한 기술을 실천하는 학교 내에 존재한다.
교사는 관광 가이드이다.	학생들이 언어 학습에 참여하고 유창성을 갖추는 것은 여러 해를 필요로 한다는 것을 안다.	학생들은 자신들이 배우고 있는 세계어로, 예술을 통해 그리고 새로운 테크놀로지에 의해 소통한다.
	교사는 공유된 여행을 위해 필요한 학습 기술과 경험을 함께 탐험하는 동료 탐험가이다.	학생들과 함께 교사는 탐구, 대화, 행동에 참여한다. 교사는 학생들이 다양한 관점을 경험하도록 한다.

『국제교육 교육과정 설계(*Planning Curriculum in International Education*)』(2002)에서 발췌함. Wisconsin Department of Public Instruction(125 S. Webster Street, Madison, WI 53703)의 허락을 받음.

로벌 교실 수업*In the Global Classroom*』은 학생들이 다음과 같이 해 주기를 권한다.

> 어린이들은 모든 수준에 존재하는 연계망을 이해하도록
> 도움을 받아야 한다. 일례로, 그들의 개인적 복지는 세계의

정부들이 만들어 내는 경제적, 정치적 결정과 어떻게 상호 연결되어 있으며, 글로벌 환경의 변화는 어떻게 인간 행동 및 로컬의 에코 시스템 변화에 의해 영향을 받는지 등을 들 수 있다. 로컬과 글로벌은 스펙트럼의 반대쪽 양 극단이 아니라 일정하고 역동적인 상호작용에서 활동의 영역이 겹치는 것으로 여겨져야 한다.[41]

그러나 인종차별의 종말, 소수민족의 시민권 및 여성의 참정권과 같은 어떤 중요한 정치적 변화를 가져오려는 사람들은 그런 정치적 변화가 역사의 흐름을 바꾸기 위해서는 태도를 조정하는 것 이상의 훨씬 더 많은 뭔가를 필요로 한다는 것을 알고 있다.

글로벌 사고와 함께, 상호의존성은 단지 공동체뿐만 아니라 다른 차원에도 존재한다. 지난 20년 동안 정치, 미디어 및 학계의 사람들은 우리에게 세계화의 프리즘을 통해 점차 증가하는 상호의존성을 말해 왔다. 글로벌 사고는 물리적, 이론적 경계의 중요성에 대한 근대주의 학자들의 가정에서 멀어지는 것을 의미한다. 이러한 홀리스틱 접근은 데카르트의 마음*res cognita*과 물질*res extensa*의 분리뿐 아니라 국가/초국가, 인간/동물, 남성/여성 그리고 문화/자연을 포함하여 데카르트의 사상에서 발생하는 이원론을 추구한다. 이러한 것은 온전한 전체인 역동적인 관계적 웹의 실체를 인식하는 홀리스틱 세계 철학으로 대체되었다.[42] 학교에서, 이는 교사가 학생들에게 구체적인 전체를 세계의 지식의 개별 영역(지리적 또는 정치적 영역, 교과 영역, 인간 대 가연, 구체적인 역사 그리고 문화 등)으로 분리하지 않고 이러한 상호 연계에 관해 학생들에게 가르쳐야 한다는 것을 의미한다. 그러나 우리가 다음 장에서 보겠지만, 교육은 분리 없이는 불가능하다.

이러한 포스트모던 철학은 지난 수십 년에 걸쳐서 글로벌 활동가들과 일부 진보주의자들에 의해 수용되어 왔지만, 국가가 점점 더 문제가 되는 것으로 인식됨에 따라 최근 몇 년 동안 더 대중화된 견해이다. 그것은 또한 현대의 사회(학교 포함)가 형성한 많은 근본적 기초들에 도전하는 것이기도 한다. 여기에는 인간이 교육과 문화를 통해 성취한 자연 세계와 분리된 존재라는 신념이 포함된다.

지속가능발전

2007년에, 신노동당 정부의 어린이, 학교 그리고 가족을 위한 부서 Department for Children, Schools, and Families(이전의 교육기술부Department for Education and Skills)에서는 2020년까지 모든 학교를 "지속가능 sustainable"하게 만들고자 하는 생각으로 지속가능한 학교Sustainable Schools 만들기에 착수했다. 이 전략에는 지속가능성으로 가기 위한 8개의 "접근 주제", 즉 음식과 음료, 에너지와 물, 여행과 교통, 구매와 낭비, 건물과 부지, 포용과 참여, 로컬 복지와 글로벌 차원 등이 포함되었다. 그리하여 지속가능 학교는 "건강하고 윤리적으로 공급되는 식품을 조달"하고, "에너지 효율, 재생 에너지 사용 및 물 절약"을 보여 주며, 교통문제 및 환경오염을 줄이기 위해 자동차 공유, 공공 교통 이용하기, 걷기, 그리고 자전거 사용을 촉진하고 "절약, 재사용 및 재활용"을 포함하며 "지속가능한 설계 원칙"과 "지속 가능한 기술"을 사용하여 로컬의 상품과 서비스를 구축하고 관리하며, "모든 사람들의 참여와 기여를 중요하게 생각하는 포용적이고 환대하는 분위기"를 제공함으로써 지역사회 결속을 촉진하고 학생들이 로컬 및 글로벌 과제에 모두 기여하도록 장려하는 역할을 한다.[43] 영국에서, 지속가능성은 국가교육과정 교과목들의 목표로서뿐 아니라 학교 차원의 교육정신이 되었다.

레딩 국제 연대 센터Reading International Solidarity Center, RISC는 지속가능성 어셈블리sustainability assemblies에 대한 몇 가지 샘플 개요를 제공한다. 초등 수준의 한 예시로는 〈지구를 위한 식품 쇼핑Food Shopping for Planet Earth〉([표 5.4])이 있으며, 이 교육의 목적은 "슈퍼마켓에서 행해지는 우리의 음식 선택이 지구에 미치는 영향이 무엇인지를 알게 하는 것"이다.[44] 식료품을 생산하는 장소, 방법 및 대상에 대한 관심을 통해 지속가능발전이 명시적 또는 암묵적으로 어떻게 사회 정의와 환경 가치를 촉진하는지를 확인할 수 있다.

학생들이 우리가 소비하는 상품이 어디서, 어떻게, 누구에 의해 만들어지는지를 배우는 것은 교육적이지만, 이는 지속가능발전 교육의 주된 목적은 아니다. 오히려 미국과 영국 학교의 교육과정에 포함된 지속가능발전 교육은 우리의 현재 성장과 진보의 경로가 지속가능하지 않다는 그 개념에 내포된 가치들을 촉진시키는 것이다. 이것은 자

[표 5.4] 지구를 위한 음식 쇼핑[45]

지구는 오늘 계산대에 있으며, 지구에 유익한 것을 결정하는 데 여러분의 도움이 필요하다. 사람 1은 청중에게 다음의 각 항목에 대해 응답을 요청한다. 계산대에 있는 쇼핑객인 사람 2는 빈 바구니를 가지고 있으며, 각 항목을 잡고서 그것이 무엇인지를 말하고 나서 그것을 슈퍼마켓 쇼핑 카트에 담는다.

- 플랜테이션 바나나
- 수입 채소
- 많은 패키지 비스킷
- 공장형 농장 달걀
- 콜라 캔

쇼핑객은 시간, 노력 그리고 돈을 아끼려고 노력하는 것에 대해 언급하지만 결코 지구적 관점에서 생각하지는 않는다.

일주일 후

지구는 다시 청중에게 지구에 유익한 것은 무엇인지 결정하는 데 도움을 요청한다. 다시 계산대에 있는 쇼핑객은 바구니를 비우고 각 항목을 집어서 그것이 무엇인지 말하고 그리고 이번에는 그것을 자신의 캔버스 가방에 담는다.

- 공정무역 바나나
- 로컬에서 자란 채소
- 포장되지 않은 비스킷
- 자연 방사 계란
- 로컬 애플 주스

우리는 무엇을 할 수 있는가?

우리의 점심 도시락과 학교 저녁식사는 차이를 만들어 낼 수 있다. 즉, 지구 친화적인 점심 도시락(로컬, 유기농, 공정무역)을 만들 수 있다. 지구 친화적인 저녁 식사에 관해 말해 보자.

〈지속가능성 어셈블리를 위해 당신에게 필요한 모든 것(All you Need for a Sustainability Assembly)〉(2008)에서 레딩 국제연대 센터(Reading International Solidarity Centre)의 허락을 받아 발췌됨.

은 소규모의, 로컬의, 촌락의 그리고 노동 집약적인 발달을 장려하는 바와 같은, 진보의 그 의미에 대한 개정안이라고 할 수 있다. 시민들에게 사회적 진보의 비전 또는 폭넓은 물질적 진보를 제공할 수 없는 사회에서는 우리의 열망이 환경적 한계에 의해 축소되어야 한다는 메시지는 다소 편리해 보인다.

이는 지속가능한 발전이 걱정스러운 결과를 낳은 개발도상국에 대한 응답으로 가장 잘 설명된다. 오스틴 윌리엄스Austin Williams는 『진보의 적: 지속가능성의 위험The Enemies of Progress: The Dangers of Sustainability』에서 지속가능한 발전이 "개발도상국가 사람들이 덜 개발된 상태에 만족해야 한다고 주장하기 위해 어떻게 진보와 발전의 개념을 재정의하는가"를 보여 준다.[46] 윌리엄스는 서구의 일부 사람들이 중국과 인도의 빠른 산업화와 경제 성장에 얼마나 놀라워하는지를 언급한다. "지속가능성에의 헌신자들은, 그러한 빠른 성장과 동반되는 열망과 기대치의 증가를 훨씬 더 비지속가능한 것이라고 느낀다. 티핑

포인트에 도달하고 있으며, 중국과 인도가 사태를 더욱 악화시킬 수 있다"라고 윌리엄스는 말한다.[47] 수많은 비정부개발기구NGO(종종 학교의 경우 동일한 교육과정 개발 기관)에 의해 아프리카 나라들에 장려되었던 방식대로 지속가능발전 교육은 촌락의 소규모 발달을 촉진한다. 다시 말해서, 이는 산업화 없는 발전, 경제 성장 없는 발전인 것이다. 윌리엄스는 "경제를 열망하는 사람들에게 지속가능성을 후원하는 것은 단순히 그들을 제자리에 두도록 고안된 윤리적 식민주의이다"라고 한다.[48]

오늘날의 환경 및 지속가능성 교육에서 놓치고 있는 것은 그 교육이 현재 놓여 있는 입지를 비판적으로 살펴보는 것이다. 이러한 이데올로기의 기초는 자원은 유한하다는 것이다. 이러한 관점은 자연자원은 단지 인간의 창의성을 통해서 자원이 되어야 한다는 것을 인정하지 않으며, 역사는 인류가 산업화 및 인구 증가와 보조를 맞추기 위해 자연자원의 축적을 관리해 온 것을 보여 주고 있음을 인정하지 않는다. 일례로 핵, 태양, 바람 또는 지열은 한때 파이프 드림의 일부였다. 즉, 오늘날 그 모든 것은 우리 에너지 필요에 기여하고 있다. 우리는 매일 아직도 자연 상품에 의존하지만 정의상 거의 어떤 인간의 활동도 자연적이지 않다. 우리 인류에 기여하는 자연자원의 한계를 초월하는 것이 우리의 능력이다. 따라서 환경 중심의 접근 방식으로, 지속가능발전이 행동의 목적으로 인류 번영을 대체한다는 것은 교란적攪亂的이다.

인권

글로벌 교육 프로그램은 UN 인권 선언에 제시된 인권에 대한 존중을 포함하며 국가적으로 정의된 권리는 무시한다. 2001년 미국 주들을 조사한 결과, 40% 정도는 인권교육에 대한 명령, 표준, 지침 또는 전문성을 지니고 있었다.[49] 여기서, 우리는 인권교육의 사례로서 유니세프 교육Teach UNICEF으로부터 아동 노동에 관한 활동을 살펴본다. 즉, 6~8학년을 위한 "아동 노동의 영향The Impact of Child Labor"([표 5.5])이다. 이 활동은 요르단의 팔레스타인 캠프에 있는 레스토랑에서 일하는 10대 아동의 이야기를 들려준다.

유니세프가 수집한 자료들은 명백히 교육적 잠재성을 지닌다. 미국과 영국의 학생들은 세계의 일부 국가들에서 어린이들의 삶이 매우 다르다는 것을 배우는 것이 중요하며, 어린이들이 교육의 기회를 박탈당하고 노동을 강요받는 조건에 대해 배워야 한다. 그럼에도 불구하고, 그들은 이러한 차이 때문에 서구의 권리와 아동 양육의 기준을 즉각 적용할 수 없다는 점을 알아야 한다. 이것이 유니세프 수업이 제시한 교훈이다. 1948년 「세계 인권 선언」은 제네바에서 서구적 이상을 기반으로 만들어졌다. 개발도상국 10대 아이들이 가족을 부양하는 것은 일반적인 일이다. 그렇지 않으면 기본적인 생활필수품을 마련할 수 없다. 만약 이러한 젊은이들이 학교에 간다면 더 나을 것인가? 확실하다. 그러나 이는 빈곤선상에서 살아가고 있는 저개발국의 가족들에게는 비현실적인 기대일 뿐이다. 단지 국가 전체적으로 생활수준을 향

[표 5.5] 알리(Ali)의 이야기: 아동 노동의 영향[50]

수업 1. 아동 노동 Child's Work

- 오프닝 활동: 학생들은 그들이 가정 안과 밖에서 행하는 노동에 대해 서로 인터뷰한다.

학생들은 요르단 팔레스타인 캠프의 레스토랑에서 일하는 십 대 아이에 관한 〈알리의 비디오(Ali's Video)〉를 본다. 그러고 나서 그들은 〈알리의 이야기(Ali's Story)〉를 읽는다.

알리는 매일 팔라펠 레스토랑에서 일한다. 알리는 칙피 패티 (chick-pea patties)를 튀기고, 샌드위치를 만들고, 청소를 한다. 알리는 학기 중에는 매일 8시간씩 일하며 여름방학 동안에는 매일 12시간씩 일한다. 일하는 동안에 친구들이 거리에서 축구를 할 때면 알리는 웃으면서 그의 친구들을 보곤 한다. 알리는 친구들과 함께하고 싶지만 그럴 수는 없다. 알리는 상태가 심각한 등과 시력 문제로 인해 아버지가 일을 할 수 없기 때문에 가족을 돕기 위해 일을 해야 한다는 것을 알고 있다.

학생들은 다음의 질문에 대해 토의한다.

- 여러분이 생각하기에 알리는 어떤 기술을 가지고 있는가?
- 알리는 왜 일을 하는가?
- 알리가 일을 하지 않는다면 그의 가족은 어떤 영향을 받을까?
- 여러분이 생각하기에, 알리가 자신의 미래에 관해 희망을 갖고 있다고 생각하는 이유는 무엇인가?

수업 2. 모든 일 끝내기 그리고 놀지 않기(발췌)
Putting and End to All Work and No Play

- 오프닝 활동: 학생들은 알리의 일상 활동들을 설명하기 위해 시간표(Time Chart)를 작성하고 자신의 삶과 비교한다.

학생들은 유니세프의 아동 보호(UNICEF's Child Protection) 정책[51]에 관해 읽는다.

자원봉사자들은 자신의 말로 받아들일 수 있는 형태의 아동 노동과 받아들일 수 없는 형태의 아동 노동을 기술한다.

- 학생들에게 질문하기: 알리의 시간표에 기초해서 여러분이 생각하기에, 알리는 수용할 수 없는 형태의 아동 노동에 포함된다고 보는가?

학생들은 어떠한 다른 종류의 프로그램이 일하는 어린이들을 지원하기 위해 만들어질 수 있는지 브레인스토밍을 한다.
학생들은 〈UNICEF at Work: Ending Child Labor〉를 읽는다(아동 노동에 대한 다른 유니세프 프로그램 기술하기).

- 해결 방안 평가하기: 학생들은 가난, 교육 그리고 어린이 노동 간의 관련성을 평가하고, 어떤 종류의 프로그램이 알리와 알리와 같은 어린이들에게 가장 도움이 될 수 있는지를 평가하도록 요청받는다.

〈알리의 이야기: 아동 노동의 영향(Ali's Story: The Impact of Child Labor)〉에서 발췌함. 유니세프 교육(Teach UNICEF)의 허락을 받음.

상시킴으로써만이, 즉 폭넓은 경제적 성장을 꾀하는 것만이 부모들로 하여금 사회적, 경제적 위치가 더 향상됨에 따라 더 이상 자녀들의 수입에 의존하지 않게 하는 것이다. 불행하게도 유니세프는 알리의 가족에게 대안적인 소득을 창출하게 하는 데는 관심이 없다. 오히려 다음 수업에서, 학생들은 유니세프의 어린이 보호 정책과 그 이름으로 행해지고 있는 관련 활동을 학습하게 된다.

이 수업은 다른 나라에서 다른 윤리적 규범이 다른 사회경제적 조건과 문화적 실천에서 생겼다는 것을 학생들이 이해하는 것보다는 서구의 윤리적 기준안이 요르단의 것보다 더 우수하다는 것을 포함하는 것으로 설계되어 우리가 알리와 같은 어린이들을 "도울" "프로그램"을 고안할 수 있음을 보여 준다. 다시 말해서, 문명화된 "여기"와 명확히 덜 문명화된 개발하고 있는 "거기" 간의 윤리적 분리를 설정한다. 즉, 대조되는 윤리에 대해 그리고 이러한 표준안들의 근거에 대해 교육하기 위해 사용될 수 있는 수업은 무비판적으로 서구적 규범을 강화하면서 마무리된다.

결론: 글로벌 윤리-결코 그렇게 윤리적이지 않는다는 것

앵글로아메리카 교육과정에서 글로벌 윤리는 학문적 지식 대신에 개인의 성찰을 학습 목표로 하기 때문에 반교육적이다. 윤리에 대한 이해는 중요한 교육의 부분이지만, 훌륭한 선생님이 말해 주듯이 지식은 도덕 영역을 포함하여 이해를 도와준다. 오늘날의 일부 교실에서는 학생들이 종종 글로벌 윤리를 추구하면서 지식을 배운다. 이는 글로벌 교육을 가르치는 사람들이 교과목을 가르치는 것보다는 글로벌 윤리의 이론적 근거에 더 동기 부여를 받고 있기 때문일 수 있다. 교육은 소통을 필요로 하며, 교사가 학습에 대해 열정을 지니고 있을 때, 학생들에게 그와 같이 하도록 고취시킨다. 그러나 이는 글로벌 교육이 교육을 위한 기초로서 이론적 지식을 거부한다는 사실을 숨기지는 않는다. 그래서 글로벌 윤리를 추구하면서 학습된 지식은 이해를 위한 개념적 틀이 부족하게 된다. 학생들이 그 지식이 사용되는 방법을 알 수 있는 틀이 없이 단지 많은 지식의 조각일 뿐이다.

　나아가서, 글로벌 윤리에 대한 학습은 윤리적 사고의 교육과 같은 것이 아니다. 도덕성에 관한 학습은 다양한 문화적, 지리적, 정치적 또는 역사적 맥락에서 다양한 인간 문제에 대한 연구를 포함한다. 인문학에서, 학생들은 일상의 생활에서 얻는 것보다는 "더 넓고 더 많은 의견의 다양성을 방해하는 것에 직면"해야 한다.[52] 그 아이디어는 학생들에게 도덕적인 것이어서 학생들은 다른 관점을 볼 수 있게 되고 도덕적 문제들의 복잡성을 인식하게 된다는 것이다. 인간 삶의 상태 탐색을 통해, 어린이들은 다른 윤리적 견해의 논리적, 정치적 사고의 전체 그리고 참여를 이해하는 데 도움을 줄 수 있는 자신의 도덕적 나침반을 발달시키기 시작할 것이다. 반대로, 글로벌 교육을 통해 그 목적이 윤리를 탐색하는 것이라기보다는 도덕적 논쟁과 판단하기를 하지 않도록 하는 것이 견해를 내재화하게 되는 것이다. 그러한 접근은 지역사회뿐 아니라 어린이들의 지적 발달과 자율성을 해칠 뿐이다.

이러한 방식에서, 글로벌 윤리는 또한 **반민주적인 것**이다. 자유민주주의의 기능은 제퍼슨의 말대로 "지식과 문학으로 무장하여" 지도자들의 규범을 점검할 수 있는 사람인 자율적 주체에 근거한다. 민주주의에서, 시민은 사회가 기반을 두고 있는 가치, 사회가 지향하고 있는 비전, 국내 그리고 국제적 사건에 대응하는 방법을 정의하는 데에서 공공의 역할을 수행한다. 글로벌 윤리와 이러한 과정은 반대적 모습을 띤다. 이 장에 열거된 각각의 글로벌 윤리는 어떤 식으로든 어린이들이 글로벌 이슈에 참여해야 하는 방법을 알려 준다. 개인적이고 집단적인 관심의 표현을 통해 변화를 중재하는 적극적인 도덕적 주체 대신에, 글로벌 개인은 자신의 통제를 넘어서서 "글로벌 힘"에 의해 형성된다. 챈들러Chandler는 인권과 외교 정책에 대한 비판에서 "우리가 '글로벌하게' 참여할 때 우리의 사회적 연결은 더 적어지고, 사회적 중재도 더 적어져서 우리의 행동은 덜 전략적이거나 수단적이며, 덜 명확하게 지향된다"라고 지적했다.[53] 그러므로 정치가 글로벌화할 때, 그것은 점차로 추상화되고 더 멀어지게 되는 것이다. 글로벌 윤리가 개인과 공적인 영역의 경계를 흐리게 하는 경우, 이는 후자의 전제, 즉 정치의 전제를 내포한다. 글로벌 윤리는 개인적 행위를 위해 공적인 영역을 거부하기 때문에 여기에는 사회적 변화의 이론이 부족하며, 그리하여 역사적이고 사회적 과정에 대한 개념이 부족하게 된다. 어린이들은 자신의 라이프 스타일을 조정하여 마술처럼 '글로벌 프로세스'를 바꾸고 있다고 믿도록 설득당하고 있는데, 그 결과는 참여보다 정치적 환멸일 가능성이 더 크다.

글로벌 윤리 또한 사람들을 통합할 수 있는 사회적 근거가 부족하기 때문에 문화적이다. 실제로, 글로벌 윤리는 어떤 공통의 신념과 관심에 의해 함께 묶인 문화적으로 정의된 공동체를 거부할 것을 전제로 한다. 도덕이 의미를 얻는 문화적 맥락이 없다면, 글로벌 윤리는 추상적 기준안이 되는데, 이는 확실히 글로벌 윤리는 실제로 윤리가 아님을 의미한다. 왜냐하면 우리의 선과 악에 대한 감정은 단지 사회적 맥락과 관련해서만이 존재할 수 있기 때문이다. 어린이들에게 그들이 글로벌 관점을 지니고 있어야 한다고 교육하는 것은 그들이 다른 사람들과 공통으로 지니고 있는 것에 의해 그들의 관점을 정의하지 말아야 한다는 것을 말해 주는 다른 방식이다. 이는 나딩스가 글로벌 시민성의 개념에서 "관심interest"을 "염려concern"로 대체하기를 원하는 이유이다. 관심을 표현한다는 것은 다른 사람과 공통점이 있는 것을 확인하고 어떤 의미 있는 변화를 가져오기 위해서 외부세계에 적극적으로 참여하는 것을 필요로 한다. 그리고 염려 또는 가치를 표현하는 것은 개인적인 행위이며 반드시 외부의 참여를 의미하는 것은 아니다. 어린이들은 글로벌 이슈를 위한 염려concern를 나타내고 그들 자신의 몫을 수행하도록 권장된다. 그러나 이것들은 사회적 진보의 의미에 대한 애착이 결여된 개인적 행위이기 때문에, 어떤 "외부의 참여나 애착(공감 등)"은 "내부 효과에는 도움이 된다".[54] 그러므로 결과는 치료적이다. 즉, 세상을 향한 것이 아니라 자기 자신을 향한 것이다 글로벌 활동가들과 교육가들은 글로벌 시민들은 글로벌 윤리에 대한 확인을 통해 그리고 글로벌 이슈를 논의하기 위한 집단적 노력을 통해 통합된다고 주장한다. 그러나 대부분의 글로벌 이슈는 아동사회의 외부에 있으므로 이해에 대해 강조하는 바가 부족하다.[55] 글로벌 윤리에 가입하려면 인간의 선택 의지를 없애는 글로벌 힘에 의해 결정된 개인적 태도와 행동만이 요구된다. 이는 미국에서 1970년대와 1980년대에 발달했던 다문화교육이 사회에서 동등한 대의권을 위해 소수집단이 투쟁한 것에 대한 대응으로 발달했던 방식과 대비될 수 있다. 이는 정치적 기반에 의한 운동이었으며, 다른 문화가 미국 사회에서 재현되는 것을 요구하는 일관성을 지닌 것이었다. 다시 말해서, "우리"에 관한 것이었다. 대조적으로, 글로벌 교육은 자신의 공동체 또는 사회와 관련해서가 아니라 "타자"를 통해서 개인을 위한 의미를 추구하는 것이다.[56]

▶ 참고 자료

1. Morris (1979).
2. Wisconsin Department of Public Instruction, "Framework for International Education Lesson Design," handout provided at teacher training event on international education, New Jersey, 2004.
3. Pigozzi (2006) p. 3.
4. Crews (1989) p. 28.
5. Oxfam (2006) p. 7.
6. Nolan (1998) p. 143.
7. Ecclestone and Hayes (2009).
8. Nolan (1998).
9. Pike and Selby (1988) pp. 120-21.
10. Ibid. p. 147.
11. Department for Education and Skills (2005) p. 13.
12. O'Neil, B., "Turning Immigration into a Tool of Social Engineering," *Spiked-Online*, 2010. Accessed: http://www.spiked-online.com/index. php/site/article/8335/
13. Ibid.
14. Tye (1991) p. 5.
15. Reminers, F., "Preparing Students for the Flat World," *Education Week*, 28(7), pp. 24-5, 2008.
16. Furedi, F., "The Truth About Tolerance," *Spiked-online*, 29 December 2010. Accessed: http://www.spiked-online.com/index.php/site/ reviewofbooks_article/l0034/
17. Nolan (1998) p. 147.
18. Furedi (2011).

19. Ibid. p. 81.

20. Burack (2003) p. 53.

21. Wisconsin Department of Public Instruction (2002) p. 23.

22. Furedi (2009) p. 177.

23. Reading International Solidarity Center, *Growing Bananas: A Simulation about Fair Trade for KS 2-3*, 2005. p. 1.

24. Development Education Association (2004) p. 24.

25. Source: Oxfam website, cited in Development Education Association (2004) p. 24.

26. Department for Education and Skills (2005) p. 13.

27. Pike and Selby (2000) p. 130.

28. National Association for International Schools, "Challenge 20/20 Video," 2007. Accessed: http://www.nais.org/global/movie.cfm?Item Number=149859

29. Wisconsin Department of Public Instruction (2002) p. 8.

30. Pike and Selby (2000) p. 42.

31. Ibid. p. 54.

32. Ibid. p. 55.

33. Ibid. p. 55.

34. Wisconsin Department of Public Instruction (2002) p. 34.

35. Gaudelli (2003) p. 23.

36. Eccelstone and Hayes (2009) p. 124.

37. Noddings (2005) p. 1.

38. Ibid. p. 4.

39. Machon and Walkington (2001).

40. Wisconsin Department of Public Instruction (2002) p. 39.

41. Pike and Selby (2000) p. 13.

42. Bohm, 1983, cited by Selby (2000) p. 89.

43. Department for Children, Schools and Families, "Sustainable Schools for Pupils, Communities and the Environment The Eight Doorways to Sustainability," 2007. Accessed: http://www.teachernet.gov.uk/

sustainableschools

44. RISC (2008) *All you Need for a Sustainability Assembly.* Reading
    International Solidarity Center, p. 2.

45. Ibid. pp. 2-3.

46. Williams (2008) p. 109.

47. Ibid. p. 88.

48. Ibid. p. 109.

49. Banks (2002).

50. UNICEF "Ali's Story: The Impact of Child Labor, Lesson 1 & 2," 2010.
    Accessed: http://teachunicef.org/explore/topic/child-labor

51. UNICEF, "Child Protection Information Sheet: Child Labor," 2006
    Accessed: http://iviviv.unicef.org/protection/files/Child_Labour.pdf

52. Kronman (2007).

53. Chandler (2009) p. 208.

54. Ecclestone and Hayes (2009) p. 124.

55. Heilman (2009) p. 32.

56. Ibid. p. 33.

6장

세계 학습을 위한
필수 경계

지금까지 우리는 21세기에서 '글로벌' 용어는 특이성, 불확실성, 거리감 있는 것, 무형체 그리고 공동체적 뿌리 빈약을 내포하는 것으로 사용되고 있다고 보아 왔다. 교육의 맥락에서, 이는 무엇을 가르칠 것이며 왜 가르쳐야 하는가에 대한 불확실성을 야기하기 때문에 문제가 되어 왔다. 이 장에서는 어떤 상황에서든 교육이 이루어지는 데 필수적인 경계들을 살펴볼 것이다.

교육에는 두 가지 방식이 있다. 첫째, 교육의 의미를 명확하게 하기 위해 우리는 교육의 본질이 인간의 다른 노력과 어떻게 다른지 이해해야 한다. 우리는 무엇인가의 도덕적 가치가 그 독특한 특성에서 비롯되기 때문에 교육에서의 독특한 점을 알아야 한다. 다시 말해서, 경계를 두는 것은 의미의 전제조건이다.[1] 교육이 사회개혁이나 직업 훈련과 같은 다른 활동과 결합될 때, 교육 본래의 질은 훼손되고 교육의 의미는 불명확해진다.

둘째, 교육은 교사, 행정가, 부모, 교과 전문가 및 기타 비슷한 생각을 가진 성인을 포함한 성인 공동체에 의해 이뤄져야 한다. 교육은 우리가 우리의 어린이들에게 전달되기를 원하는 그 지식과 가치에 대한 몇 가지의 기본 가정을 공유하는 성인들의 공동체에 의해 더욱더 성공적이게 될 것이다. 이는 학교에서 교육되는 것과 교육의 실천이 직접적으로 우리가 누구인가라는 개념 그리고 우리가 가치 있게 여기는 개념과 연결되어 있기 때문이다.[2] 이러한 공동체는 지리적으로 묶여 있는 것이 아니며 또한 반드시 정치적 영역으로 제한된 것도 아니다. 비록 종종 그런 경우가 있기도 하지만. 그럼에도 불구하고, 그들이 가치 있게 여기는 것과 그들의 신념이 무엇인지를 명확하게 함으로써, 그들은 자신과 다른 신념을 가지고 있는 사람들 간 구별을 하게 된다. 공동체에서 파생된 그러한 도덕적 틀은 글로벌 교육에서 부족한 것이다.

교육과 사회적/개인적 개혁 간의 경계

구분을 만드는 관행은 교육의 과정에서 기본적으로 행해지는 일이다. 단지 경계를 정의하는 것만으로도, 사람들은 이전에 무질서와 혼란을 보았던 곳에서 질서와 일관성을 보기 시작한다. 서서 시골 풍경을 바라보고 다른 형상, 색깔, 조직 그리고 움직임을 보는 유아를 상상해 보자. 그들은 어떻게 이러한 정보의 배열을 이해하기 시작할 수 있을까? 그 대답은 식물, 동물, 사람, 언덕, 평야, 농경, 하늘, 해, 바람,

길, 학교, 집, 농장 등과 같은 그러한 사회적 구조물을 통해서이다. 이러한 개념이나 실습은 다른 것과 구분하여 각각의 범주로 분류하는 교육의 과정을 통해 어린이의 마음속에 형성되어야 한다.

그러므로 구별한다는 것은 지식의 바로 그 기초에 해당한다.[3] 20세기 초반, 뒤르켐Durkheim은 아이디어가 시스템으로 구성되거나 서로 연결될 때 아이디어의 구별이 지식이 된다고 했다. 초등교육뿐만 아니라 대학원 수준에서도 차별화를 이끌어 내는 것이 중요하지만 추상화 정도는 매우 다르다. 두 경우에서 모두, 실제로 교육의 목표는 혼란이 있었을 때 무언가를 이해하기 위해 이해의 명확성을 달성하는 것이다. 개인은 때때로 세계에 대한 우리의 이해를 더 높이는 새로운 통찰력을 얻지만, 그들은 이미 사회에서 시행되고 있는 구별 체계(지식)를 통해서만 이것을 성취한다. 인류의 축적된 지식을 어린이들에게 전하는 것은 그러므로 교육의 과정the process of education인 것이다.

그렇다면 우리는 교육을 정치적 행동, 훈련, 환경 보존, 기술 격차 축소, 포용, 사회정의 및 글로벌 교육의 이름하에 포함된 다른 외부 목적들과 어떻게 구분할 것인가? 우리는 이미 교육은 우리가 누구인지 그리고 우리가 무엇을 상징하는지에 대한 비전과 관련되어 있음을 인정했다. 그래서 교육은 우리의 신념과 정치적 사상과 관련되어 있다. 그럼에도 불구하고, 우리가 교육을 통해 우리의 가치를 어린이들에게 전달한다는 목표가 교육을 정치활동으로 바꾸었다는 것을 의미하는 것은 아니다. 우리가 가르치기로 선택한 것과 그것을 가르치는 방법은 세계에 대한 우리의 관점에 의해 영향을 받은 것이지만, 교육과정에 관한 의사결정은 정치적 또는 경제적 기반보다는 교육에 기반하여 이뤄져야 한다. 그것은 교육 목적의 문제인 것이다. 만약 수업의 목적이 어린이들에게 관용과 공감의 태도를 심어 주는 것이거나 이산화탄소 방출을 억제하기 위해 소비 습관을 변화시키기 위한 것이라면, 이는 교육적인 것이 아닌 치료 행위 또는 정치적 행위가 된다.

스탠리 피시Stanley Fish는 고등교육에서 교육과 정치적 행위주의 간의 경계line에 관한 책을 썼다. 『자신만의 시간으로 세상을 구하십시오Save the World on Your Own Time』에서 그는 대학과 대학교는 합법적으로 다음의 두 과제를 수행할 수 있음을 언급했다.

> 1) 학생들에게 이전에 몰랐던 지식과 탐구의 전통을 도입하는 것, 2) 학생들에게 탐구의 전통에서 자신감을 갖고 그러한 기술을 활용할 수 있게 하고, 강좌가 끝나더라도 독립적으로 그러한 연구에 참여할 수 있도록 하는 분석적 기술 (논쟁, 통계 모델링, 실험 절차)을 준비시키는 것.[4]

오늘날, 학교와 고등교육 간에는 중요한 차이가 있다. 즉, 학교는 어린이들을 가르치고 대학은 젊은이들(이 경계에 대해서는 아래에서 더 자세하게 언급함)를 교육한다는 것이다. 어린이들은 가치와 신념에 관해 확실히 아이디어를 형성하기 시작할지라도 자신의 가치와 신념을 결정하기 위한 지식과 경험을 갖고 있지 않기 때문에 교육이 중요하다. 어린이들은 미성숙한 도덕적 나침반을 갖고 있어서 어른들이 그들을 안내해 줄 필요가 있다. 그래서 학교는 고등교육기관과는 다소 다른 과제를 가지고 있다. 그러나 피시Fish의 설명은 유용하다. 왜냐하면 그는 교실 수업에서 교육적 행위와 정치적 행위들 간의 경계를 어느 수준에서든 구분하고 있기 때문이다. 문제가 되는 것은 꼭 탐구 주제인 것은 아니며 "접근 방법"인 것이다. 정치적 주제는 논의될 수 있으나 교육가의 과제는 그 이슈들을 "학문화하는 것"이라고 피시는 제안한다. 이는 질문 또는 주제가 행동, 태도 또는 세상을 변화시키기 위한 도구가 아니라 학습 주제로 바뀌는 것을 의미한다. 즉, "주제를 학문화한다는 것은 주제를 현실 세계에서 수용된 맥락에서, 즉 행해질 투표 또는 포함될 어젠다가 있는 곳에서 분리하여, 수행될 분석이나 제공될 설명 등이 있는 학문적 맥락에 삽입하는 것이다".[5] 다시 말해서, 교육적 교실은 문제를 더 잘 이해하기 위해서 이슈들을 학습하는 곳이다. 즉, 위태로운 것은 무엇이며 사람들이 그것에 어떻게 반응하는가 등이다. 행위주의Activism는 교사가 자신들의 부담charges을 드러내거나 도덕화하기 시작하는 순간 뒤따른다. 교사는 그들이 학문화하는 때를 어떻게 알게 되는가? 피시의 견해에서 "간단한 테스트를 적용해 보자. 나는 내 학생들에게 짜증스러운 정치적 이슈에 대해 설명을 요구하거나 평가하도록 하는가? 또는 그 이슈들에 대해 발표하도록 요청하는가?"[6]

어린이들에게 가치와 신념을 전달하려고 할 때, 지역공동체나 사회가 갖고 있는 가치와 아이디어들 사이를 구별하는 것이 또한 필요하며 어린이들의 가치와 태도에 영향을 주면서 사회를 변화시키려는 시도를 하는 것도 필요하다. 따라서 푸레디는 사회화를 사회의 규범과 가치, 사회 재생의 과정 그리고 규범과 가치에 도전하고 변화시키려는 사회 공학으로 구분한다.[7] 글로벌 변화의 "추동 요인"으로,[8] 글로벌 교육은 명확하게 후자의 분류에 해당한다. 근본적인 목적은 어린이들의 가치, 태도 그리고 행동을 변화시키는 것이며, 결과적으로 어린이들이 그들 부모의 행동과 태도에 영향을 미치리라고 기대된다. 이것을 푸레디는 "사회화의 반대"라고 부른다. 즉, 어린이들이 그들 부모를 "교육시키는" 데 사용되는 것이다. 확실히, 글로벌 교육가들의 열정은 사회적·정치적 변화에 있으며 특별히 교육적인 목적은 덜하다. 그들의 노력을 위한 적절한 장소는 학교가 아니라 정치적 영역이다.

공적인 것과 사적인 것 간의 경계

교육은 점차로 정치와 혼동되고 있다. 왜냐하면 사회에서 공적인 것과 사적인 영역 간의 경계가 희미해지고 있기 때문이다. 이는 주로 우리의 관심사를 넓히고 삶의 의미를 이해하기 위한 수단으로서 정치의 쇠퇴에 기인한다. 공적인 영역은 공적인 영역에서 발생하는 그러한 활동들을 말한다. 즉, 정치, 직장, 학교, 공동체, 공공기관 등 시민사회로 알려진 것들이다. 반대로, 사적인 영역은 공적인 영역에서 멀리 벗어난 것이며 가정, 개인적 소비, 개인적 의식 그리고 개인적 관계 등이다. 이러한 경계는 역사적으로 자유 민주주의의 필수적 부분으로 고려되어 왔다. 왜냐하면 개인의 자율성과 공적 영역에서 개인의 적극적 참여는 자신의 공적 역할을 철회할 수 있고 또 반영할 수 있는 사적인 공간에 의존하기 때문이다.[9]

자유 민주주의에서 학교와 대학의 역할은 일반적으로 공적인 것이었다. 즉, 사회가 공통적으로 간직한 지식과 문화적 전통을 전달해 주는 공적인 역할을 해 왔다. 오랜 전통과 지식의 나라인 영국에서는 적어도 수십 년 전까지 교육과정의 내용은 학문적 지식과 영국의 오랜 전통을 반영했다. 2000년에 신노동당 정부에 의해 정규 교과목이 되기 전까지, 대부분의 학교에서는 시민성을 교과목으로 가르치지는 않았다. 강한 자유주의 전통과 국가적 정체성이 있기 때문에 시민성 교과목은 필수적인 것으로 보지 않았다. 그럼에도 불구하고, 그 교육과정은 국가적 정체성을 전달하는 영어, 역사와 같은 교과목과 방향을 같이하면서 완전히 국가적이었다. 많은 국가들에서와 같이, 기초적인 학교 기능들 중의 하나는 어른으로서 경제적, 정치적, 사회적으로 사회에 참여하는 데 필요한 지식과 기술을 어린이들에게 교육하는 것이다.

미국은 상대적으로 다른 전통을 지닌 사람들로 구성된 새로운 국가이기 때문에 상황이 다소 다르다. 뿌리 깊은 전통이 결여되어 있어서, 공화국의 이상에 맞게 어린이들을 교육한다는 것은 심지어 사회적 재생을 위해 더 필수적인 것이었다. 토머스 제퍼슨, 존 애덤스, 제임스 메디슨, 벤저민 프랭클린, 그리고 다른 창립자들은 그 공화국이 살아남을 것인가에 대해 모두 걱정을 했다. 그들은 이러한 과업을 위한 필수로서 언어, 지식, 그리고 미국인의 이상을 한데 묶어 줄 수 있는 공통적인 학교교육을 바라보게 되었다. 이는 1845년 실라 라이트 주지사 Governor Silas Wright의 의회 연설에 나타났다.

> 자치 정부의 위대한 실험의 전체적 성공 또는 절대적 실패는 전적으로 우리 학교에서 젊은이들에 대한 세심한 정신 함양에 달려 있다. 그런데 그 정신 함양이 진척되지 않는다면 그리고 아직 효과를 발휘하지 못하는 한, 그 신념은 시대의 징조로 진지하게 받아들여질 것인 바, 즉 이제 억압받는 사람들의 망명지이자 '자유인의 고향'인 미국은 예전의 모든 자치 정부 시도의 우울했던 운명을 오랫동안 공유하게 될 것이다. 미국은 공동체의 도덕적, 지적 능력에 의해 유지되어야 하며, 다른 모든 힘은 전적으로 비효과적이다. 물리적인 힘은 증오, 두려움 그리고 반발을 불러일으킬 수 있으나 결코 미국을 생산할 수는 없다. 유일한 공화국을 위한 구원은 우리의 학교들에서 추구되어야 한다.[10]

주지사 라이트는 공화국의 전적인 성패는 학교에 달려 있다고 잘못 알고 있었다. 그러한 문제가 결정되는 곳은 정치적 영역에서이다. 그럼에도 불구하고, 라이트는 암묵적으로 "도덕적이고 지적인 공동체의 힘" 안에서 각 세대를 교육한다는 것은 공동체를 유지하는 데 필수적인 부분으로 이해했다.

최근 몇십 년에 걸쳐서, 정치적 생활에 대한 참여가 감소하고 자신들의 삶을 집단적 웰빙과 국가의 발전에 기여하는 것으로 보는 시민들이 적어지면서 공적 영역의 중요성은 변화했다. 대신에, 그들은 "나홀로 볼링Bowling Alone"(공동체 생활에 참여하지 않는 것)이라고 로버트 퍼트넘Robert Putnam은 주장한다.[11] 이는 사람들이 사회에 변화를 주고 싶지 않다는 것을 의미하는 것이 아니라, 사회적 개선을 위한 사람들의 열망을 전달하는 데 사용되는 많은 기관들(정당 및 노동조합 포함)이 오늘날에는 거의 같은 정도로 이러한 기능을 수행하지 못하고 있다는 것을 의미한다. 그 대신에 사람들은 지역적으로 더 많이 자원봉사를 하려고 하거나 평화봉사단과 같은 비영리 단체에 기여하려고 한다.

오늘날 공적 영역은 덜 정치적이 되었다. 사람들은 더욱더 자신의 직업, 민족 문화, 선호하는 스포츠 팀, 종교, 음악 등을 통하여, 육아를 통하여 또는 자선 사업에 기여함으로써 그들 자신을 확인하려고 한다. 정치가 존경받지 못하고 우리의 삶을 더 나은 방향으로 바꿀 수 있을 가능성을 제공하지 못하는 것처럼 보일 때, 우리는 다른 형태의 정체성을 추구한다.[12] 공적 영역의 쇠퇴가 개인적 영역의 중요성을 높임에 따라 개인적인 것이 실제로 정치적으로 되었다고 말할 수 있다. 즉, 우리가 소비하는 것, 우리가 입고 있는 옷의 브랜드, 우리가 사용하는 세제, 우리의 탄소 발자국의 크기, 우리가 타자를 위해 공감을 표현하는 것 등 이러한 모든 개인적인 행동과 가치가 대중에게 노출됨에 따라 의미를 더했다. "글로벌하게 생각하기, 로컬적으로 행동하기Think Global, Act Local"라는 표현은 개인적 행동이 더 넓고 직접적인 정치적 중요성을 지닌다는 현대인의 신념으로 요약된다.

개인적 행위의 중요성이 높아지면 정치적 변화가 어떻게 일어나는지 이해하지 못하며, 이는 교육과 정치 간의 혼란을 야기하는 주요 동인 중 하나가 된다. 미국의 이상에 대한 신념의 침식은 학교에서 상당한 변화를 일으켰다. 허시E. D. Hirsh에 따르면, "1950년대까지 학교는 더 이상 공적인 의무와 공동체의식을 공유하는 교육받은 시민들을 양성할 주된 임무를 구상하지 않았다".[13] 여기서 허시는 진보적인 교육운동의 영향력 상승을 언급했고, 진보적인 교육운동은 당시까지 교육대학에서 지배적인 접근 방식이 되었다. 사회적 그리고 문화적 목적에 비해 개인의 발달을 도모하면서, 진보주의자들은 교육을 치료적 또는 사적인 교육의 개념으로 향하는 길로 이끌었다.

몇십 년 후, 사적 영역과 공적 영역의 통합은 더 명확하게 글로벌 교육에 의해 표현되었다. 예를 들어, 글로벌 시민성의 아이디어는 학문적 교육이 필요하지 않은 사적인 시민성의 의미를 제공한다. 이는 글로벌 시민성의 아이디어가 어린이들의 개인적 삶과 "글로벌 과정"을 연결해야 하기 때문이다. 글로벌 시민성에서 학습을 위한 이론적 근거는 사건들이 직접적으로 여러분과 어떻게 관련되어 있는지를 이해하고, 여러분이 "변화를 만들어 내는" 방법을 알게 하는 것이다. 여기서, 교육의 목적은 이전 세대에 의해 축적된 지식과 아이디어에 관해 학습하는 것보다는 여러분의 (개인적) 삶에 의미를 부여하는 것이다. 본질적으로, 사적인 교육의 개념은 그 옹호자들에게 어린이들이 자신들에 관해 좋은 감정을 갖게 도와주는 데 이론적 근거를 제공하고 있으나, 그것들을 교육하기 위한 이론적 근거는 부족하다.

어린이와 성인 간의 경계

성인과 어린이 간의 경계는 공적인 영역과 사적인 영역 간의 경계와 유사하다. 이는 어린이들이 미성숙하고 미발달된 존재로서 아직 정치적 영역에 실질적인 기여를 할 수 없기 때문이다. 아동기의 특성에 따라 어린이들은 성인의 책임과 압력으로부터 보호되어야 한다.

수십 년 전에, 한나 아렌트Hannah Arendt는 학교를 도구적인 목적을 가진 기관으로 바꾸려는 악영향을 세계에 경고했다. 그녀는 "실제 생활공간의 확실한 파괴는 어린이들을 일종의 세계로 만들려는 시도가 있을 때마다 일어난다"라고 경고했다.[14] 그러나 이는 정확하게 글로벌 교육이 하고자 하는 것이다. 외부 세계의 문제를 학교로 들여와서 그것들을 공부하기 위해서가 아니라 어린이들에게 가치와 기술을 전수하기 위한 수단으로 사용한다는 것이다. 기술 격차, 환경 위기, 인종차별, 불평등, 시민성의 의미 감소, 인권 등 무엇이든지 간에 글로벌 교육은 성인 공공 영역의 문제를 교실로 옮겨서 해결하려고 한다. 이는 교사와 어린이 모두에게 불공평한 것이다. 학교가 정치, 경제, 사회적 문제를 해결하기를 기대하는 것은 가르치는 일, 즉 교육에 방해가 될 수 있을 뿐이다. 그리고 (참여를 모방하는 것과는 대조적으로) 실제 세계 문제를 해결하는 데 **실제로** 어린이들을 참여하게 하는 것은 어린이들을 결코 어린이로 취급하지 않는 것이다.

교육이 성공적이기 위해서는 실제 세계와 어느 정도 분리되어야 한다. 어린이들은 "그들이 성장할 수 있는 보안의 장소"를 필요로 한다.[15] 이것이 실제 세계를 무시하는 것을 의미하는 것은 아니다. 즉, 그것이 어린이들의 학습 대상인 것이다. 그러나 교사가 가르칠 수 있고 어린이들이 배울 수 있기 위해서는 교사와 학생들은 시장의 힘과 정치적 문제를 포함하여 실제 세계의 압력으로부터 보호되어야 한다. 학교 벽의 경계 내에서 교사는 지식과 기술을 가르치는 데 초점을 둘 수 있고, 교사와 어린이가 함께 외부 세계의 문제를 해결하거나 정부가 부과한 목표에 도달해야 하는 책임감 없이 아이디어와 주제를 탐색할 수 있다. 교사들이 자유롭게 어린이들을 정치적 그리고 경제적 이론과 문제뿐 아니라 햄릿, 외국어, 먼 나라들과 문화, 쇼핑, 분자 생물학, 고대 문명 그리고 혁명으로 안내할 수 있는 것은 이러한 공간의 제공으로 가능하다. 이러한 지식과 문학으로 무장된 그들은 졸업 후 정치적 책임을 포함하여 어른으로서의 책임감을 수행할 준비가 잘될 것이다.

이에 반해 사적 영역의 경계 짓기에서, 교육과 성인을 위한 개인적 공간을 위해서 성인의 책임이 있는 곳이 더 명확해진다. 즉, 정치적·사회적·경제적 그리고 환경적 문제를 해결하는 것. 다시 말해서, 활성화된 사적 영역은 다시 번성한 정치적 생활과 연결되어 있다. 아래에서 살펴보겠지만, 성공적인 교육은 활기찬 공적 공동체에 달려 있다.

이론적 지식과 일상 지식 간의 경계

위의 논의로부터, 우리는 교육이 지식의 획득을 통해 일어난다는 것을 알았다. 그러나 이것은 단순한 어떤 지식인 것은 아니다. 일부 지식은 다른 지식보다 중요하다. 골프 연구나 자동차 판매에서 거의 모든 사람들이 재미를 즐긴다. 글로벌 교육은 학문적 지식을 희생시키면서 다른 문화, 외국어 기술, 환경, 글로벌 이슈, 그리고 문제 해결의 지식을 강조한다. 이러한 지식 영역은 지식과 정보가 지속적으로 업데이트되는 글로벌 세계에서 시민들의 필요와 더 관련되어 있다고 생각하기 때문이다. 글로벌 교육의 옹호자들은 국가의 통치 엘리트들과 연합할 뿐 아니라 과거(그리고 현재)에 초점을 두기 때문에 교과 학문을 거부하기도 한다. 심지어 글로벌 교육이 외국어, 역사 그리고 지리와 같은 교과목을 포함할 때조차도 그것의 목적은 교과 지식보다는 글로벌 가치와 글로벌 기술을 가르치는 데 둔다. 그렇다면 학생들이 교과 학문 내용이나 글로벌 이슈 그리고 글로벌 문화를 학습하는 것이 중요한가?

여기서 일상의 지식과 이론적 지식 사이에 중요한 경계가 그어져야 한다.[16] 일상의 지식은 우리가 개인적 경험과 접촉을 통해서 얻게 되는 지식을 말한다. 우리가 일상생활에서 획득한 지식을 생각해 볼 때, 그것은 우리의 주관적 관점과 제한된 경험에 한정될 수 있다. 대조적으로, 이론적 지식은 특정 맥락에서 추상화하고 아이디어들을 서로 관련지으면서 얻어진다. 이러한 구분은 뒤르켐이 의미한 바 "신성한sacred"것과 "세속적인profane"의미의 구분에서 비롯되었다.[17] "세속적인"은 사람들의 일상생활을 말하는 것인데, 그 관심사는 실용적이고 즉각적이며, 특히 개인의 상황에 따라 특수적이다. 반면, 종교의 "신성한"세계는 발견되고, 추상적이며, 집단적인 성격을 지닌다. 뒤르켐에게서 집단적인 신성함의 재현은 개인적 사고가 아닌 공동체에서 발원한다. 그리하여 지식에 객관적인 질을 제공하는 것은 사회성인 것이다.

이러한 모델은 바실 번스타인Basil Bernstein의 수평적이고 수직적인 지식의 개념에 의해 발전되었다. 수평적 지식은 상황에 의존적이며 비구조화되어 있는 면에서 일상의 영역과 유사하다. 반면, 수직적 지식은 계층적이며 상징적 구조와 특정 원칙을 통해서만 접근할 수 있다. 다시 말해서, 수직적 또는 이론적 지식은 추상적이며 개념과 아이디어의 시스템을 통해서 접근될 수 있는데, 수평적 지식은 상황 의존적이다. 현대에는 이론적 지식이 학문 분야로 구성되어 있다.

일상의 지식과 이론적 지식은 교육에서 각각의 입지를 가지고 있다. 종종, 교사들은 학습을 촉진하기 위해서 추상적 지식과 구체적 사례들 간의 관계 짓기를 한다. 학교는 또한 컴퓨팅, 디자인, 기술 또는 헬스케어와 같은 그러한 더 실용적인 노력을 하는 것에 일부 수업을 제공하고자 하기도 한다. 그럼에도 불구하고, 공식적인 환경으로서 교육에 고유한 것은 이론적 또는 학문적 지식을 교육한다는 것이다. 이론적 지식의 특징은 학생들로 하여금 일상의 삶을 넘어서서 다른 세계와 경험하도록 한다는 것이다. 여기에는 학문의 내부 일관성을 부여하는 이론과 아이디어뿐 아니라 외국에 살고 있는 사람들, 그들의 문화, 언어, 역사, 경제적 및 정치적 시스템에 대한 학습을 포함한다. 이론적 지식은 또한 설명력과 그것의 실제적 적용으로 인해 일상 지식보다 더 영향력을 지닌다. 즉, 모든 사회적 혜택은 과학의 진보에서 온다고 생각한다.

이론적 지식은 우리가 대상이 서로 어떻게 연결되어 있는가를 이해하는 방식이다. 즉, 우리는 이론적 지식을 통해서 행위의 패턴과 현상들에 대한 이론을 파악할 수 있다. 일상의 지식에서 이론적 지식으로의 도약은 개인적 경험에서 직관적으로 분명하지 않았던 사물과 아이디어들 간의 관계를 인지하게 할 수 있다. 우리는 우리 머릿속의 사물과 아이디어의 재현을 조작함으로써 인지활동을 한다. 더욱이, 특정 맥락에 묶여 있는 경험적 연결에서 분리될 때, 추상적 또는 이론적 수준에서 사고가 발생하기 때문에 "감각이 남긴 것들을 하나로 묶어 줄 수 있다".[18] 사물과 데이터로부터 거리를 두는 것은 또한 새로운 제안, 즉 인피니텀infinitum을 추가하여 우리의 집단지식을 확장할 수 있게 한다. 마지막으로, 일상의 문제와 얽매임이 없다면, 우리는 우리가 더 바람직하다고 생각하는 곳으로 투사할 수 있다.[19]

이러한 마지막 포인트는 글로벌 교육에 관한 다른 문제를 제기한다. 그것은 우리가 정보에 입각한 판단으로 미래를 향해 잘 투영할 수 있는 통찰력과 이해를 제고하는 것이 일상적인 경험이 아니라 이론적인 지식임을 보여 준다. 학문적 지식이 없으면, "미래 사고futures thinking"는 미성숙한 생각이 될 것이다. 또한 교육이 개인적인 일상의 지식으로 축소되면, 학생들은 자신의 관점과 다른 진정한 관점을 어떻게 얻을 수 있을 것인가? 결국 자신의 경험과 지식에 관점을 추가하는 것은 글로벌 교육이 아니라 이론적 지식인 것이다.

마음과 현실 간의 경계

마음과 현실 간의 경계는 우리가 교육의 의미를 이해하는 데 중요하다. 이 경계는 아이들의 마음을 통해 현실을 변화시키는 것을 목표로 갖고 있는 글로벌 교육에서는 희미해져 왔다. 이것은 특히 글로벌 윤리 교육에서 분명하다. 예를 들어, 5장에서 봤던 것처럼 글로벌 교육가들은 평화와 갈등 해결에 대해 가르칠 때, 이러한 문제를 실제 세계에게 정치적 해결이 필요한 것으로 다루지 않고 "우리와의 관련성과 우리의 행동을 위한 정보를 제공하는 과정"으로 취급한다는 것을 알았다.[20] 이러한 그리고 다른 사례들에서, 수업은 세계에서 일어난 갈등이 어린이들의 내적 삶과 연결되어 있는 양 실제 세계와 아이들의 개인적 태도 및 가치 사이를 왔다 갔다 한다. 따라서 『글로벌 교실 수업In the Global Classroom』에서 교사들은 학생들이 자신들의 우려와 두려움에 맞서도록 함으로써 대인 관계의 평화와 내면의 평화를 향하도록 권장한다.[21]

현실과 그 현실에 대한 우리의 지식은 사회적 구성주의 이론에서 비롯된다. 이 이론은 지식은 사회적으로 맥락 지어진 것으로 이해하는 데 도움을 준다. 즉, 그것은 사회적·문화적 맥락에서 창출된 것이다(뒤르켐의 신성한 지식의 의미처럼). 그러나 일부 사회 구성론자들은 이 이론을 한층 더 발전시켜 모든 현실이 사회적 구성체라고 주장한다. 여기서 대상과 대상의 재현체 사이의 관계는 역전된다. 즉, 현실 자체는 모두 마음속에 있다는 것이다. 이는 글로벌 교육가들이 세계에 대해 변화한 어린이들의 태도와 가치를 바꾸는 것은 세계를 바꾸는 것과 같다는 결론에 도달하는 방식이다.

우리가 어떻게 생각하는가를 벗어나서 현실reality이 없다는 것이 사실이라면, 이는 사람들의 생활 경험과 별개의 세계에 대한 지식은 없는 것이고, 밝혀낼 진실도 없다는 것을 의미한다. 진실과 관련성이 없는 지식은 그 자체의 의미를 상실한다. 그것은 모두 의견과 관점이 되며, 옳고 그른 역사 또는 좋고 나쁜 문학을 구분할 수 있는 기준이 없는 것이다. 다른 한편, 우리의 마음으로부터 독립적으로 존재하는 현실이 있다면, 우리는 그것을 어느 정도 알 수 있어야 하고, 어떤 지식과 아이디어가 다른 것보다 더 적합한지를 결정하는 기준들도 존재한다. 객관성은 외적인 타당성(개념과 이론이 재현하는 대상을 얼마나 잘 처리하는지), 내적인 일관성 또는 논리 그리고 전문가 공동체로부터의 지지에 기반을 둔다.[22] 요한 멀러Johan Muller가 언급한 바와 같이 모든 추론은 공식적으로는 동일하지만 "그것들은 모두 동등하게 칭찬할 만한 것은 아니다".[23] 그것들은 일관성과 "인식적 이득"뿐 아니라 "일관성, 설명력, 기능성, 포괄성 그리고 단순성"의 사용에서 다르다.[24]

이는 지식은 생산되는 사회적 맥락과 관련성을 지닌다는 것이다(맹목적이지 않다는 것이다). 우리는 이미 이론적 지식이 사회적이기 때문에 문화적으로 편향되어 있다고 지적했지만, 주어진 사회적 맥락에서 추상화되고 다른 맥락과 연결할 수 있을 때, 지식은 객관적이게 된다. 그것은 세대의 역사적, 문화적 조건을 초월한다. 마이클 영Michael Young은 이를 지식에 대한 사회 현실주의적 접근social realist approach이라고 말한다.

교육의 목적은 현실을 이해하는 것이며, 이를 위해 우리는 실제 세계에서 우리의 분리를 인식할 필요가 있다. 교육은 우리의 마음속에 현실을 이해시키는 과정이다. 이는 교육가들이 갖고 있는 어려운 과제이다. 버나드 윌리엄스Bernard Williams가 제안한 바, 교사와 학자들의 권위는 그들 주장의 진실성에 달려 있다. 즉, "진실한 신념을 획득하는 데 최선을 다하라, 말하는 것은 믿는 것을 드러내라".[25] 교육가들은 그 세계를 이해해야 하며, 어린이들과 젊은이들과 이를 소통하는 방법을 찾아야 한다.

가르침teaching과 학습learning 간의 경계

만약 글로벌 교육가들이 학문적 지식academic Knowledge(대문자 "K"를 가진)에 대해 불확실성을 보일 때, 그들은 어른 중심 가르침보다는 학습자 중심 학습에 더 치중한다. 그들은 지식을 어린이들에게 전달할 가치가 있는지 확인하는 것을 삼가기 때문에, 글로벌 교육 옹호자들은 교사의 역할에 대해 애매모호함을 지닌다. 이러한 이유로, 글로벌 교육가들은 교육이 성인이 아닌 아동으로부터 오는 것으로 보는 진보적 철학을 장려한다. 이 접근에서 교육은 발견 학습을 통해 어린이의 내적 능력을 펼치는 자연스러운 과정으로 간주된다. 어린이들에게 어른의 지식을 강요하기보다는 진보주의 교육가들은 어린이들이 스스로 지식, 기술 그리고 가치를 발견하는 것을 목표로 한다(종종 진보주의 교육가들은 자신들이 원하는 가치와 기술을 전달하기 위해 교육 자료를 신중하게 통제할지라도). 여기서, 학생들은 자신의 지식, 기술, 그리고 가치, 심지어는 자신의 정체성도 구축하고 있다고 한다. 그럼에도 불구하고, 수업이 글로벌 윤리를 염두에 두고 있다는 점을 감안할 때, 글로벌 교육가들이 아이의 정체성을 형성하는 과정에서 중요한 역할을 하는 것은 분명하다.

　교육에 대한 사회구성주의, 진보적 그리고 시장 기반 접근은 모두 국가 문화와 정치적 리더십의 쇠퇴로 더 대중화되었다. 서구 사회는 무엇을 가르칠 것인가와 교사의 역할에 대해 더 모호해졌다. 글로벌 교육은 가르침teaching으로부터 벗어나 학습learning 지향 추세를 포함하는데, 이는 여러 연구자들에 의해 확인되었다.[26] 에클레스턴과 헤이스Ecclestone & Hayes는 영국에서는 학습이 "자신에 대한 좋은 느낌"으로 대체되면서 더욱 발전했다고 주장했다. 즉, "교육에서 학습으로, 학습에서 배우기 위한 학습으로, 배우기 위한 학습에서 느끼고 '적당히' 반응하는 학습으로 대체되면서 인간 잠재력에 대한 신념의 붕괴가 감

지될 만하다".[27]

그러나 가르침과 학습은 같은 것이 아니다. 교사가 가르침을 학습으로 대치하는 곳에서 어린이들에 대한 교육은 위기에 처해 있으며, 종종 가장 어려움을 겪는 학생은 "저능력lower-ability"상태에 있는 학생이다. 영국의 수학 교육에 대한 연구에서, 폴 다울링Paul Dowling은 "고능력higher-ability"학생들은 이론 수학 교실에서 학습을 한 반면, 저능력 어린이들은 일상의 예시를 모델화한 문제들에 초점을 두고 있다는 것을 발견했다.[28] 그 연구는 저능력 어린이들은 자신들이 공부하는 문제들을 더 잘 이해하도록 도와줄 수 있는 수학적 관련성과 이론을 학습하는 것으로부터 효과적으로 배제되어 왔다고 결론지었다. 멀러는 보고서에서 "담론을 대신하는 절차에서, 구성주의는 학교 수학의 상호 연결되고 일반화된 성격을 모호하게 하고 학생들을 학문으로 안내하는 것을 배제한다"라고 했다.[29]

어린이들이 지식, 기술, 가치를 홀로 학습하든지 또는 어른들로부터 배우든지 간에 이는 우리 사회에서 생성된 사회적인 것이다. 본질적으로, 그것들은 어린이에게서가 아닌 우리에게서 나온 것이다. 어린이들이 배워야 하는 지식, 기술, 가치를 무엇으로 해야 하는가에 대한 결정은 사회의 어른들이 해야 할 역할이 아닌가? 그리고 교사가 자신들의 책무에 맞게 지식, 가치 및 기술을 전하는 것이 직업과 책임이 아닌가? 이것은 가르침이다. 그것이 없다면 어린이들은 세계에 대해 많은 것을 배우지 못할 것이다.

교과 학문들 간의 경계

글로벌 시대가 이론적 지식이 덜 가치를 받는 시대임에도 동시에 "지식 사회"로 특징지어지는 것은, 비록 연관성은 없지만 유감스러운 아이러니이다. 이러한 모순의 이유는 그 용어가 사용되는 방식에 있다. 지식이 세계화되면, 대체 의미로 쓰이게 되고, 결과적으로 특별한 지위를 상실한다. 최근 몇십 년간에 걸쳐서, 교과 지식은 보수적이고 엘리트주의적인 것으로 묘사되어 온 반면, 다른 유형의 지식은 명성을 얻었다. 개인적 지식 또는 일상의 지식 외에, 문제 해결을 위해 적용된 것으로 융합 지식이 명성을 얻었다. 이러한 응용 지식은 지식 사회의 아이디어에서 인정받고 있는 것이다. 일부 사람들은 문제 해결이 초학문적, 초제도적, 협업적인 새로운 지식 생산 방식과 같다고 주장기도 했다.[30]

높은 명성에도 불구하고, 문제 해결은 설령 새로운 해결을 이끌 수 있고 학문에 새로운 통찰을 제공할지라도 새로운 형태의 지식은 아니다. 융합 지식과 문제 해결의 높은 지위는 글로벌 사회에서 교육을 위한 경제적 근거를 강조하고 학교에 비즈니스 실천이 침투하는 데 중요한 역할을 했다. 비즈니스 세계에서 "지식"은 학문적 환경에서와는 다르다. 기업의 생존은 최신 기술, 아이디어 그리고 시장 조건과 관련하여 혁신하고 최신의 상태를 유지할 수 있는 능력에 달려 있다. 그러나 이런 유형의 지식은 학문적 지식과는 완전히 다르다. 시장에서는 더 낮은 이산화탄소 배출 에너지원을 위한 필요와 같은 문제 해결뿐 아니라 시장에서 요구하는 상품과 서비스를 제공하는 것이 중요하다. 학문적 지식은 사회적 유용성을 지닐 수 있으며 지녀야 하는 반면, 또한 학문 자체의 목적을 가지고 있다.

학문적 지식은 응용 지식과 다르다. 왜냐하면 대부분의 학문은 연구 목적에 의해 결정되기 때문이다. 학문 분야들 간 때로 중복되는 부분이 있기도 하지만, 각각은 자체의 독특한 지식에의 접근 방식을 지니며 계층적 개념들과 지식의 구조에 의해 명확해진다. 정치와 경제는 관련된 학문일지라도 두 학문 중 하나로 연수를 받은 사람들은 쉽게 다른 학문 분야로 뛰어들 수 없다. 한 개 이상의 관련 학문에서 연수를 받는 것이 좋을 수 있다(옥스퍼드와 다른 대학의 학생들은 정치, 철학 그리고 경제학을 이수할 수 있다). 그러한 배경으로 인해, 다른 학문 분야들 간 연결을 통해 실제 세계에서 관련된 발전들의 이해를 촉진할 수 있다. 그럼에도 불구하고, 그러한 접근은 각 학문의 고유성을 떨어뜨리지 않는다. 학자들이 지식과 이해의 경계를 뛰어넘을 수 있게 하는 것이 지식 분야에서의 전문성이다.

문제 해결의 교육과 글로벌 시장의 기술 교육을 옹호하는 사람들이 놓치고 있는 것은 그들이 요구하는 인지 능력과 기술은 학문적 지식의 연마를 통해 발달된다는 것이다. "우리는 먼저 특정 담론discourse에서 고차원의 모델링 기술을 배운다. 일반성은 유사한 상황들에 맞게 그 기술을 일반화하는 데서 구성된다"라고 멀러는 주장했다.[31] 그리하여 우리는 교과 학문 분야 간의 경계를 위험을 무릅쓰고 반대한다. 그렇게 한다는 것은 우리에게 그 분야의 전문가들에 의해 개발된 지식과 이러한 지식을 실제 세계에 적용하기 위해 필요한 기술 모두에 대한 헌신과 노력을 요구한다. 통찰력을 능가하도록 차세대를 훈련시킬 수 있는 전문가 공동체에 의해 지식을 배양하는 것이 훨씬 좋다.

교육education과 훈련training 간의 경계

영국과 미국의 사례에서, 학문과 직업 교육의 융합이 두 교육 모두에 해를 끼쳤다는 것은 분명하다.[32] 지식과 분리된 것으로 "기술" 또는 역량에 초점을 둔 교육과정은 직업을 위해 어떤 교육이나 훈련을 제공해 주지 못한다. 대신에, 어린이들은 일상적인 업무와 활동을 수행하거나 그들의 개인적 삶과 심리학적 웰빙을 관리하는 방법에 대한 교육을 받도록 요구받는다.[33] 이는 교육도 아니고 훈련도 아니다. 시장의 융통성을 위한 훈련 또는 배우기 위한 학습은 어린이들에게 전달할 만한 내적 특성inner quality을 갖고 있지 않다. 오히려, 그것들은 도구적 요구에 반응하는 진부한 이야기와 비슷하다.[34] 영국 학교에서 역량 기반 직업 자격의 확대는 청소년들을 훈련시키기에 가장 적합한 전문가 공동체로부터 자격과 인정의 책임을 앗아 갔고 그것은 정부와 준정부 기관의 손에 맡겨졌다.

이미 언급되었듯이, 활동의 질은 그것의 고유성uniqueness에 달려 있다. 교육과 직업 훈련은 다른 기술을 활용하는 다른 유형의 활동들이다. 개인 요구에 맞추어 다른 기법을 활용한다. 예를 들어, 학문 교육은 정확한 산출 결과로 측정될 수 없다. 우리는 교육의 과정에서 배울 내용을 항상 예상할 수 없기 때문에 교육의 과정은 끝이 없다. 고맙게도, 인간의 마음은 그렇게 예측되지 않는다. 반대로, 직업 훈련은 어떤 과제를 수행할 수 있음을 보여 준다. 일부 직업에서는 창의성과 혁신이 크게 요구되는 특성이 있지만 대부분 직업의 대다수 피고용인들은 대부분의 시간 동안 이미 알려진 업무를 수행할 것이며, 그래서 훈련은 직접 그 직업을 수행하는 데 요구되는 기술과 지식을 학습하는 것을 포함한다. 교육과 훈련의 이질적 특성은 그 둘 간의 경계를 설정하는 중요한 이유이다. 이는 또한 제도적 환경에 따라 더 나은 것이 있음을 의미할 수도 있다.

위에서, 우리는 학문 분야에서 단절insularity의 중요성을 강조했다. 또한 이론적 지식의 습득은 유사한 상황에 적용될 수 있는 높은 수준의 인지 능력을 개발한다는 점에 주목했다.[35] 이는 학문 교육이 고용을 위한 학습을 준비하는 하나의 방법이다. 그러나 전문적 직업 즉 의료, 전기, 컴퓨터 프로그래밍 또는 재무와 같은 그러한 특정 직업을 위한 훈련을 할 때도 똑같은 단절의 원칙이 중요하다. 전문성을 위한 훈련은 이미 그 직업에 특수적인 전문가적 지식과 기술을 획득한 사람들이 가장 잘 수행할 수 있다. 정부 지원에 의한 직업 자격을 도입하기에 앞서서, 마이클 영은 영국의 고등교육 시스템에 대해 언급하면서 학문적 그리고 전문가적/직업적 제도가 공유하고 있는 세 가지의 결정적 특성을 제시한다.

(1) 그것들은 낮은 수준(예, A 레벨A-Levels과 국가 인증과정)과 높은 수준(학위, 고등의 국가 인증 및 전문가 자격) 간의 명확한 진학 진로들을 제공함. (2) 그것들은 전문가의 여러 공동체에서 공유하는 이해와 가치의 타당성에 의존함. (3) 전문가 공동체 내에서 만든 외부 시험과 신뢰의 조합에 의존하여 품질을 유지함.[36]

이러한 확립된 절차, 신뢰 관계, 그리고 전문가 공동체들은 모두 교육과 훈련을 "글로벌" 조건에 더 잘 반응하도록 하는 논리를 통해 침식되었다. 그러나 이러한 패턴은 또한 교육과 훈련 모두를 특정 전문가 공동체에 의해 관리되는 제한된 활동으로 복귀시키는 경로를 밝히고 있다.

다른 공동체들 간의 경계

위에서, 우리는 전문지식을 갖춘 특정 공동체의 중요성을 고려했다. 여기서 우리는 다른 유형의 공동체, 즉 같은 생각을 가진 어른들과 그들의 자손으로 구성된 공동체를 강조할 것이다. 그러한 공동체는 규모와 지리적 분포가 다양할 수 있지만, 이들을 묶는 것은 그들이 지지하고 자녀에게 전하고자 하는 가치에 대한 어떤 공통된 합의이다. 인간은 사실과 사물에 의미를 부여하기 때문에, 이들의 중요성과 새로운 발견에 대한 우리의 대응 방식은 해석에 있어서 개방적이다. 민주주의에서 지식의 의미화는 항상 논쟁의 대상이 될 것이며, 다른 사람들은 다른 의미 체계를 가지게 될 것이다. 이는 도덕성이 상대적이라는 것을 의미하는 것이 아니다. 오히려 다른 의견에 도전하는 것도 관용적이며, 부모가 옳다고 보는 방식으로 자녀들을 양육하려는 부모의 권리를 존중하는 것이다.

여기서, 교육은 우리가 누구인지를 지각하고 우리가 믿는 것이 무엇인지를 안다는 것과 관련되어 있음을 인식하는 것은 중요하다.[37] 그것은 공통적으로 무엇(열망, 문화, 가치, 또는 인간에 대한 공통적인 믿음과 같은 그러한 신념)인가를 공유하는 사람들의 공동체들로 묶여 있다. 역사적으로, 이것은 다른 종교를 가진 사람들이 교과목의 지식뿐 아니라 그들의 종교적 신념으로 그들의 어린이들을 교육하도록 허용하는 것이다. 그리고 국가들의 국제적 시스템 하에서, 교육은 종종 국가의 문화, 국가의 전통, 그리고 국가의 세계에 대한 관점을 강조했다. 특정한 공동체에게 있어서, 교육의 중요성은 그 공동체의 유지, 신념, 이상이며, 또한 공동체의 진화이기도 한다. 어른들이 어린이들을 교육할 때, 그들은 "미리 공동의 세계를 다시 새롭게 하는 과제를 준비시키는 것"을 추구한다.[38]

이것은 허시E. D. Hirsh가 그의 책 『미국인 만들기*The Making of Americans*』에서 강조한 점이다. 그는 공립학교의 주된 목적은 어린이들에게 미국의 의미에 대해 교육하는 것인데, 이는 그것이 종종 학교 문서에 인용되었던 이유라고 언급했다. 사무엘 랜들Samuel Randall이 19

세기 초에 쓴 『뉴욕주의 일반 학교 시스템*The Common School System of the State of New York*』에서 발췌한 다음 내용이 그러한 예이다.

> 우리는 남성으로서 종교적 신념을 받아들일 권리가 있으며 다른 사람들에게 그 종교적 신념을 받아들이도록 영향을 미칠 권리도 가지고 있다. 그러나 미국인으로서, 입법자로서 또는 미국 시민들 사이에 특권이나 면제를 분배하는 공무원으로서, 우리는 한 종교를 다른 종교로부터 구분할 권리가 없다. 박해를 받고 방황하는 이스라엘인이 여기 오면, 그는 우리의 귀화법에서 아무런 제약을 받지 않는다. 로마, 그리스 또는 영국 교회의 구성원은 모두 동등하게 시민이 된다. 종교적 신앙의 모든 색조를 수용하는 사람들은 공화국의 깃발 아래에서 동등하게 자신들의 자리를 잡으며 어떤 교회의 힘도 그 영광스러움 아래서 이들 중 최소한의 것조차 빼앗을 수 없다.[39]

어른들의 공동체에서 비롯된 도덕적 틀은 정확하게 글로벌 교육에서 누락된 것이다. 반대로, 국제학교들은 특정 가치를 가진 특정 공동체에 서비스를 제공한다. 그 맥락에 의존하면서 부모들은 아이들을 다양한 이유로 국제학교에 보내지만, 보통 로컬 학교에 어린이들을 보내지 않는 것은 의식적인 결정이다. 대신에, 그들은 어린이들이 국제인이를 배우고, 국제적으로 인정받고 있는 지식을 획득하고, 다른 문화적 전통을 가치 있게 여기기를 원한다. 대조적으로, 글로벌 교육을 받은 어른들은 누구인가?

글로벌 교육의 목적은 어른들의 공동체와 그들의 특정 신념에서 교육을 제거하는 것 같다. 이는 국가에 의해 교과 지식이 거부되고, 다양성을 촉진하는 동시에 다른 사상과 문화에 대한 관여를 적극적으로 단념시킴으로써 명백해졌다. 우리가 언급했듯이, 글로벌 교육가들에 의해 유지된 가치들 즉, 무비판적 관용, 참여, 다양성, 사회정의 등은 도덕적인 그리고 실질적인 내용이 부족하다. 왜냐하면 그 가치들은 의미와 관심사에 대한 공통의 상식을 갖고 있는 지지자들과 연결되어 있지 않기 때문이다. 푸레디가 제안한 바와 같이, 참여 대상을 명확하게 하지 않으면, 참여의 가치는 진부한 이야기 형태를 취하게 된다.[40]

다른 관점에 참여하지 못하는 것이나 다른 버전의 지식 또는 문화적 신념 그리고 실천에 대해 비판적이지 못한 것은 도덕성과 진실의 문제를 외면하는 것을 의미한다. 글로벌 윤리를 통해, 우리는 글로벌 교육의 도덕적 권위의 근본적인 원천은 자아the self라는 것을 발견했다. 물론, 자아와의 관계는 사회에 도덕적 근거를 제공할 수 없으며 교육을 초래할 수도 없다. 교육하기 위해서, 다음 세대와 소통하기 위한 뭔가 의미 있는 것을 가져야 한다. 교사가 자신들의 교과목과 공동체가 지지하는 가치를 믿으면, 그들이 열정으로 의사소통할 가능성은 높아진다. 이런 일이 일어날 때만이 어린이들은 교육을 받아들이게 된다.

결론

이 장에서는 교육에 경계를 둔다는 것이 교육에 도덕적 가치를 부여하기 위해 얼마나 필요한 일인지를 보여 주었다. 우리는 구분하기 making distinctions가 지식의 기초라는 것으로 시작했다. 우리가 자연적, 인문적 세계를 이해하기 시작하고 우리의 삶을 이해할 수 있는 것은 지식을 통해서이다. 우리가 우리의 인간성을 얻고 유지하는 것도 지식을 통해서이다. 어린이들에게 지식과 의미를 전달하는 것은 교육의 과정이다. 이러한 지식의 도덕적 가치와 그것의 의미는 사회적 기원을 가지고 있다. 즉, 그것은 학문 분야 전문가들의 공동체와 같은 생각을 지닌 어른들의 공동체로부터 기원한다. 글로벌 교육에서와 마찬가지로 이러한 결속과 경계가 약화되면 교사는 어린이와 학생을 교육하기 위해 고군분투하게 될 것이다.

그러나 교육에 필요한 경계에 추가해야 할 한 가지 중요한 주의사항이 있다. "경계들은 의미의 구성과 경계들의 초월성 모두를 위한 조건이다"라고 멀러는 선언한다.[41] 어떤 경계들은 횡단될 필요가 있을 때가 있고, 우리는 일부 경계들은 투과성이 있음을 인식해야 한다. 일례로, 학문 간 연구 또는 교육은 학문들이 자체의 특이한 관점으로부터 지식에 접근할 때 매우 계몽적일 수 있다. 실제로, 어린이와 어른들 간의 경계는 고정적이고 명료한 선으로 존재하는 것이 아니며 우리는 성숙한 어린이들에게 어른들의 책임감을 이어받을 수 있도록 요구할 때가 있디.

경계를 초월함으로써 경계들 너머로 의미를 확장할 수 있다. 실제로, 어떤 문화도 완전히 배타적이지 않으며 모든 문화는 다른 문화에서 가져온 것이다. 그러나 우리가 문화의 경계를 초월하기 시작하기 전에는 우리는 각 문화의 독특함을 만드는 것을 이해해야 한다. 경계의 초월은 또한 지식과 도덕성 모두에서 보편주의의 전제조건이다. 그러나 먼저 우리는 그 선이 어디에 있는지를, 그리고 그 각각의 중요성을 배워야 한다. 그래야 우리는 그것들을 평가할 수 있다. 멀러의 말에 의하면, "앎이 없이 선을 긋는다면 그 선 안에 새겨진 힘의 자비에 휘둘릴 수밖에 없다".[42] 문제는 어떻게 선을 긋고, 왜 긋는가이다.

▶ 참고 자료

1. Sommel cited in Muller (2000) p. 75.

2. Young (2008) p. xvi.

3. Muller (2000).

4. Fish (2008) p. 13.

5. Ibid. p. 27.

6. Ibid. p. 30.

7. Furedi (2009) p. 120.

8. Pike (2000) p. 70.

9. Kumar (1997) p. 100.

10. Silas Wright, cited in Hirsch (2009) p. 7.

11. Putnam (2001).

12. Laidi (1998).

13. Hirsch (2009) p. 31.

14. Arendt (1968) p. 183.

15. Ibid. p. 18.

16. Muller (2000); Young (2008).

17. Young (2008) p. 41.

18. Muller (2000) p. 79.

19. Young (2008) p. 42.

20. Pike and Selby (2000) p. 54.

21. Ibid. p. 55.

22. Young (2008) p. 9.

23. Muller (2000) p. 152.

24. Ibid. p. 152.

25. Williams, cited in Young (2008) p. xviii.

26. For example, see Ecclestone and Hayes (2009); Young (2008).

27. Ecclestone and Hayes (2009) p. 143.

28. Reported by Muller (2000) p. 67.

29. Ibid. p. 67.

30. Gibbons *et al.* (1994).

31. Muller (2000) p. 51.

32. See Wolf (2002); Senechai (2010).

33. Ecclestone and Hayes (2009).

34. Young (2008) p. 156.

35. See Wolf (2002).

36. Young (2008) p. 142.

37. Young (2008) p. xvi.

38. Arendt (1968) p. 193.

39. Samuel S. Randall, *The Common School System of the State of New York,* cited in Hirsch (2009) p. 73.

40. Furedi (2009) p. 117.

41. Muller (2000) p. 76.

42. Ibid. p. 71

결론:

교육적 책임의 회피

이 책은 현대 영미 문화권에서 글로벌 용어를 어떻게 사용하면서 경계를 허물고 교육의 의미를 재정의했는지를 보여 주었다. 글로벌 교육의 많은 가장된 겉모습들과 많은 주제들의 인기 상승은 지식 및 도덕적 의미체계의 신뢰 상실에서 비롯되었으며, 이는 국가 건설 및 다른 사회적 변혁 프로젝트의 쇠퇴를 나타낸다. 엘리트와 대안적인 사회 운동이 사회 발전을 위한 비전을 제공하지 못한 것은 우리 모두가 집단적으로 다음 세대에 무엇을 가르칠 것인지 확신하지 못하고 있음을 의미한다. 우리는 미국과 영국의 공립학교가 일반적으로 어린이 교육에 실패하고 있다는 것을 알려 주는 어떤 조사나 보고서를 더 이상 필요로 하지 않는다.[1] 뉴욕 블룸버그 행정부의 실용적이고 관리적인 경영 정책과 신노동당의 사회공학 정책으로부터 보건대, 대서양을 가로지르는 두 정부에서 그 문제를 어떻게 풀 것인가에 대해 어쩔 줄 몰라 하고 있었다는 것도 또한 명백하다.

글로벌 교육은 잃어버린 리더십의 맥락에서 이해될 필요가 있다. 개념적으로 그리고 실용적으로, 교육을 글로벌하게 한다는 것은 타자가 그 교육과정을 이어받고 그들 자신의 의제로 도덕적 공백을 채울 수 있게 하는 방식이었다. 이는 교육을 노동자를 훈련하는 데 사용하기를 원하는 기업들, 교육을 내적 자아의 치료적 탐색으로 보려는 진보적 교육가들, 포스트모던 가치에 의해 정보화된 글로벌 시민을 양성하려는 학자들 그리고 어린이들이 인권, 지속가능발전 또는 환경 보존의 정치적 어젠다를 포용하기를 원하는 시민단체 등을 모두 포함한다. 이는 교육의 목적에 관한 논의의 확장일 뿐 아니라 이러한 많은 행위자들은 기준안, 정책, 문서, 교수 자료를 작성하기도 하고 그리고 때때로 학교 관리 및 교사 연수에 대한 책임을 맡기도 한다. 뉴욕의 사례에서, 비즈니스 리더들은 교장 연수를 요청받아 왔으며 캐서린 블랙Catherine Black은 미국에서 가장 큰 학교 시스템을 담당했다. 영국에서 국제개발부Department for International Development는 비영리 단체에 의해 제공된 글로벌 교육 프로그램과 연수에 자본을 제공했다. 비영리 단체는 또한 핵심 정부 정책 문서의 내용을 만드는 데도 역할을 했다. 가장 중요한 사례로 옥스팜Oxfam의 〈글로벌 시민성을 위한 교육과정Curriculum for Global Citizenship〉이 있으며 이는 2000년에 시작된 시민성 국가교육과정에 통합되기도 했다.[2]

그러므로 우리는 글로벌 교육을 미국의 차터스쿨, 영국의 아카데미와 비슷한 맥락에서 이해해야 한다. 정부는 계획을 가지고 있다고 주장하는 사람들에게 교육의 책임을 맡기고 있다. 예외적인 것으로, 비록 차터스쿨이 빌 게이츠와 같은 자선가들이 경영관리 관행을 학교로 가져오기 위한 주요 수단이 되었지만, 차터스쿨과 아카데미가 반드시 교육의 대안이 될 필요는 없다는 것이다. 교육의 식민화는 학교를 파괴하거나 아이들의 교육을 거부하려는 일부 고의적인 계략은 아니다. 오히려, 그레이엄 파이크Graham Pike가 제안한 바와 같이 우리는 글로벌 교육을 "의미를 추구하는" 것으로 보아야 한다.[3] 이러한 추구는 우리 사회 안에서가 아니라, 우리의 신념 체계에서가 아니라, 그 밖의 다른 곳, 즉 공동체의 밖, 지식의 밖, 어른들의 밖, 우리 사회의 밖, 교육의 밖에서 발생한다.

글로벌 지식, 글로벌 기술, 그리고 글로벌 가치는 우리가 무엇을 의미하고 자녀에게 어떤 지식을 가르쳐야 하는지에 대해 중요한 질문을 하지 않기 때문에 우리 사회에서 의미의 위기를 해결할 수 없다. 글로벌 윤리는 우리 삶의 도덕적 기초에 대한 논의를 회피한다. 다양성, 관용, 공감, 참여 또는 "글로벌 시민"이라는 가치는 모두 어떤 아이디어와 문화적 실천이 다른 것보다 더 나은지에 대한 어려운 질문 제기를 회피한다. 이것은 도덕에 대한 "어떤 접근이든" 방법이다. 글로벌 접근 방식에 내재된 가치는 분명히 도덕적 틀로 아이들을 공동체로부터 멀어지게 한다. 그 가치들은 문화적으로 뿌리를 지닌 학습을 경시하고 예외주의를 주장한다. 이는 우리가 미국의 일부에서 교사와 학부모 간 충돌을 목격했던 사건의 원인이다. 그 학부모들은 "국제적 가치"를 그들 미국의 가치와 상충되는 것으로 본다.[4] 글로벌 윤리 옹호자들은 타자, 다른 문화, 또는 자연을 통해 정체성과 교육(그들이 동의어로 제시하는 것)을 추구한다. 어린이들을 위한 메시지는 그들이 통제할 수 없는 글로벌 과정(경제적, 환경적, 문화적)에 대응하여 그들의 삶을 통제해야 한다는 것이다.

앞 장에서 우리는 "교육되어야 하는 것은 무엇인가 또는 누구를 교육해야 하는가"에 관한 질문은 "우리가 누구이며 무엇에 가치를 두고 있는가에 관한 철학적이고 정치적인 질문"이라고 언급했다.[5] 그러므로 "텔로스Telos"*가 없거나 적어도 우리를 함께 묶어 주는 것은 무엇이며 우리의 집단적 열망이 무엇인가에 관한 논의가 없다면, 우리 아이들에게 어떤 지식을 전해야 하는지를 아는 것은 매우 어려운 일이다. 영미 문화권에서 교육 문제의 핵심에 있는 것은 이러한 혼란이다. 문제는 "글로벌 세계"에서 기본적으로 다른 어린이들의 어떤 필요에 있는 것이 아니라 오히려 사회의 미래 방향에 대한 논의를 회피하는 어른들에 있으며 인간으로 존재한다는 것이 무엇을 의미하는지에 대한 근본적인 질문들에 있다. 글로벌 교육은 어른들의 세계에서 이러한 문제들을 논의하는 것을 회피하는 학교들에 이론적 근거를 제공함으로써 문제에 기여한다.

따라서 글로벌 관점은 우리 인간의 잠재력을 약화시키는 것이다. 옹호자들은 생각과 현실, 자연과 문화, 지식과 경험, 교육과 정치적 행위 간의 경계를 흐리게 함으로써 또는 교육을 노동을 위한 준비와 동일시함으로써 인간의 미덕을 명확하게 하는 데 실패하고 있다. 글로벌 교육에 대한 경제적 기술과 글로벌 윤리의 접근은 세계를 이해하고

---

* 옮긴이 주: 궁극의 목적.

행동하는 통로로 지식을 인정하지 않는다. 우리의 세계에 대한 지식과 이해가 없다면, 인간의 잠재성에 대한 논의가 없다면, 우리는 작은 존재가 될 것이다. 즉, 의도를 가지고 세계로 밖으로 나아가는 대신 우리 자신 안으로에 집착하는 단지 실용적 생물일 뿐이다.

다행히, 모든 사람이 지식과 도덕성에 대한 신뢰를 놓치고 있지는 않다. 공통 문화에 대한 동경, 의미체계에 대한 갈망, 그리고 아이들에게 지식과 진정한 기술을 전수하려는 열망이 있다. 이에 대한 두 개의 사례는 허시E. D. Hirsh의 『핵심 지식 연계Core Knowledge Sequence』[6]와 저술 당시에 영국의 보수/자유민주 연합 정부에 의해 수행된 국가교육과정 검토이다.[7] 전자는 천 곳 이상의 학교에서 사용되고 있으며, 후자는 "핵심 교과목 지식에 대한 재조명" 의도에 머무르고 있다.[8] 이는 이니셔티브나 그 지식과 도덕성 이면의 근거를 지지하기 위한 것이 아니다. 즉, 두 사례에서 우리가 사회에서 믿고 있는 것은 무엇인지에 대한 논의에 해당되기도 하는 우리가 가치 있게 여기고 학생들에게 전하고자 하는 지식은 무엇인지에 대한 논의에 참여한 사람들을 우리가 찾고 있다는 것을 단지 언급할 따름이다. 그러나 두 사례에서 교육을 위한 본질적인 근거는 부적절하게 개발되었다. 교육을 되살리기 위해서 우리는 지식의 가치를 도구적 목적에 연결시키는 것보다는 지식 자체의 교육적 가치를 명확하게 할 필요가 있다.

아직 학문적 지식을 소중히 여기는 곳으로는 독립적인 학교들이 있다. 역사적으로 그러한 학교들은 높은 수준의 교육에 전념하는 개인에 의해 운영되었다. 그 학교들이 글로벌 교육의 이니셔티브로부터 보호되었던 것은 국가 부문의 밖에 있었다는 것이며, 그들의 교육과정이 옥스팜Oxfam 또는 빌 게이츠Bill Gates 재단에 의해 결정되는 것에 대해 더 저항적이었다. 그러나 사회의 한 부분으로서, 이러한 기관들은 더 넓은 문화적 트렌드에도 영향을 받지 않는다.

그러한 사례들은 상황은 다를 수 있다는 희망을 준다. 만약 미국과 영국 사회의 다른 사람들이 교육의 의미와 어떤 지식이 가치 있는지에 관한 논쟁에 그들의 목소리를 추가한다면 글로벌 학습에 대한 잘못된 약속the false promise of global learning이 드러날 수 있으며, 교육을 책임 있는 사람들의 손에 다시 돌려줄 수 있다. 즉, 공동체의 지원을 받는 교사들에게.

▶ 참고 자료

1. See Furedi (2009); Ravitch (2010).
2. Oxfam (1997).
3. Pike (2000) p. 64.
4. Education News "Protestors Call IB Program un-American. Is it?" 2010. Accessed: http://www.educationnews.org/ednews_today/91338.html
5. Young (2008) p. xvi.
6. Core Knowledge Foundation (2010) *Core Knowledge Sequence: Content and Skill Guidelines for Grades K-8*. Charlottesville, VA: Core Knowledge Foundation.
7. Disclosure: at the request of the Minister for Schools, I have submitted a geography curriculum as a contribution to the national curriculum review.
8. Department for Education (2010) p. 10.

옮긴이 후기

이 책의 저자인 알렉스 스탠디시Alex Standish는 변화하는 세계에서 교육과정의 내용은 무엇으로 구성되어야 하는가에 대해 관심을 갖고 꾸준히 연구를 하고 있다. 특히, 저자는 세계화로 인해 학교교육에서 글로벌 교육의 필요성이 제기되었고, 그에 따라서 국제교육, 다문화교육, 개발교육, 글로벌 교육, 지속가능발전 교육 등의 글로벌 교육이 학교교육의 영역으로 도입되면서 나타난 기존 학교교육의 변화에 주목하여 관련 연구를 해 왔다. 그 연구의 결과가 이 책『글로벌 학습의 잘못된 약속*The false promise of global learning*』이다.

저자의 핵심 메시지는 "교육과정은 교육 본래의 목적과 가치를 기반으로 구성되어야 한다"라는 것이다. 저자는 글로벌 교육이 학교 밖의 외부적 영향으로 학교교육에 도입되었음에 주목하여, 글로벌 교육이 학교교육에 들어오게 된 배경, 현재 자리매김에 이르기까지의 과정, 그리고 교육 내용과 방법을 비판적으로 조명한다. 즉, 미국과 영국에서 진행된 글로벌 교육의 상황을 서술하면서 글로벌 학습의 이론적 논리가 기본적으로 경제적이고 도덕적인 것을 비판한다. 우리나라에서도 1990년대 이후 세계화 교육, 다문화교육, 국제교육, 국제이해교육, 개발교육, 세계시민교육 등이 순차적으로 학교교육에 도입되어 실행되고 있으므로, 글로벌 교육에 대해 성찰해 볼 필요성이 있다. 미국과 영국은 글로벌 교육을 리드해 온 국가들이기 때문에, 교육의 성격 면에서 다소 차이는 있지만 우리나라의 관련 교육을 살펴보는 데 시사점을 얻을 수 있을 것이다. 그런 면에서 본 책은 유치원, 초등, 중등의 교사, 교육가, 기타 모든 교육 관계자들을 독자로 한다.

교육은 과거와 미래 사이의 관문으로, 사회 안정과 사회 변화의 논의에 늘 민감하게 반응한다. 무엇보다 미래 세대를 살아갈 학습자가 향후 사회를 유지 발전시킬 수 있게 준비하는 것은 우리 사회의 책무이기도 하다. 그 내용은 학습자인 다음 세대에게 과거와 현재의 지식과 문화를 전달하는 것을 중심으로 이뤄져 왔다. 글로벌 교육은 현실의 문제를 학습하고, 문제 해결에 참여하며, 또한 타인의 관점으로 관련 이슈들을 살펴보는 방법으로 안내하여 교과 중심의 학습을 뛰어넘으면서 경험적·학제적 접근을 지향한다. 이는 미래 세대로서 역할을 할 수 있게 학습자를 교육한다는 면에서 바람직하다.

저자는 '어떤 태도와 자질이 요구되는지, 또 무엇을 가르쳐야 하는지에 대해 합의된 결과와 가르치는 내용에 대해 확신이 없다면 어떻게 될까?'라는 문제를 제기한다. 저자는 미국과 영국을 중심으로 글로벌 교육이 학교교육의 영역으로 도입되면서부터 현재까지 진행 상황을 조사하여 분석하고, 그것을 기반으로 학생들이 글로벌 시대를 살아갈 수 있도록 준비시키려면 글로벌 교육의 내용, 방법에 대한 논의가 선행되어야 함을 문제 제기한다.

특히, 글로벌 교육에서 상대적으로 낮게 평가되고 있는 이론적 지식에 대해 우려를 나타낸다. "교과 지식이 없다면, 거기에는 어떤 교육도 없다. 직접적 관련성을 지닌 지식은 개인의 환경을 넘어서서 보는 것을 허용하지 않으며, 대안적 미래를 생각할 수 있는 가능성을 '제한'한다." 이 메시지는 저자가 이 책을 쓰게 된 큰 이유일 것이다.

오늘날, 우리나라 학교교육에는 국제이해교육, 다문화교육, 세계시민교육, 환경교육, 지속가능발전 교육, 문화다양성교육, 민주시민교육 등 여러 유형의 글로벌 교육이 비교과 영역 교육으로 도입되어 행해지고 있다. 그러므로 교사의 교육 전문성을 기대하기 어려울 뿐 아니라 교육의 정체성 면에서도 혼란을 주고 있는 것이 사실이다.

그런데 이러한 교육이 교과교육과정과 학교교육과정의 일부로 자리 잡아 가고 있다. 교과교육과정에서는 교과 단원의 일부를 차지하고, 학교교육과정에서는 학교 교과교육 내용과 연계한 교육으로 또는 비교과 활동의 한 부분으로 실행되고 있다. 그러다 보니, 기존 교과 내용 지식이 줄어들고 이에 대한 교육 시간도 줄어, 창의적 체험활동 시간의 일부도 이러한 교육 시간으로 활용하게 되었다. 이러한 변화는 이미 1990년대 제6차 교육과정에서 세계화 교육이 학교교육에 적극적으로 도입된 이후 지속적으로 심화·확장되고 있다.

이러한 교육과정의 변화는 학생들에게 현재의 글로벌 상황을 파악하고 관심을 갖게 하고, 여러 가지 글로벌 이슈를 해결할 수 있는 능력과 태도를 갖추게 하여 지속가능한 글로벌 사회로 발전시켜 갈 수 있게 한다는 사회 반영적 교육의 목표 면에서 긍정적 호응을 얻고 있는 것이 사실이다. 그럼에도 불구하고 이 책의 저자가 제기하고 있는 바와 같이, '글로벌 교육을 비롯해 외부적 목적에 의해 도입되고 있는 관련 교육의 내용과 방법 면에서의 적정성은 어떠한가'에 대해서는 논의가 필요할 것이다.

1997년에 박사 학위 논문을 준비하면서, '학생들은 다른 나라 문화 인식을 어떤 경로를 통해서 할까?'라는 막연한 질문을 하게 되었고, 이를 계기로 국제이해교육에 입문하게 되었고, 이어서 세계시민교육을 부분적으로 연구하게 되었다. 연구를 할수록 국제이해교육, 세계시민교육, 지속가능발전 교육 등 글로벌 교육의 본질과 방향에 대해 혼란스러움이 느껴졌다. 그때마다 비슷한 문제의식을 갖고 관련 연구를 해 온 알렉스 스탠디시 교수의 글은 나의 부족한 부분을 채워 주었다. 그래서 나와 같은 갈증을 갖고 있는 한국의 독자들에게 조금이나마 도움을 주고자 이 책을 번역하게 되었다.

난해한 내용들이 많이 포함되어 있어 번역 과정에서 다소 어려움을 겪기도 했다. 특히, 제목인 "The false promise of global learning"을 번역하는 것이 가장 어려웠다. 저자와의 연락을 통해 저자의 뜻을 파악해 옮기는 데 주력했으나, 역자의 능력 부족으로 직역에서 벗어나지 못한 듯해 내내 부끄럽다. 다만, 직역이 부족한 의역보다 저자의 원래 의미하는 바를 파악하는 데 더 유익함을 줄 수도 있을 것이라고 생각하면서 다소 위안을 삼는다. 6개월에 걸친 번역 시간 내내 글로벌 교육과 함께할 수 있었다는 것이 무엇보다 큰 즐거움이었다.

지금까지 늘 제자를 이끌어 주시는 서울대학교 지리교육과 이기석 교수님, 류재명 교수님께 감사의 마음을 전한다. 그리고 부족한 저의 번역력을 지원하면서 글로벌 교육을 함께 논의하고 조언해 준 광주교육대학교 교수님들께도 고마움을 전한다. 또한 국제이해교육, 세계시민교육, 지속가능발전 교육 등 글로벌 교육을 접하면서 즐거운 연구를 할 수 있게 도움을 주신 한국 국제이해교육학회 정두용 회장님, 한경구 회장님, 강순원 회장님을 비롯해 모든 학회원들의 지원에 감사드린다. 글로벌 교육 연구에 자극과 실천을 독려해 준 유네스코 아시아태평양 국제이해교육원에도 감사드린다. 지도 제작에 남다른 열정과 관심을 갖게 해 주시고 이 책의 표지 지도를 제작해 주신 동아지도 안동립 대표님께 깊은 감사의 마음을 전한다. 이러한 많은 분들의 도움으로 그간 연구실 책상을 지킬 수 있었고, 그 결과로 이 책을 출간할 수 있게 되었다.

글로벌 시대에 교육 방향을 짚어 주는 이 책의 가치와 필요성을 누구보다 먼저 파악하고 출판을 흔쾌히 허락해 주신 정광일 대표를 비롯한 도서출판 살림터 여러분에게도 깊이 감사드린다.

2020년 9월

광주교육대학교 연진관에서 옮긴이 김다원

참고 문헌

Advisory Group on Citizenship (1998) *Education for Citizenship and the Teaching of Democracy in Schools: Final Report of the Advisory Group on Citizenship.* London: Qualifications and Curriculum Authority.

Anderson, L. (1979) *Schooling and Citizenship in a Global Age: An Exploration of the Meaning and Significance of Global Education.* Bloomington, IN: Mid-American Program for Global Perspectives in Education, Social Studies Development Center.

Arendt, H. (2006 [1968]) *Between Past and Future* (with an introduction by J. Kohn). New York: Penguin.

Arum, R. and Roksa, R. (2011) *Academically Adrift: Limited Learning on College Campuses,* Chicago, IL: University of Chicago Press.

Banks, D. (2002) 'What is the State of Human Rights Education in K-12 Schools in the United States in 2000? A Preliminary Look at the National Survey of Human Rights Education', Paper presented at the Annual Meeting of the *American Educational Research Association* (Seattle, WA, April 10-14, 2001).

Baughen, M., Baughen, B., Glackin, M., Hopper, G. and Inman, S. (2006) *Making a Difference: Global Citizenship in Initial Teacher Trainings* report of the Global Citizenship Initial Teacher Training Scheme developed by London and the South East Regions Global Dimension and the Centre for Cross Curricular Initiatives, London South Bank University. London: London South Bank University.

Bayliss, V. (1999) *Opening Minds: Education for the 21st Century.* London: Royal Society for the Encouragement of the Arts.

Becker, J. (1979) (ed.) *Schooling for a Global Age.* New York: McGraw-

Hill.

_____ (1982) 'Goals for Global Education', *Theory into Practice,* 21(3), 228-33.

_____ (1991) 'Curriculum Considerations in Global Studies' in K. Tye (ed.) *Global Education: From Thought to Action.* Alexandria, VA: Association for Supervision of Curriculum Development.

Bourn, D. and Hunt, F. (2011) *Global Dimension in Secondary Schools.* London: Development Education Research Center: Research Paper #1. Accessed: http://www.oecd.org/dataoecd/56/53/47522080.pdf

British Council (2011) 'International School Award', Accessed: http://www. britishcouncil.org/learning-international-school-award.htm

Bryan, J. (2004) 'FE Cannot Save the Economy' in D. Hayes (ed.) *The RoutledgeFalmer Guide to Key Debates in Education.* London: RoutledgeFalmer.

Buergenthal, T. and Torney, J. (1976) *International Human Rights and International Education.* Washington, D.C.: US National Commission for UNESCO.

Bunnell, T. (2008) 'The International Baccalaureate in England and Wales: The Alternative Paths for the Future', *Curriculum Journal,* 19(3), 151-60.

Burack, J. (2003) 'The Student, the World, and the Global Education Ideology' in J. Leming, L. Ellington & K. Porter-Magee (eds.) *Where Did the Social Studies Go Wrong?* Washington, D.C.: Thomas B Fordham Institute.

Byrd, S., Ellington, L., Gross, P., Jago, C. and Stern, S. (2007) *Advanced Placement and International Baccalaureate: Do They Deserve Gold Star Status?* Washington, D.C.: Thomas B. Fordham Institute.

Cambridge, J. and Thompson, J. (2004) 'Internationalism and Globalization as Context for International Education', *Compare,* 34(2), 161-75.

Camicia, S. and Saavedra, M. (2009) 'A New Social Studies Curriculum for a New Generation of Citizenship', *Journal of Children's Rights,* 17, 501-17.

Castells, M. (1996) *The Information Age: Economy, Society and Culture* (3 vols.). Oxford: Blackwell.

Center for International Understanding (2006) *North Carolina in the World: Preparing North Carolina Teachers for an Interconnected World*. The Center for International Understanding: University of North Carolina.

Central Bureau/Development Education Association (2000) *A Framework for the International Dimension for Schools in England*. London: the Central Bureau/Development Education Association.

Chandler, D. (2002) *From Kosovo to Kabul: Human Rights and International Intervention*. London: Pluto Press.

_____ (2009) *Hollow Hegemony: Rethinking Global Politics, Power and Resistance*. London: Macmillan.

Chevalier, A. and Lindley, J. (2009) 'Over-education and the Skills of UK Graduates', *Journal of the Royal Statistical Society*, 172(2), 307–37.

Council of Chief State School Officers & the National Governors Association (2010) *Common Core State Standards* for English Language Arts & Literacy in History/Social Studies, Science, and Technical Subjects. Accessed: http://www.corestandards.org/assets/CCSSI_ELA%20 Standards.pdf

Cox, C. and Scruton, R. (1984) *Peace Studies: A Critical Survey*. London: Institute for European Defence and Strategic Studies.

CREDO (2009) *Multiple Choice: Charter School Performance in Sixteen States*. Center for Research on Educational Outcomes, Stanford University. Accessed: http://credo.stanford.edu/reports/MULTIPLE_ CHOICE_CREDO.pdf

Crews, R. (1989) 'A Values Based Approach to Peace Studies', in D. Thomas & M. Klare (eds.) *Peace and World Order Studies: A Curriculum Guide*. Boulder, CO: Westview Press.

Critchley, M. and Unwin, R. (2008) *Whole-School Development and the Global Dimension/Global Citizenship: Capturing Models of Practice across the UK*, Sheffield: Development Education Center South Yorkshire.

Czarra, F. (2003) 'Global Education Checklist for Teachers, Schools, School Systems and State Education Agencies', *Occasional Papers from the American Forum for Global Education*, 173.

Department for Education (2010) *The Importance of Teaching*. London : Department for Education.

Department for Education and Employment (1998) *The Learning Age: A Renaissance for a New Britain* (summary). London: Department for Education and Employment.

Department for Education and Skills (2002) *Languages for All: Languages for Life: A Strategy for England*. Accessed: https://www.education.gov. uk/publications/eOrderingDownload/DfESLanguagesStrategy.pdf

_____ (2004) *Putting the World into World-Class Education: An International Strategy for Education, Skills and Children's Services*. London: Department for Education and Skills.

_____ (2005) *Excellence and Enjoyment: Social and Emotional Aspects of Learning (Primary National Strategy)*. Accessed: https://www.education.gov.uk/publications/eOrderingDownload/ DFES0110200MIG2122.pdf

Department for Education and Skills/Department for International Development (2005) *Developing the Global Dimension in the Curriculum*. London: Department for International Development, Department for Education and Skills, Development Education Association, Qualifications and Curriculum Authority, Sure Start, & the British Council.

Department for International Development (2007) *The World Classroom: Developing Global Partnerships in Education*. London: Department for International Development.

Development Education Association (2004) *Geography: The Global Dimension* (Key Stage 3). London: DEA.

Dicken, P. (2003) *Global Shift: Reshaping the Global Economic Map in the 21st Century.* New York: Guildford Press.

Dowling, P. (1993) 'Mathematics, Theoretical "Totems": A Sociological Language for Educational Practice' in C. Julie, D. Angelis & Z. Davis (eds.) *Curriculum Reconstruction for a Society in Transition,* Proceedings of the Political Dimensions of Mathematics Education, Second International Conference, Johannesburg.

Duffield, M. (2001) *Global Governance and the New Wars: The Merger of Development and Security.* New York: Zed Books.

Ecclestone, K. and Hayes, D. (2009) *The Dangerous Rise of Therapeutic Education.* London: Routledge.

Ferve, R. W. (2000) *The Demoralization of Western Culture: Social Theory and the Dilemmas of Modern Living,* New York: Continuum.

Fish, S. (2008) *Save the World on Your Own Time.* New York: Oxford University Press.

Fisher, S. (1985) *World Studies 8-13: A Teacher's Handbook.* Edinburgh: Oliver & Boyd.

Frayn, N. (2010) *Bloomberg's Impoverished Vision for Education: The Contemporary Politics of Pragmatism.* Unpublished paper.

Fukuyama, F. (1992) *The End of History and the Last Man.* London: Hamish Hamilton.

Furedi, F. (2009) *Wasted: Why Education is Not Educating.* London: Continuum.

_____ (2011) *On Tolerance: A Defense of Moral Independence.* London: Continuum.

Gärdenfors, P. (2007) 'Understanding Cultural Patterns', in M. Suarez-Orozoco (ed.) *Learning in the Global Era: International Perspectives on Globalization and Education.* Berkley, LA: California University Press, pp. 67-84.

Garforth, H., Hopper, L., Lowe, B. and Robinson, L. (2006) *Growing up Global: Early Years Global Education Handbook.* Reading, UK: Reading

International Solidarity Center.

Gaudelli, W. (2003) *World Class: Teaching and Learning in Global Times*, Mahwah, NJ: Lawrence Erlbaum Associates.

Gaudelli, W. and Fernekes, W. (2004) 'Teaching About Global Human Rights for Global Citizenship: Action Research in the Social Studies Curriculum', *The Social Studies* 95(1), 16-26.

Gibbons, M., Limoges, C., Nowotny, H., Schwartzman, S., Scott, P. and Trow, M. (1994) *The New Production of Knowledge.* London: Sage.

Gourevitch, A. (2007) 'National Insecurities: The New Politics of American National Self-Interest', in J. Bickerton, P. Cunliffe & A. Gourevitch (eds.) *Politics without Sovereignty: A Critique of Contemporary International Relations.* London: University College of London Press.

Graves, J. (2002) 'Developing a Global Dimension in the Curriculum', *The Curriculum Journal,* 13(3), 303-11.

Gutek, G. (1993) *American Education in a Global Society: Internationalizing Teacher Education.* Loyola University Chicago, IL: Waveland Press.

Haipt, M. (1980) *Multicultural and Global Education: Relationships and Possibilities.* World Education Monograph Series Number Three. Connecticut University, Storrs: World Education Project.

Hanvey, R. (2004 [1976]) *An Attainable Global Perspective,* republished by the American Forum for Global Education. Accessed: http://www. globaled.org/an__att_glob_persp_04_ll_29.pdf

Harding, H. (2005) 'Creating Curiosity about International Affairs', *The State Education Standard,* 6(1), 8-11.

Harwood, D. (1995) 'The Pedagogy of the World Studies 8-13 Project: The Influence of the Presence/Absence of the Teacher upon Primary Children's Collaborative Group Work', *British Educational Research Journal,* 21(5), 587-611.

Hayden, M. (2006) *Introduction to International Education: International Schools and Their Communities.* London: Sage.

Hayden, M., Thompson, J. and Levy, J. (2007) (eds.) *The SAGE Handbook of Research in International Education.* London: Sage.

Heater, D. (1982) 'Education for International Understanding: A View from Britain', *Theory into Practice,* 21(3), 218-23.

Heilman, E. (2009) 'Terrains of Global and Multicultural Education: What is Distinctive, Contested, and Shared?' in T. F. KirkwoodTucker (ed.) *Visions in Global Education,* New York: Peter Lang, pp. 25-46.

Hicks, D. (2003) 'Thirty Years of Global Education: What Have we Learnt?', *Educational Review,* 44(3), 265-75.

_____ (2007a) 'Responding to the World' in D. Hicks & C. Holden (eds.) *Teaching the Global Dimension: Key Principles and Effective Practices.* London: Routledge, pp. 3-13.

_____ (2007b) 'Principles and Precedents' in D. Hicks & C. Holden (eds.) *Teaching the Global Dimension.* London: Routledge, pp. 14-30.

Hirsch, E. D. (2006) *The Knowledge Deficit: Closing the Shocking Education Gap for American Children.* Boston, MA: Houghton Mifflin.

_____ (2009) *The Making of Americans: Democracy and Our Schools.* New Haven, CT: Yale University Press.

Hirst, P. and Thompson, G. (1998) *Globalization in Question* (2nd edition). Malden, MA: Polity.

Holden, C. (2000) 'Learning for Democracy: From World Studies to Global Citizenship', *Theory into Practice,* 39(2), 74-80.

Hunter, J. (2001) *The Death of Character: Moral Education in an Age Without Good or Evil.* New York: Basic Books.

Huntington, S. (2004) *Who Are We? Challenges to America's National Identity.* New York: Simon and Schuster.

Hyle, J. and McCarthy, J. (2003) 'International Education and Teacher Preparation in the US', Paper presented at the Duke University conference *Global Challenges and US Higher Education: National Needs and Policy Implications.*

Internationalization Strategic Planning Group (2005) *Global Education Strategic Plan.* Fairleigh Dickinson University. Accessed: http://view.fdu.

edu/files/globedstratplan051107.pdf

Isin, E. and Turner, B. (2002) (eds.) *Handbook of Citizenship Studies.* Thousand Oaks, CA: Sage.

Jones, S. and Murphy, M. (1962) *Geography and World Affairs.* HM Rand.

Kaldor, M. (2005) 'The Idea of Global Civil Society' in B. Gideon & D. Chandler (eds.) *Global Civil Society: Contested Futures.* London: Routledge, pp. 103-13.

Kane, M., Berryman, S., Goslin, D. and Meltzer, A. (1990) *The Secretary's Commission on Achieving the Necessary Skills: Identifying and Describing the Skills Required by Work.* Prepared for US Department of Labor. Accessed: http://wdr.doleta.gov/SCANS/idsrw/idsrw.pdf

Klein, M. and Tye, K. (1979) 'Curriculum Planning for World-Centered Schools' in J. Becker (ed.) *Schooling for a Global Age.* New York: McGraw-Hill.

Kolodziej, E. (2005) *Plotting an Intellectual Jailbreak: Rationale for Globalizing the Campus and University,* Occasional Paper, Center for Global Studies, University of Illinois at Urbana-Champaign.

Kronman, A. (2007) *Education's End: Why our Colleges and Universities have Given up on the Meaning of Life.* New Haven, CT: Yale University Press.

Kumar, C. (1997) 'The Post-Modern Condition' in A. H. Halsey, H. Lauder, P. Brown & A. S. Wells (eds.) *Education: Culture, Economy, Society.* Oxford: Oxford University Press, pp. 96-112.

Laidi, Z. (1998) *A World Without Meaning: The Crisis of Meaning in International Politics.* New York: Routledge.

Lawes, S. (2007) 'Foreign Languages Without Tears?' in R. Whelan (ed.) *The Corruption of the Curriculum.* London: CI VITAS, pp. 86-97.

Ledda, M. (2007) 'English as a Dialect' in R. Whelan (ed.) *The Corruption of the Curriculum.* London: CI VITAS, pp. 11-27.

Levine, M. (2005) *Putting the World into Our Classrooms,* Policy Brief April 2005, Progressive Policy Institute.

Levy, F. and Murnane, R. (2007) 'How Computerized Work and Globalization Shape Human Skills Demands' in M. Suarez-Orozoco (ed.) *Learning in the Global Era: International Perspectives on Globalization and Education.* Berkley, LA: California University Press, pp. 158-74.

Librera, W., Ten Eyck, R., Doolan, J., Morse, L. and Jensen, J. (2005) *New Jersey International Education Summit Report,* http://www.state.nj.us/education/international/summit/report.pdf

Lidstone, J. and Stoltman, J. P. (2002) 'International Understanding and Geographical Education', *International Research in Geographical and Environmental Education,* 11(4), 309-12.

Machon, P. and Walkington, H. (2000) 'Citizenship: The Role of Geography?' in A. Kent (ed.) *Reflective Practice in Geography Teaching.* London: Paul Chapman Publishing, pp. 179-91.

Malik, K. (2008) *Strange Fruit: Why Both Sides are Wrong in the Race Debate.* Oxford: Oneworld.

Marsden, M. (1989) 'All in a Good Cause: Geography, History and the Politicization of the Curriculum in Nineteenth and Twentieth Century England', *Journal of Curriculum Studies,* 21(6), 509—26.

Marshall, H. (2005) 'Developing the Global Gaze in Citizenship Education: Exploring the Perspective of Global Education NGO Workers in England', *International Journal of Citizenship and Teacher Education,* 1(2), 76-92.

Marshall, H. and Arnot, M. (2009) 'Globalizing the School Curriculum: Gender, EFA and Global Citizenship Education', *Research Consortium on Educational Outcomes and Poverty,* Working Paper #17.

Mayhew, R. (2000) *Enlightenment Geography: The Political Languages of British Geography 1650-1850.* New York: St. Martin's Press.

McGovern, C. (2007) 'The New History Boys' in R. Whelan (ed.) *The Corruption of the Curriculum.* London: CIVITAS, pp. 58-85.

Meadows, D. H., Meadows, D. L., Randers, J. and Behrens, III W. (1972) *The Limits to Growth: A Report for the Club of Rome's Project on the*

Predicament of Mankind. New York: Universe Books.

Merryfield, M. M. (1993) 'Reflective Practice in Teacher Education in Global Perspectives: Strategies for Teacher Educators', *Theory into Practice,* 32(1), 27-32.

Midgley, M. (2007) *Earthly Realism: The Meaning of Gaia.* Exeter: Imprint Academic.

Morgan, A. (2006) 'Teaching Geography for a Sustainable Future, in D. Balderstone (ed.) *Secondary Geography Handbook.* Sheffield: Geographical Association.

Morris, D. (1979) 'Elementary School Programs' in J. Becker (ed.) *Schooling for a Global Age.* New York: McGraw-Hill.

Muller, J. (2000) *Reclaiming Knowledge: Social Theory, Curriculum and Education Policy.* London: Routledge/Falmer.

National Center on Education and the Economy (2007) *Tough Choices or Tough Times: The Report of the New Commission on the Skills of the American Workforce.* San Francisco, CA: Jossey-Bass.

National Governors Association (1989) *America in Transition: The International Frontier,* Report of the Task Force on International Education. Washington, D.C.: National Governors Association.

New Jersey Department of Education (2006) *New Jersey Core Curriculum Content Standards for Social Studies.* New Jersey: Department of Education.

_____ (2009) *Revised Core Curriculum Content Standards Posted for Review.* Accessed: http://www.state.nj.us/education/news/2009/0206cccs.htm

Noddings, N. (2005) 'Global Citizenship: Promises and Problems' in N. Noddings (ed.) *Educating Citizens for Global Awareness.* New York: Teachers College, pp. 1-21.

Nolan, J. (1998) *The Therapeutic State: Justifying Government at Century's End.* New York: New York University Press.

Office of Education (1979) *US Commissioner of Education Task Force on*

Global Education: Report with Recommendations. Washington, D.C.: Office of Education.

Office for Standards in Education (2011) *Geography: Learning to make a world of difference.* London: OFSTED.

Osterhammel, J. and Peterson, N. (2005) *Globalization: A Short History.* Princeton, NJ: Princeton University Press.

Oxfam (1997) *Curriculum for Global Citizenship, Oxfam Development Educational Programme.* Oxford: Oxfam.

_____ (2006) *Education for Global Citizenship: A Guide for Schools.* Accessed: http://www.oxfam.org.uk/education/gc/files/education_for_ global_citizenship_a_guide_for_schools.pdf

Parker (2008) 'International Education: What's in a Name?' *Phi Delta Kappa,* 90(3), 196-202.

Partnership for 21st Century Skills (2003) *Learning for the 21st Century: A Report and Mile Guide for 21st Century Skills.* Accessed: http://www. p21.org/images/stories/otherdocs/p21up_Report.pdf

Payne, J. (2000) 'The Unbearable Lightness of Skill: The Changing Meaning of Skill in the UK Policy Discourses and Some Implications for Education and Training', *Journal of Education Policy,* 15(3), 353-69.

Pigozzi, M. J. (2006) 'A UNESCO View of Global Citizenship Education', *Educational Review,* 58(1), 1-4.

Pike, G. (2000) 'Global Education and National Identity: In Pursuit of Meaning', *Theory into Practice,* 39(2), 64-73.

Pike, G. and Selby, D. (1988) *Global Teacher, Global Learner.* London: Hodder and Stoughton.

_____ (2000) *In the Global Classroom.* Toronto, Canada: Pippin.

_____ (2001) *In the Global Classroom 2.* Toronto, Ontario: Pippin.

Pring, R. (1995) *Closing the Gap: Liberal Education and Vocational Preparation.* London: Hodder and Stoughton.

Putnam, R. (2000) *Bowling Alone: The Collapse and Revival of American Community.* New York: Simon & Schuster.

Ravitch, D. (2010a) *The Life and Death of the Great American School System: How Testing and Choice Are Undermining Education*, New York: Basic Books.

_____ (2010b) 'A Century of Skills Movements', *American Educator*, 34(1), Spring, 12-13.

Reading International Solidarity Center (2008) *All You Need for a Sustainability Assembly.* UK: Reading International Solidarity Center.

Rearden, B. (1989) 'Pedagogical Approaches to Peace Studies' in D. Thomas & M. Klare (eds.) *Peace and World Order Studies: A Curriculum Guide.* Boulder, CO: Westview Press.

Rischard, J. F. (2002) *High Noon: 20 Global Problems and 20 Years to Solve Them.* New York: Basic Books.

Rosenberg, J. (2000) *The Follies of Globalisation Theory.* London: Verso.

Sassens, S. (2002) 'Towards Post-national and Denationalized Citizenship' in E. Isin & B. Turner (eds.) *Handbook of Citizenship Studies.* Thousand Oaks, CA: Sage.

Schukar, R. (1993) 'Controversy in Global Education: Lessons for Teacher Educators', *Theory into Practice*, 32(1), 52-7.

Selby, D. (2000) 'A Darker Shade of Green: The Importance of Ecological Thinking in Global Education and School Reform', *Theory into Practice*, 39(2), 88-96.

Senechai, D. (2010) 'The Most Daring Education Reform of All, *American Educator*, 34(1), (Spring), 4-16.

Standish, A. (2009) *Global Perspectives in the Geography Curriculum: Reviewing the Moral Case for Geography.* London: Routledge.

Stapp, W. B., Bennett, D., William Bryan, J., Fulton, J., MacGregor, J., Nowak, P., Swan, J., Wall, R., and Havlick, S. (1969) 'The Concept of Environmental Education', *The Journal of Environmental Education*, 1(1), 30-1.

Stephenson, C. (1989) The Evolution of Peace Studies, in D. Thomas & M. Klare (eds.) *Peace and World Order Studies: A Curriculum Guide*,

Boulder, CO: Westview Press.

Sylvester, R. (2007) 'Historical Resources for Research in International Education (1851-1950)' in M. Hayden, J. Tompson & J. Levy (eds.) *Sage Handbook of Research in International Education.* London: Sage, pp. 11-24.

Taba, H. and Van Til, W. (1945) *Democratic Human Relations: Promising Practices in Intergroup and Intercultural Education in the Social Studies. Sixteenth Yearbook of the National Council of Social Studies.* Washington, D.C.

Tye, K. (1991) (ed.) *Global Education: From Thought to Action.* Alexandria, Virginia: Association for Supervision of Curriculum Development.

_____ (2009) 'A History of the Global Education Movement in the United States' in T. F. Kirkwood-Tucker (ed.) *Visions in Global Education: The Globalization of Curriculum and Pedagogy in Teacher Education and Schools.* New York: Peter Lang, pp. 3-24.

United Nations Educational, Scientific and Cultural Organization (1974) *Recommendation Concerning Education for International Understanding, Co-operation and Peace and Education Relating to Human Rights and Fundamental Freedoms.* Adopted by the General Conference at its eighteenth session in Paris: UNESCO.

Wade, P. and Marshall, H., with O'Donnell (2009) *Primary Modern Foreign Languages Longitudinal Survey of Implementation of National Entitlement to Language Learning at Key Stage 2: Final Report.* National Foundation for Educational Research.

White, J. (2004) *Rethinking the School Curriculum: Values, Aims and Purposes.* London: Routledge.

Wiggan, G. and Hutchinson, C. (2009) *Global Issues in Education: Pedagogy, Policy, Practice and the Minority Experience.* New York: Rowan & Littlefield.

Williams, A. (2008) *The Enemies of Progress: The Dangers of Sustainability* London: Societas,

Williams, J. (2005) 'Skill as a Metaphor: An Analysis of Terminology Used in Success for All and 21st Century Skills', *Journal of Further and Higher Education*, 29(2), 181-90.

Willingham, D. (2007) 'Critical Thinking: Why is it So Hard to Teach?' *American Educator*, Summer, 8-18.

Wisconsin Department of Instruction (2006) *Social Studies Performance Standard C Grade 8*. Accessed: http://dpi.state.wi.us/standards/ssintro. html

Wisconsin Department of Public Instruction (2002) *Planning Curriculum in International Education*. Madison, WI: Wisconsin Department of Public Instruction.

Wolf, A. (2002) *Does Education Matter? Myths about Education and Economic Growth*. London: Penguin.

_____ (2010) *Review of Vocational Education: The Wolf Report*, Accessed: https://www.education.gov.uk/publications/eOrderingDown load/WolfReport.pdf

World Commission On Environment and Development (1987) *Our Common Future*. Oxford: Oxford University Press.

Young, M. (2008) *Bringing Knowledge Back In : From Social Constructivism to Social Realism in the Sociology of Education*. London: Routledge.

Young, M. (with Commins, E.) (2002) *Global Citizenship: The Handbook for Primary Teaching* (Oxfam). Oxford: Chris Kingston Publishing.

Zhang, H. and Foskett, N. (2003) 'Changes in the Subject Matter of Geography Textbooks: 1907-93', *International Research in Geographical and Environmental Education*, 12(4), 312-29.

삶의 행복을 꿈꾸는 교육은 어디에서 오는가?

● **교육혁명을 앞당기는 배움책 이야기** 혁신교육의 철학과 잉걸진 미래를 만나다!

미래 100년을 향한 새로운 교육 혁신교육을 실천하는 교사들의 **필독서**

● **비고츠키 선집 시리즈** 발달과 협력의 교육학 어떻게 읽을 것인가?

 생각과 말
레프 세묘노비치 비고츠키 지음
배희철·김용호·D. 켈로그 옮김 | 690쪽 | 값 33,000원

 도구와 기호
비고츠키·루리야 지음 | 비고츠키 연구회 옮김
336쪽 | 값 16,000원

 어린이 자기행동숙달의 역사와 발달 Ⅰ
L.S. 비고츠키 지음 | 비고츠키 연구회 옮김
564쪽 | 값 28,000원

어린이 자기행동숙달의 역사와 발달 Ⅱ
L.S. 비고츠키 지음 | 비고츠키 연구회 옮김
552쪽 | 값 28,000원

 어린이의 상상과 창조
L.S. 비고츠키 지음 | 비고츠키 연구회 옮김
280쪽 | 값 15,000원

 비고츠키와 인지 발달의 비밀
A.R. 루리야 지음 | 배희철 옮김 | 280쪽 | 값 15,000원

 수업과 수업 사이
비고츠키 연구회 지음 | 196쪽 | 값 12,000원

 비고츠키의 발달교육이란 무엇인가?
비고츠키교육학실천연구모임 지음 | 412쪽 | 값 21,000원

 비고츠키 철학으로 본 핀란드 교육과정
배희철 지음 | 456쪽 | 값 23,000원

 성장과 분화
L.S. 비고츠키 지음 | 비고츠키 연구회 옮김
308쪽 | 값 15,000원

 연령과 위기
L.S. 비고츠키 지음 | 비고츠키 연구회 옮김
336쪽 | 값 17,000원

 의식과 숙달
L.S 비고츠키 | 비고츠키 연구회 옮김
348쪽 | 값 17,000원

 분열과 사랑
L.S. 비고츠키 지음 | 비고츠키 연구회 옮김
260쪽 | 값 16,000원

 성애와 갈등
L.S. 비고츠키 지음 | 비고츠키 연구회 옮김
268쪽 | 값 17,000원

 흥미와 개념
L.S. 비고츠키 지음 | 비고츠키 연구회 옮김
408쪽 | 값 21,000원

 관계의 교육학, 비고츠키
진보교육연구소 비고츠키교육학실천연구모임 지음
300쪽 | 값 15,000원

 비고츠키 생각과 말 쉽게 읽기
진보교육연구소 비고츠키교육학실천연구모임 지음
316쪽 | 값 15,000원

 교사와 부모를 위한 비고츠키 교육학
카르포프 지음 | 실천교사번역팀 옮김
308쪽 | 값 15,000원

 혁신교육 존 듀이에게 묻다
서용선 지음 | 292쪽 | 값 14,000원

 다시 읽는 조선 교육사
이만규 지음 | 750쪽 | 값 33,000원

대한민국 교육혁명
교육혁명공동행동 연구위원회 지음
224쪽 | 값 12,000원

 독일 교육, 왜 강한가?
박성희 지음 | 324쪽 | 값 15,000원

 핀란드 교육의 기적
한넬레 니에미 외 엮음 | 장수명 외 옮김
456쪽 | 값 23,000원

 한국 교육의 현실과 전망
심성보 지음 | 724쪽 | 값 35,000원

학교 혁신의 길, 아이들에게 묻다
남궁상운 외 지음 | 272쪽 | 값 15,000원

 학교 민주주의의 불한당들
정은균 지음 | 276쪽 | 값 14,000원

 프레이리의 사상과 실천
사람대사람 지음 | 352쪽 | 값 18,000원
2018 세종도서 학술부문

 교육과정, 수업, 평가의 일체화
리사 카터 지음 | 박승열 외 옮김 | 196쪽 | 값 13,000원

 혁신학교, 한국 교육의 미래를 열다
송순재 외 지음 | 608쪽 | 값 30,000원

 학교를 개선하는 교장
지속가능한 학교 혁신을 위한 실천 전략
마이클 풀란 지음 | 서동연·정효준 옮김 | 216쪽 | 값 13,000원

 페다고지를 위하여
프레네의 『페다고지 불변요소』 읽기
박찬영 지음 | 296쪽 | 값 15,000원

 공자던, 논어는 이것이다
유문상 지음 | 392쪽 | 값 18,000원

 노자와 탈현대 문명
홍승표 지음 | 284쪽 | 값 15,000원

 교사와 부모를 위한
발달교육이란 무엇인가?
현광일 지음 | 380쪽 | 값 18,000원

 선생님, 민주시민교육이 뭐예요?
염경미 지음 | 244쪽 | 값 15,000원

 교사, 이오덕에게 길을 묻다
이무완 지음 | 328쪽 | 값 15,000원

 어쩌다 혁신학교
유우석 외 지음 | 380쪽 | 값 17,000원

 낙오자 없는 스웨덴 교육
레프 스트란드베리 지음 | 변광수 옮김
208쪽 | 값 13,000원

 미래, 교육을 묻다
정광필 지음 | 232쪽 | 값 15,000원

 끝나지 않은 마지막 수업
장석웅 지음 | 328쪽 | 값 20,000원

 대학, 협동조합으로 교육하라
박주희 외 지음 | 252쪽 | 값 15,000원

 경기꿈의학교
진흥섭 외 지음 | 360쪽 | 값 17,000원

 입시, 어떻게 바꿀 것인가?
노기원 지음 | 306쪽 | 값 15,000원

 학교를 말한다
이성우 지음 | 292쪽 | 값 15,000원

 촛불시대, 혁신교육을 말하다
이용관 지음 | 240쪽 | 값 15,000원

 행복도시 세종,
혁신교육으로 디자인하다
곽순일 외 지음 | 392쪽 | 값 18,000원

 라운드 스터디
이시이 데루마사 외 엮음 | 224쪽 | 값 15,000원

 나는 거꾸로 교실 거꾸로 교사
류광모·임정훈 지음 | 212쪽 | 값 13,000원

 미래교육을 디자인하는 학교교육과정
박승열 외 지음 | 348쪽 | 값 18,000원

 교실 속으로 간 이해중심 교육과정
온정덕 외 지음 | 224쪽 | 값 13,000원

 흥미진진한 아일랜드 전환학년 이야기
제리 제퍼스 지음 | 최상덕·김호원 옮김 | 508쪽 | 값 27,000원
2019 대한민국학술원우수학술도서

 교실, 평화를 말하다
따돌림사회연구모임 초등우정팀 지음
268쪽 | 값 15,000원

 폭력 교실에 맞서는 용기
따돌림사회연구모임 학급운영팀 지음
272쪽 | 값 15,000원

 학교자율운영 2.0
김용 지음 | 240쪽 | 값 15,000원

 그래도 혁신학교
박은혜 외 지음 | 248쪽 | 값 15,000원

 학교자치를 부탁해
유우석 외 지음 | 252쪽 | 값 15,000원

 학교는 어떤 공동체인가?
성열관 외 지음 | 228쪽 | 값 15,000원

 국제이해교육 페다고지
강순원 외 지음 | 256쪽 | 값 15,000원

교사 전쟁
다나 골드스타인 지음 | 유성상 외 옮김
468쪽 | 값 23,000원

 시민, 학교에 가다
최형규 지음 | 260쪽 | 값 15,000원

 학교를 살리는 회복적 생활교육
김민자·이순영·정선영 지음 | 256쪽 | 값 15,000원

 교사를 위한 교육학 강의
이형빈 지음 | 336쪽 | 값 17,000원

 새로운학교 학생을 날게 하다
새로운학교네트워크 총서 02 | 408쪽 | 값 20,000원

 세월호가 묻고 교육이 답하다
경기도교육연구원 지음 | 214쪽 | 값 13,000원

 미래교육, 어떻게 만들어갈 것인가?
송기상·김성천 지음 | 300쪽 | 값 16,000원
2019 세종도서 교양부문

 교육에 대한 오해
우문영 지음 | 224쪽 | 값 15,000원

 혁신교육지구 현장을 가다
이용운 외 4인 지음 | 344쪽 | 값 18,000원

 배움의 독립선언, 평생학습
정민승 지음 | 240쪽 | 값 15,000원

 선생님, 페미니즘이 뭐예요?
염경미 지음 | 280쪽 | 값 15,000원

 평화의 교육과정 섬김의 리더십
이준원·이형빈 지음 | 292쪽 | 값 16,000원

 수포자의 시대
김성수·이형빈 지음 | 252쪽 | 값 15,000원

 혁신학교와 실천적 교육과정
신은희 지음 | 236쪽 | 값 15,000원

 삶의 시간을 잇는 문화예술교육
고영직 지음 | 292쪽 | 값 16,000원

 혐오, 교실에 들어오다
이혜정 외 지음 | 232쪽 | 값 15,000원

 혁신교육지구와 마을교육공동체는 어떻게 만들어지는가?
김태정 지음 | 376쪽 | 값 18,000원

 선생님, 특성화고 자기소개서 어떻게 써요?
이지영 지음 | 322쪽 | 값 17,000원

 학생과 교사, 수업을 묻다
전용진 지음 | 344쪽 | 값 18,000원

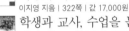
혁신학교의 꽃, 교육과정 다시 그리기
안재일 지음 | 344쪽 | 값 18,000원

● **살림터 참교육 문예 시리즈** 영혼이 있는 삶을 가르치는 온 선생님을 만나다!

 꽃보다 귀한 우리 아이는
조재도 지음 | 244쪽 | 값 12,000원

 성깔 있는 나무들
최은숙 지음 | 244쪽 | 값 12,000원

 아이들에게 세상을 배웠네
명혜정 지음 | 240쪽 | 값 12,000원

 밥상에서 세상으로
김흥숙 지음 | 280쪽 | 값 13,000원

 우물쭈물하다 끝난 교사 이야기
유기창 지음 | 380쪽 | 값 17,000원

 선생님이 먼저 때렸는데요
강병철 지음 | 248쪽 | 값 12,000원

 서울 여자, 시골 선생님 되다
조경선 지음 | 252쪽 | 값 12,000원

 행복한 창의 교육
최창의 지음 | 328쪽 | 값 15,000원

 북유럽 교육 기행
정애경 외 14인 지음 | 268쪽 | 값 14,000원

시험 시간에 웃은 건 처음이에요
조규선 지음 | 252쪽 | 값 15,000원

교과서 밖에서 만나는 역사 교실 상식이 통하는 살아 있는 역사를 만나다

전봉준과 동학농민혁명
조광환 지음 | 336쪽 | 값 15,000원

남도의 기억을 걷다
노성태 지음 | 344쪽 | 값 14,000원

응답하라 한국사 1·2
김은석 지음 | 356쪽·368쪽 | 각권 값 15,000원

즐거운 국사수업 32강
김남선 지음 | 280쪽 | 값 11,000원

즐거운 세계사 수업
김은석 지음 | 328쪽 | 값 13,000원

강화도의 기억을 걷다
최보길 지음 | 276쪽 | 값 14,000원

광주의 기억을 걷다
노성태 지음 | 348쪽 | 값 15,000원

선생님도 궁금해하는
한국사의 비밀 20가지
김은석 지음 | 312쪽 | 값 15,000원

걸림돌
키르스텐 세룹-빌펠트 지음 | 문봉애 옮김
248쪽 | 값 13,000원

역사수업을 부탁해
열 사람의 한 걸음 지음 | 388쪽 | 값 18,000원

진실과 거짓, 인물 한국사
하성환 지음 | 400쪽 | 값 18,000원

우리 역사에서 사라진
근현대 인물 한국사
하성환 지음 | 296쪽 | 값 18,000원

꼬물꼬물 거꾸로 역사수업
역모자들 지음 | 436쪽 | 값 23,000원

즐거운 동아시아사 수업
김은석 지음 | 240쪽 | 값 15,000원

노성태, 역사의 길을 걷다
노성태 지음 | 324쪽 | 값 17,000원

교과서 밖에서 배우는 역사 공부
정은교 지음 | 292쪽 | 값 14,000원

팔만대장경도 모르면 빨래판이다
전병철 지음 | 360쪽 | 값 16,000원

빨래판도 잘 보면 팔만대장경이다
전병철 지음 | 360쪽 | 값 16,000원

영화는 역사다
강성률 지음 | 288쪽 | 값 13,000원

친일 영화의 해부학
강성률 지음 | 264쪽 | 값 15,000원

한국 고대사의 비밀
김은석 지음 | 304쪽 | 값 13,000원

조선족 근현대 교육사
정미량 지음 | 320쪽 | 값 15,000원

다시 읽는 조선근대 교육의 사상과 운동
윤건차 지음 | 이명실·심성보 옮김 | 516쪽 | 값 25,000원

음악과 함께 떠나는 세계의 혁명 이야기
조광환 지음 | 292쪽 | 값 15,000원

논쟁으로 보는 일본 근대 교육의 역사
이명실 지음 | 324쪽 | 값 17,000원

다시, 독립의 기억을 걷다
노성태 지음 | 320쪽 | 값 16,000원

한국사 리뷰
김은석 지음 | 244쪽 | 값 15,000원

경남의 기억을 걷다
류형진 외 지음 | 564쪽 | 값 28,000원

어제와 오늘이 만나는 교실
학생과 교사의 역사수업 에세이
정진경 외 지음 | 328쪽 | 값 17,000원

더불어 사는 정의로운 세상을 여는 인문사회과학 사람의 존엄과 평등의 가치를 배운다

 밥상혁명
강양구·강이현 지음 | 298쪽 | 값 13,800원

 도덕 교과서 무엇이 문제인가?
김대용 지음 | 272쪽 | 값 14,000원

 자율주의와 진보교육
조엘 스프링 지음 | 심성보 옮김 | 320쪽 | 값 15,000원

 민주화 이후의 공동체 교육
심성보 지음 | 392쪽 | 값 15,000원
2009 문화체육관광부 우수학술도서

 갈등을 넘어 협력 사회로
이창언·오수길·유문종·신윤관 지음
280쪽 | 값 15,000원

 동양사상과 마음교육
정재걸 외 지음 | 356쪽 | 값 16,000원
2015 세종도서 학술부문

 교과서 밖에서 배우는 철학 공부
정은교 지음 | 280쪽 | 값 14,000원

 교과서 밖에서 배우는 사회 공부
정은교 지음 | 304쪽 | 값 15,000원

 교과서 밖에서 배우는 윤리 공부
정은교 지음 | 292쪽 | 값 15,000원

 한글 혁명
김슬옹 지음 | 388쪽 | 값 18,000원

 우리 안의 미래교육
정재걸 지음 | 484쪽 | 값 25,000원

 왜 그는 한국으로 돌아왔는가?
황선준 지음 | 364쪽 | 값 17,000원
2019 세종도서 교양부문

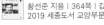 **공간, 문화, 정치의 생태학**
현광일 지음 | 232쪽 | 값 15,000원

 인공지능 시대의 사회학적 상상력
홍승표 지음 | 260쪽 | 값 15,000원

 동양사상과 인간 그리고 사회
이현지 지음 | 418쪽 | 값 21,000원

 좌우지간 인권이다
안경환 지음 | 288쪽 | 값 13,000원

 민주시민교육
심성보 지음 | 544쪽 | 값 25,000원

 민주시민을 위한 도덕교육
심성보 지음 | 500쪽 | 값 25,000원
2015 세종도서 학술부문

 교과서 밖에서 배우는 인문학 공부
정은교 지음 | 280쪽 | 값 13,000원

 오래된 미래교육
정재걸 지음 | 392쪽 | 값 18,000원

 대한민국 의료혁명
전국보건의료산업노동조합 엮음 | 548쪽 | 값 25,000원

 교과서 밖에서 배우는 고전 공부
정은교 지음 | 288쪽 | 값 14,000원

 전체 안의 전체 사고 속의 사고
김우창의 인문학을 읽다
현광일 지음 | 320쪽 | 값 15,000원

 카스트로, 종교를 말하다
피델 카스트로·프레이 베토 대담 | 조세종 옮김
420쪽 | 값 21,000원

 일제강점기 한국철학
이태우 지음 | 448쪽 | 값 25,000원

 한국 교육 제4의 길을 찾다
이길상 지음 | 400쪽 | 값 21,000원
2019 세종도서 학술부문

 마을교육공동체 생태적 의미와 실천
김용련 지음 | 256쪽 | 값 15,000원

 교육과정에서 왜 지식이 중요한가
심성보 지음 | 440쪽 | 값 23,000원

 식물에게서 교육을 배우다
이차영 지음 | 260쪽 | 값 15,000원

참된 삶과 교육에 관한
생각 줍기